타인PR

양광모 지음

타인PR

초판 1쇄 발행 2012년 5월 20일

지은이	양광모
발행인	권선복
편집주간	오성용
디자인	엄희주
업무지원	박순예, 박소은
마케팅	이승훈, 이란
발행처	도서출판 행복에너지
출판등록	제315-2011-000035호
주 소	서울특별시 강서구 화곡동 24-322
전 화	0505-666-5555
팩 스	0303-0799-1560
홈페이지	www.happybook.or.kr
이메일	ksb6133@naver.com

값 15,000원
ISBN 978-89-97580-14-9   13040

Copyright ⓒ 양광모, 2012

* 이 책은 저작권법에 따라 보호받는 저작물이므로 무단전재와 무단복제를 금지하며, 이 책의 내용을 전부 또는 일부를 이용하시려면 반드시 저작권자와 〈도서출판 행복에너지〉의 서면 동의를 받아야 합니다.
* 잘못된 책은 구입하신 곳에서 바꾸어 드립니다.

> 도서출판 행복에너지는 독자 여러분의 아이디어와 원고 투고를 기다립니다. 책으로 만들기를 원하는 콘텐츠가 있으신 분은 이메일이나 홈페이지를 통해 간단한 기획서와 기획의도, 연락처 등을 보내주십시오. 행복에너지의 문은 언제나 활짝 열려 있습니다.

이제 남이 **나를 PR하게** 만들어라

타인PR

양광모 지음

PROLOGUE

"내가 없는 자리에서 누군가가
나를 칭찬하기 시작했다면,
나는 이미 성공의 첫 번째 법칙을 이룬 것이다."

　방송사에서 일하는 K에게서 전화가 왔다. 신규 드라마 보조 작가를 섭외 중인데 30대 여성 중에 적합한 사람이 있으면 추천해 달라는 부탁이었다. 전화를 끊고 휴대폰을 검색해 보니 N이 적합해 보였다. K에게 전화를 걸어 이름과 연락처를 알려주었다. 5분도 안 됐는데 벌써 연락을 준다며 고마워했다.
　나는 왜 하필이면 N을 추천했을까?
　얼마 전, 취미모임에서 만난 P에게 연락이 왔다. 새로 사업을 시작했는데 S그룹에 아는 사람이 있으면 소개해 달란다. 전화로 일단은 알아보겠다고 대답했지만, 마음속으로는 고개를 절레절레 흔들었다. 그동안의 경험에 비추어 봤을 때 절대로 P를 다른 사람에게 소개시켜주면 안 된다는 생각이 들었기 때문이었다.

왜 나는 P를 다른 사람에게 추천하고 싶지 않았던 걸까?

　사회생활을 하다 보면 겸손이 능사가 아니라는 사실을 깨닫게 되는 일들이 종종 생겨난다. 그런 일이 몇 번쯤 반복되다 보면, 어느 틈엔가 스스로 자신의 강점이나 역량을 홍보하는 나를 발견할 수 있다.
　이른바 자기 PR을 하는 것이다. 언제부터인가 우리 사회에서도 자기 PR에 대해 긍정적으로 바라보는 경향이 생겼다. 바야흐로 지금은 공공연한 자기 PR의 시대인 것이다.

　자기 PR의 시대에 적절하지 못한 자기 PR은 잘난척을 한다거나, 거만하다는 오해를 살 수 있다. 심한 경우에는 긍정적인 이미지보다 부정적인 이미지만 각인시키는 역효과가 발생하기도 한다. 따라서 자기 PR은 최소한으로 줄이고 보다 효과적으로 자신을 PR 할 수 있는 대안을 찾아야 한다. 그중에서도 최고의 방법은 남이 나를 대신 PR 해주는 것이다. 자기 입으로 자신을 PR 하는 것이 아니라 다른 사람들이 나를 PR 하도록 만드는 기술, 그것을 나는 〈타인 PR〉이라고 정의한다.

　내가 방송작가로 N을 추천한 것처럼 다른 사람들이 여러분을 먼저 추천하고 소개, 홍보하도록 만드는 것을 타인 PR의 기술이라 생각하면 된다. 처음 접하는 용어라고 하여 어렵게 생각할 것 없다.

실제로 타인 PR은 일상에서 종종 생겨나는 일이다. 비즈니스나 업무에 필요한 사람을 소개해 달라고 부탁하거나, 반대로 누군가에게 나를 추천해 달라고 부탁하는 것이 모두 타인 PR에 해당된다. 비단 직장이나 사업뿐만 아니라 맛있는 음식점, 자녀의 과외 선생님, 능력 있는 변호사 소개 등, 타인 PR은 우리의 실생활에서 다반사로 일어나고 있다.

이쯤에서 스스로에게 질문을 건네 보자.

과연 내 주위에 있는 사람들은 누군가에게 나를 적극적으로 PR 해주고 있을까? 만약 자신 있게 '그렇다'는 대답을 할 수 없다면, 당신은 아직 성공에 필요한 첫 번째 법칙을 이루지 못한 것이다.

나는 이 책을 통해 남이 나를 PR 하게 만드는 구체적인 방법을 구체적으로 소개할 것이다. 내가 없는 자리에서 사람들이 나를 칭찬하게 만들고, 나에 관한 부정적인 평가를 사전에 예방하고 제거하는 방법을 이야기할 것이다. 이 책 「타인PR」은 대인관계, 즉 '인맥관리'를 잘하는 방법과 그 인맥을 활용하는 방법에 관한 책이다. 마케팅의 관점에서 본다면, 구전마케팅, 소개마케팅에 관한 책이다.

따라서 좋은 인맥을 만들고 싶은 사람, 인간관계를 잘하고 싶은 사람, 뛰어난 영업실적을 올리고 싶은 사람, 1인 기업가, 전문직 종사자, 회사를 경영하는 CEO, 선거에 출마하는 정치인 등 사회생활을 하는 사람이라면 누구에게나 도움이 될 내용이라 자부한다. 저자로서 부탁하건대

꼼꼼하게 읽고 끈기 있게 실천하라.
 타인 PR의 기술을 통해 여러분의 일과 사업에 큰 성공이 있기를 기대하며, 중국 한비자의 말을 교훈으로 옮겨 놓는다.

"삼류는 자기능력을 쓰고
이류는 타인의 힘을 부려 먹고,
일류는 타인의 능력을 활용한다."

휴먼네트워크연구소장
양광모

추천사

임용빈 해피랜드 F&C회장

세계화에 발맞춰 한 세대 전부터 강조되어온 자기 PR의 시대를 기억한다. 초기에 도입된 자기 PR의 정서는 실제 한국인의 정서와 썩 맞아 떨어지지 않는 면이 많았다. 울며 겨자먹기 식의 강박적인 자기 PR이 어떤 이에게는 스트레스였고, 어떤 순간에는 어색함을 연출했다. 한국인에게 깊게 뿌리내린 겸손함의 미덕이란 것이 존재했기 때문이다. 우리들은 겸손함을 지우고 그 자리에 자기 과시적 성향이 강한 서구적인 자기 PR을 채워 넣었다. 성공하기 위해서 말이다. 아이러니한 것은 세계인들이 한국인들에게 유독 강한 '겸손함'을 존경하고 배워야할 미덕으로 인식한다는 것이다. PR의 중요성은 부정할 수가 없다. 경쟁라인에서 우위에 서기 위해서는 필수적이다. 관건은 정서에 맞는 PR방식을 채택하는 것에 있다고 생각한다. 그런 의미에서 양광모 소장이 정립한 〈타인PR〉은 실로 현명한 한국적인 PR 스타일임이 분명하다. 스스로를 낮추고 겸손함을 유지하면서 자기 PR 이상의 효율과 결과물을 얻을 수 있다. 또한 외부에 보이기 위해 스스로를 포장하고 나를 봐 달라 외치는 것 보다는 남을 알아주는 시선부터 갖추자는 태도에서 우러나는 따뜻함 또한 일품이다. 타인 PR은 한국인들을 위한 가장 훌륭한 PR 방식이다. 〈타인PR〉로 인해 달라질 한국을 기대해본다.

성평건 제이스텝(주) 회장

양광모 소장은 진정한 "행복과 성공"의 메신저이다. 나는 그의 철학과 노력에 존경을 표하고 싶다. 그가 쓴 타인 PR의 필요성에 적극적인 공감을 표하면서 한 가지 견해를 덧붙여 본다. "상대방에게 협력을 구할 때에는 상대방이 비록 특별한 능력이 없는 것 같아도 일단 그 사람의 내면에 숨어 있는 잠재능력을 크게 신뢰해야 된다. 목적하는 바를 이루기 위해서 상대방의 대유(大有) 즉, 완전한 능력을 갖고 있다라는 점을 인정하는 것은 기분 좋은 일이다."

박광우 영화감독, 2011년 '회초리'제작, 2012년 '광화문대첩' 제작 중

양광모 소장님은 PR의 나꼼수였군요.^^ 이 책을 열독하고 보니 인맥은 혈맥이란 생각이 듭니다. 자신만의 건강을 생각한다면 혈맥 관통에 힘써야 되지만, 건강한 세상을 생각한다면 인맥 관통에 힘써야 되겠습니다. '만날 사람은 반드시 만나게 돼 있다.'는 말이 있는데 누군가의 책을 읽고 '나와 당신'을 생각할 수 있다면 그 책은 아주 좋은 책일 겁니다. 생각해보니 첫 번째 PR은 탄생이요, 마지막 PR은 죽음인 듯 합니다. 나머지 삶속에서의 PR은 이 책에서 방법을 찾으시기 바랍니다.

고광헌 시인, 전 한겨레신문 대표

　양광모 소장은 가장 좋은 PR의 주체는 자기 자신이 아니라 주위 사람들, 즉 타인이라고 말한다. 타인이 외부세계를 향해 PR의 주체에 대해 능동적으로 알려줄 때 그 신뢰도가 더욱 높아진다고 말하고 있다. 전적으로 옳다. 다만 저자는 이를 위해 평소 믿을 만한 사회적 소통과 평판을 쌓는 일이 중요하다는 점을 강조하고 있다. 그렇다면, 역설적이게도 모든 PR의 성패는 결국 자기 자신에게 달려있는 셈이다. 이 책을 통해 자신의 평판을 효과적으로 관리하고, 사회적 소통역량을 향상시키는 방법을 배워보자.

구건서 열린노무법인 대표, 중앙노동위원회 공익위원

　좋은 만남이 좋은 인생을 만들고, 좋은 관계가 좋은 세상을 만든다. 우리는 이 세상을 혼자만 살아가는 북극곰 사회가 아니라 함께 어울리는 펭귄 사회로 만들어야 한다. 함께 어울리려면 서로를 알아가는 과정이 필요하고, 그 과정에서 자기 PR이 우선순위가 된다. 이 자기 PR은 처음 한두 번은 효과가 있지만, 곧 한계가 나타난다. 그 때 타인 PR이 구원투수로 등장한다. 다른 사람이 나를 PR 하게 하는 것은 멋지고 신나는 일이지만 절대 쉬운 일이 아니다. 나도 나를 모르는데 다른 사람이 나를 잘 알고 PR까지 하게 하는 것은 그 만큼의 숨은 1인치가 필요하다. 〈타인PR〉은 인간관계에서 숨어있는 1인치를 찾아주는 멋진 책이다. 지금 당장 실천할 수 있는 18가지 타인 PR 방법을 만나보자!

김준봉 북경공업대학교수, 사단법인국제온돌학회 회장

　양광모선생과는 학연, 지연, 전공이나 하는 일, 사는 곳도 전혀 상관이 없는 어쩌면 막연한 인맥이라 할 수 있다. 그렇지만 이렇게 추천사를 쓸 만한 관계까지 발전했는데 그 과정을 이야기하는 것이 아마 추천사로 갈음될 듯 싶어 소개하고자 한다. 3년 전 쯤, 우연히 인터넷 사이트에 접속하였다가 양광모 소장을 알게 되었고 그 후 얼마 지나지 않아 오프라인 모임에 참석해 그를 처음 보았다. 양광모 소장은 첫 만남을 나눈 후 하루가 가기 전에 친숙한 안부 문자를 보내 왔으며, 일주일 후에는 진천군 백곡면에 소재한 나의 연구소까지 직접 방문해 주었다. 반가운 마음에 책을 선물했더니 얼마 후에는 독후감을 정성껏 적어 보내왔다. 결국 이런 노력과 정성을 통해 서로에게 강한 신뢰를 갖고 있는 친밀한 관계로까지 발전된 것이다. 좋은 인맥을 만드는 방법에 관한 그의 저서도 좋지만 그는 자신이 말한 내용을 직접 몸으로 실천하는 사람이다. 항상 상대방을 배려하면서도 현장을 방문해 상호간의 신뢰성을 확보하는 자세도 그에 대한 믿음을 배가시킨다. 아무쪼록 많은 사람들이 〈타인PR〉을 통해 양광모 소장의 지혜와 경험을 전수받길 기대한다.

추천사

박영숙 (사)유엔미래포럼 대표

양광모 소장과의 조우는 미래사회의 변화를 통해 이뤄졌다. 즉 트위터에서 만났고 페이스북에서 인연을 맺은 SNS 지인이다. 그러고 보면 내가 미래사회변화를 통한 국가홍보전략 등을 주업으로 한지도 벌써 30년이 지났다. 아직도 유엔미래포럼, 세계미래회의 등 미래연구에 관련된 기구 및 기관의 대표를 스무개 남짓 담당하고 있지만 정말 우리가 맞이할 미래사회는 빛의 속도로 변화하고 있음을 매번 뼈저리게 실감하게 된다. 양광모 소장처럼 책의 출판을 통해 지식을 나누고자 하는 노력도 대표적인 미래현상이다. 종래에는 좋은 집안, 좋은 학교, 좋은 출신 등이 중요한 요소로 작용했었다. 그렇지만 지금은 인터넷, 트위터, 페이스북과 같은 SNS의 시대가 되면서 누구나 꾸준히 지식을 쌓고, 적극적으로 자신의 의사를 표현하면 어느 분야에서든 전문가로서의 두각을 나타낼 수 있는 미래사회가 도래한 것이다. 나는 그러한 가장 대표적인 예가 양광모 선생이라고 생각한다. 부디 많은 사람들이 이 책〈타인PR〉을 통해 미래사회의 변화에 대처해나갈 수 있는 유용한 도움을 많이 얻게 되길 바란다.

박창규 한국난화원 대표

사람은 항상 확인 받고 싶어하는 존재다. 자신의 능력과 자신의 위치와 심지어 자신의 존재까지도 타인에게 확인받으면서 확신하고, 그로부터 힘을 받아 삶을 이어간다. 사람이 사회적 동물이라 정의될 수 있었던 이유이다. 성공에 있어서도 이는 그대로 적용된다. 홀로 성공하는 사람은 없다. 설령 돈을 많이 벌었다 하더라도 남들이 인정하지 않는 성공이라면, 그것은 가치 없는 혼자만의 성공일 뿐이다. 타인에게 인정받고 함께 할수록, 성공의 문턱은 낮아진다. 타인 PR은 바로 그 지점을 날카롭게 포착해낸, 가장 인간다운, 그리고 사람다운 PR형식이다. 굳이〈타인PR〉이라 이름 붙이지 않아도 좋다. 그냥〈함께하는 삶〉이라 발음해보자.

이민화 벤처기업협회 명예회장, 카이스트 초빙 교수

"내가 없는 자리에서 누군가가 나를 칭찬하기 시작했다면 나는 성공의 첫 번째 법칙을 이룬 것이다." 이제 경쟁 우위가 아니라 협조 역량으로 경쟁의 법칙이 변하고 있다. 폴 로머의 신성장 경제학에 따르면 지식은 나눌수록 커지기 때문에 미래는 나눌 줄 아는 사람이 더 많이 가지게 되는 세상이 될 것이다. 양광모 소장님의 타인 PR의 법칙은 시대 패러다임의 변화를 극적으로 표현하고 있다는 점에서 적극 추천한다.

우영미 플러스이미지랩 원장

사실을 믿을 것인가? 아니면, 내가 본 것을 믿을 것인가? 사람들은 자신이 본 것을 가공해서 기억창고에 저장시킨다. 그리고 좋은 사람, 나쁜 사람, 못 믿을 사람과 같이 구분 짓는다. 궁금하지 않은가? 과연 나라는 사람은 타인의 창고에 어떤 라벨을 붙이고 저장되어 있을까? 또한 욕심나지 않는가? 기왕이면 일등급 블랙라벨로 신뢰할만한 타이틀을 갖게 된다면 굳이 체면 구기면서까지 자기 PR을 하려 애쓰지 않아도 될 것이다. 나와의 관계를 자랑스레 알리고 싶은 사람들이 많아지고, 내가 원하던 자리에 초대받을 수 있도록 남이 나를 PR 해 준다면, 어떻게 해서라도 그 비법을 알고 싶다. 양광모 소장님의 〈타인PR〉은 나와 같은 목마름을 가진 사람들을 위한 매뉴얼 같은 책이다.

유인선 (주)길표양말 회장

오래 전, 양광모 소장의 '휴먼네트워크 강의'를 통해 저자와 가깝게 지내게 되었다. 내가 알고 지내는 양소장은 항상 부드럽고 친절한 사람이다. 겸손이 몸에 배여 있는 인간성, 언제 어디서 연락을 취하던지 즉시 답신을 보내는 따뜻한 사람, 양소장은 나와 이런 인간관계를 맺고 있는 몇 안되는 사람이다. 휴대폰에 1,000명 이상의 전화번호는 저장되어 있어야 한다고 강조하는 사람, 실제로 본인의 휴대폰에는 2,500명 이상의 인맥이 저장되어 있는 사람, 그리고 그런 사람들과 늘 교류하고 협력하며 사람들에게 교류의 장을 마련해 주는 사람이 바로 양광모 소장이다. 〈타인PR〉의 출간을 축하하며 추천사의 영광과 기쁨을 할애해 준 양소장에게 고마움을 전한다.

정병호 (주)영신 대표이사

예전부터 인맥에 대한 관심은 많았지만 양광모 소장님의 글을 읽고 나서야 인맥의 중요성을 다시 한 번 크게 깨달을 수 있었습니다. 그 후 양소장님의 강의도 듣고, 양소장님이 쓴 책을 읽으며 인맥에 대한 나의 가치관이 조금씩 바뀌기 시작하였고, 단조로웠던 나의 인생에 여러 가지 긍정적인 변화가 많이 일어났습니다. 아프리카 속담에 '빨리 가려면 혼자 가고, 멀리 가려면 함께 가야 한다.'는 말처럼 나와 함께 가는 좋은 사람들이 많아지도록 평소에 인맥관리에 노력을 기울여야 할 것입니다. 아울러 함께 가는 사람들이 나를 주변에 PR 해준다면 나의 인생은 더욱 화려하게 빛날 것입니다. 〈타인PR〉을 통해 유익한 이론과 실용적인 사례를 소개해 준 양광모 소장님에게 감사의 인사를 드리며, 대한민국 최고의 인맥관리 전문가가 되시기를 기원합니다.

추천사

이계순 우체국예금보험지원단 이사장, 전 서울지방우정청장

이 책 〈타인PR〉은 도덕과 경쟁이라는 두 마리 토끼를 모두 잡을 수 있는 방법을 제시하고 있습니다. 오직 실리만 추구하는 자기 PR보다 그 파급 효과가 탁월하여 소름이 끼칠 지경입니다. 실행에 있어 부단한 준비와 자기관리가 핵심이기는 하지만 사람의 온기를 유지하고 그로부터 성공을 이끌어 낸다는 공식은 참으로 바람직한 것이라 생각합니다. 〈타인PR〉을 통해 지금처럼 단절하고 배척하고 뺏어서 커지는 성공이 아닌, 사람이 사람에게 연결되어 더욱 커질 수 있는 성숙한 사회가 찾아오길 기다려봅니다.

이계안 2.1연구소 이사장, 제17대 국회의원

저는 제19대 총선에서 낙선했습니다. 민주당 후보로 출마했는데 새누리당 후보에게 졌습니다. 패인에 대해서는 선거 전문가들조차 의견이 분분하지만, 저 스스로 내린 결론은 분명합니다. "PR에서 졌다." 바로 이것입니다. 주민과 유권자에게 이계안이 누구인지 알리고 설득해서 이계안에게 투표하도록 PR 했어야 했는데 저는 그러지 못했습니다. 그보다는 "정말(言) 또 속으시겠습니까?"를 메인 카피로 상대방 후보의 뉴타운 관련 공약이 공직선거법상 허위사실로 형사처벌 받았다는 사실만 부각시켰습니다. 상대방의 약점을 조명해 유권자들의 분노를 끌어내는데는 성공했지만 "그래서?"라는 다음 질문에는 제대로 답을 던지지 못했습니다. 만약 이 책이 선거 1개월 전에만 나왔더라면, 그리고 지금 알고 있는 것을 그때 알았더라면, 비록 그에게 치명적인 약점이라 하더라도 내가 상대방을 PR 하지는 않았을 것입니다. 거꾸로 상대방이 이계안을 PR 할 수 밖에 없는 전략을 세웠을 것입니다. 덕분에 참 많은 것을 배웠습니다. 양광모 소장의 감칠맛나는 글 솜씨로, 머리로 가슴으로 쏙쏙 전해지는 책 〈타인PR〉을 강력 추천하는 이유입니다.

정미홍 더코칭그룹 대표, 전 KBS 아나운서

자기 PR시대라고는 하지만 여전히 자신을 알리고 홍보하는 일은 불편하고, 부담스러운 일이다. 적극적으로 자기를 드러내는 것이 미덕이 아닌 문화적 영향도 클 것이다. 그러나 지금은 치열한 경쟁과 네트워킹의 시대. 자기를 제대로 알리는 것은, 직업과 상관없이 가장 핵심적인 자기 개발의 영역이 되었다. 더불어 인맥을 쌓고, 관리하는 일 역시 성공의 핵심이라고 해도 과언이 아니다. 이 책은 자기 PR이라는 부담스러운 분야에 대해 전혀 새로운 관점을 제시하고 있다. 인맥을 어떻게 형성하고, 관리하며 활용할 수 있는지 쉽게 이해하고 실천할 수 있는 방법도 알려준다. 자기 PR에 자신이 없었던 분들에게 이 책은 '가뭄에 단비'가 될 것이다.

김영기 한국허치슨터미널주식회사 전무, 영업본부장

　세상에서 발생하는 모든 문제들의 근원을 파헤치다보면 한 가지 결론을 얻을 수 있다. 결국 문제는 사람이라는 것. 바로 이것이다. 이를 해결하는 것 또한 사람이다. 이 책 〈타인PR〉은 이러한 관계도 속에서 '내'가 사람들과 어떻게 교류하고 어떻게 상생할 수 있는지 사례중심적으로 분석하고 있다. 이 글을 읽는 모든 이들이 최소한 사람에 대해서 전보다 현명해 질 것이라 장담한다. 읽어라. 모든 문제가 쉬워질 것이다.

최남수 머니투데이방송 부사장, 보도본부장

　사회생활을 30년 가까이 했다. 어릴 땐 혼자 독불장군 식으로 사는 게 삶이라 착각했는데 사실은 다른 사람과 끊임없이 얽혀서 살아가는 데 우리의 일상이다. '내가 생각하는 나'도 중요하지만 '남이 바라보는 나'도 자신의 삶을 가늠하는 '리트머스 시험지'가 되는 이유이다. 실제로 경력 사원 채용을 진행할 때 이런 사실을 절감한다. 지원자가 제출한 이력서와 면접은 당사자가 최대한 멋지게 꾸민 내용이어서 정확한 평가와 판단을 하기가 여간 어렵지가 않다, 이 때 효과를 발휘하는 것이 지원자에 대한 평판 조회이고, 여기에 더 많은 가중치가 부여된다. 양광모 소장님이 이번에 저술한 책은 자기 PR에만 초점을 맞춰온 기존의 틀을 깨고 타인이 해주는 PR이 얼마나 중요한 지를 친절하고, 구체적으로 알려주고 있다. 일상의 행위와 결정 등 크고 작은 모자이크들이 삶의 단층으로 쌓이고 이게 자신의 평판으로 굳어지는 만큼, 이 책의 안내를 따라 차곡차곡 발걸음을 떼다보면 어느 날 긍정적으로 축적된 '타인 PR'을 자산으로 가지게 될 수 있으리라 믿는다. 오랜 기간 동안 인맥에 대해 깊이 연구하고 성찰해온 양 소장님의 지혜의 보고가 이 책에 고스란히 녹아있다.

정상효 여의도 퀸즈시크릿 원장

　중요한 사람과의 약속이 잡혔다면 당신은 무엇을 준비하는가? 아마도 거울을 보며 자신의 외모를 손질하고, 최대한 완벽한 모습으로 상대방을 만나려 노력할 것이다. 그렇다면 마음가짐은 어떻게 관리하는가? 자동차를 구매할 때 디자인과 성능이 중요하듯이 대인관계에 있어서도 외모와 더불어 실력이 매우 중요하게 작용한다. 따라서 우리는 누구나 800cc의 성능을 가진 차로 보여지기 보다는 3000cc의 성능을 가진 고급 승용차로 보이길 원할 것이다. 그렇다면 이 책을 읽어라. 〈타인PR〉을 읽고 가슴에 새겼다면 당신은 분명히 최고의 마력을 가진 차가 될 수 있을 것이다. 시간이 날 때마다 반복해서 읽어라. 틀림없이 성공이 당신을 찾아올 것이다.

차례

Prologue "내가 없는 자리에서 누군가가 나를 칭찬하기 시작했다면
나는 이미 성공의 첫 번째 법칙을 이룬 것이다."_04

추천사 _08

chapter 01
남이 나를 PR 하게 만들어라

사람에게 투자하라_20
어떤 사람인지 알아봐 주시겠습니까?_24
세상은 좁고 정보는 멀리 간다_29
조 지라드의 법칙을 활용하라_37
포지셔닝 이론을 활용하라_44
강추는 복사하고 악플은 삭제하라_49
자기 PR을 하지 말고 타인 PR을 하라_55
타인 PR의 3가지 요소_61

chapter 02
타인 PR 전략 수립하기

무엇을 알릴 것인가?_68
누구에게 PR 할 것인가?_75
누가 PR 할 것인가?_79
낭중지추(囊中之錐)가 되라_85
먼저 개인브랜드를 만들어라_88

겸손한 사람이 되라_93

믿을 수 있는 사람이 되라_98

감동을 줘라_102

만나지 못할 사람은 없다_107

체계적으로 인맥을 관리하라_111

chapter 03
타인 PR의 실천방법

먼저 PR소재를 만들어라_116

타인 PR의 첫 번째 방법, 상호성_123

타인 PR의 두 번째 방법, 보상_127

타인 PR의 세 번째 방법, 도움_130

타인 PR의 네 번째 방법, 선물_135

타인 PR의 다섯 번째 방법, 체험_141

타인 PR의 여섯 번째 방법, 호감_145

타인 PR의 일곱 번째 방법, 칭찬_151

타인 PR의 여덟 번째 방법, 인사_156

타인 PR의 아홉 번째 방법, 감사_161

타인 PR의 열 번째 방법, 꿈_164

타인 PR의 열한 번째 방법, 부탁_167

타인 PR의 열두 번째 방법, 정보_171

타인 PR의 열세 번째 방법, 전문성_181
타인 PR의 열네 번째 방법, 인터넷_186
타인 PR의 열다섯 번째 방법, 멘토와 멘티_191
타인 PR의 열여섯 번째 방법, PR네트워크_196
타인 PR의 열일곱 번째 방법, 팬클럽_200
타인 PR의 열여덟 번째 방법, Show_204
타인 PR을 항상 기억하라_208

chapter 04
부정적인 타인 PR 대처하기

원인을 제거하라_214
사전에 예방하라_219
적극적으로 해명하라_224
반감이 생기지 않도록 조심하라_228
적을 만들지 마라_232

chapter 05
좋은 인맥을 만드는 법

인맥관리 6단계_238
사람이 변화요, 사람이 혁신이다_246
직장인을 위한 인맥관리 10계명_250
좋은 인맥의 다섯 가지 요소_253
인맥관리 8대 항목_256
1,000명 만나면 14명 인맥 된다_259
인간관계를 가깝게 만드는 7가지 요소_262

인맥관리는 인테크다_266

직접투자가 어려우면 간접투자를 하라_269

당신이 CEO라면_273

CEO를 위한 인맥관리 십계명_277

인맥이 될 인재를 키워라_280

Take & Give하라_284

고기를 낚는 3가지 방법_288

이제 '대충'을 없애라_291

Epilogue _294

chapter 06
〈부록〉

개인브랜드 설정 점검_300

개인이미지 점검_301

타인 PR 문안 작성_302

타인 PR 인맥지도_303

타인 PR 실천계획(일반)_304

타인 PR 실천계획(직장)_305

타인 PR 실천방법 점검_306

타인 PR 네트워크 구축 점검_307

추천인 명단 _308

chapter 01

남이
나를 PR 하게
만들어라

1장에서는 다른 사람들이 나를 PR 하게 만드는 타인 PR에 관련된 몇 가지 기본적인 사실들을 알아볼 것이다. 또한 우리 사회에서 타인 PR이 어떻게 발생하는지, 네트워크사회라고 불리는 현대사회의 특징은 무엇인지, 소문과 이슈는 어떻게 형성되고 전파되는지를 알아볼 것이다. 그리고 사회에서 한 사람이 평균 몇 명과 인간관계를 맺으며 영향을 주고받는지, 대인관계에서 이미지와 인식이 얼마나 중요한지를 설명하며, 마지막으로는 타인 PR의 세 가지 핵심요소에 대해 살펴볼 것이다.

chapter 01

사람에게
투자하라

 사람을 좇을 것인가? 돈을 좇을 것인가?

 인생을 살다 보면 돈과 사람을 놓고 갈등에 빠지는 일이 종종 발생한다. 돈 때문에 직장을 옮기거나 회사의 중요한 기밀을 팔아넘기기도 하며, 동업자끼리 이익을 독차지하기 위해 싸움을 벌이기도 한다. 장사를 하는 사람은 더 많은 이윤을 남기기 위해 원재료를 속이기도 하고, 형제들 간에는 부모의 유산을 더 많이 물려받겠다고 주먹다짐을 벌이기도 한다. 모두가 사람보다는 돈을 쫓기 때문에 발생하는 일들이다. 그러나 인생에서 성공과 행복을 얻으려면 돈이 아니라 사람을 더 소중하게 생각해야 한다.

 여불위[呂不韋]는 중국 전국시대 말기 진(秦)나라의 정치가로 시황제(始皇帝)의 아버지인 장양왕(莊襄王)을 왕위에 오르는 데 큰 역할을 하여 권세를 잡았던 인물이다. 그는 원래 위나라 복양의 상인 집안에서 태어났는데 젊을 때부터 국경을 넘나들며 장사를 통해 큰 부를 축적했다.

어느 날, 여불위가 조(趙)나라의 수도 한단(邯鄲)으로 갔을 때 진나라의 서공자(庶公子)로 볼모로 잡혀 있는 자초(子楚)를 만났다. 여불위는 자초가 진나라로 귀국할 수 있게 도움을 제공하였고 후일 자초는 왕위에 올라 장양왕(莊襄王)이 되었다. 그 공로에 의해 여불위는 진나라 승상(丞相)이 되어 문신후(文信侯)에 봉해졌으며 낙양의 10만 호를 영지로 하사받아 막강한 권세를 휘두르게 되었다. 장양왕이 즉위한 지 3년 만에 죽자 태자 정이 왕위에 올랐는데 그가 진시황제이다. 여불위는 다시 최고의 상국(相國)이 되어 중부(仲父)라는 칭호로 불리며 중용되었으나 훗날 태후와의 밀통관계로 인해 촉 땅으로 귀양을 보내져 그곳에서 자살하고 만다. 이 당시에는 사군자(四君子)로 알려진 제(齊)의 맹상군(孟嘗君), 조(趙)의 평원군(平原君), 위(魏)의 신릉군(信陵君), 초(楚)의 춘신군(春申君) 등이 각기 수천 명의 식객을 거느렸는데 여불위도 이에 대항하여 3,000명의 식객을 모았으며 하인 숫자가 무려 1만 명을 넘었다고 한다. 전국 말기의 귀중한 사료인 《여씨춘추(呂氏春秋)》는 여불위가 3,000여 명의 식객들과 함께 편찬한 것이다. 여불위는 이 책을 수도 함양(咸陽)의 성문 앞에 진열하고 "여기에 한 글자라도 덧붙이거나 깎을 수 있는 자는 상금으로 천금을 주겠다."고 말했는데 여기서 일자천금(一字千金)이라는 말이 유래되었다.

여불위와 자초에 얽힌 이야기 중에 기화가거(奇貨可居)라는 사자성어가 전해진다. 이 글은 자초의 가치를 알아본 여불위가 한 말로 "쌓아놓을 만한 기이한 상품"이라는 의미이다. 자초를 만난 후 낙양으로 돌아간 여불위는 아버지와 대화를 나눈다.

"농사를 짓는다면 1년에 몇 배의 이익을 얻을 수 있을까요?"
"열 배의 이익을 얻을 수 있다."
"보석을 판매한다면 몇 배의 이익을 얻을 수 있을까요?"
"수십 배의 이익을 얻을 수 있다."
"한 나라의 국왕을 세운다면 몇 배의 이익을 얻을 수 있을까요?"
"그 가치는 이루 헤아리기 어렵다."

마침내 여불위는 자초에게 투자할 것을 결심한다. 여불위가 많은 재산을 쏟아 부어 자초의 귀국을 돕고 그로 인해 부귀영화를 누릴 수 있었던 것은 기화가거(奇貨可居)를 분별할 줄 아는 남다른 능력, 그리고 돈보다 사람에 투자하는 것이 더 큰 이익을 남겨 준다는 사실을 잘 알고 있었기 때문이다. 여불위는 한낱 장사꾼에 불과했지만 기화가거(奇貨可居)의 안목과 함께 사람에게 투자할 줄 아는 마인드로 정승의 자리에까지 올랐으며, 3천 명의 식객을 거느릴 만큼 사람을 중요하게 생각한 인물이었다. 훗날 승상의 자리에서 쫓겨나며 죽을 위기에 처했을 때 여불위가 목숨을 건질 수 있었던 이유도 3천여 명에 달했던 식객들이 구명 운동에 참여한 덕분이었다.

인간관계는 성공을 좌우하는 핵심 요소다. 홍콩 최대 재벌 리카싱 청콩홀딩스 회장은 "인생의 가장 큰 기회란 바로 귀인을 만나는 것이고, 귀인을 만날 수 있는지는 우리의 인맥에 달렸다."고 말했고, 러시아 작가 푸시킨은 "인간이 추구해야 할 것은 돈이 아니다. 인간이 추구해야 할 것은 항상 인간이다."라는 말을 남겼다.

드라마 상도(商道)의 주인공으로 유명한 거상 임상옥(1779~1849) 또한 마찬가지다. 그는 조선 정조 때부터 상업에 종사했는데 의주를 본거지로 중국과 인삼 무역을 통해 막대한 재산을 형성했으며 천재적인 사업수완을 발휘하였다. 단지 돈을 모으는 데만 그친 것이 아니라 재산을 풀어 빈민을 구제하는 일에도 앞장섰으며 "장사란 이익을 남기기보다 사람을 남기기 위한 것이다. 사람이야말로 장사로 얻을 수 있는 최대의 이윤이며 신용은 장사로 얻을 수 있는 최대의 자산이다."라는 말을 남겼다. 임상옥은 7할 이상의 술을 부으면 모두 밑으로 흘러내려 버리는 '계영배(戒盈杯)'라는 잔을 항상 옆에 두고서 지나친 탐욕을 경계하고자 노력하였다.

인생은 개인전이 아니라 단체전이다. '혼자서도 잘해요'가 아니라 '함께 해야 잘해요'라는 마음을 가져야 성공할 수 있다. 일과 사업을 할 때는 항상 여불위처럼 사람을 소중하게 생각하고, 사람에게 투자해야 한다. 지금 주변을 둘러보고 기화가거(奇貨可居)를 찾아라. 그리고 그 사람에게 아낌없이 투자하라. 틀림없이 천 배, 만 배의 이익을 얻게 될 것이다.

chapter 01

어떤 사람인지
알아봐 주시겠습니까?

두어 달 전의 일이다. 모 그룹에서 인사팀장으로 근무하는 L에게 전화가 왔다.

"소장님, 잘 지내시죠?"

"오랜만입니다. 별일 없으시죠?"

"덕분에 저도 잘 지내고 있습니다. 한 가지 부탁이 있어 연락드렸습니다. 소장님께서 예전에 SK텔레콤에서 근무하셨죠?"

"네, 맞습니다만 무슨 일이신지요?"

"이번에 저희 회사에서 경력사원을 공채합니다. 최종면접을 마치고 합격자 발표만 남았는데 마지막 단계가 입사지원자들의 평판을 조사하는 레퍼런스 체크(Reference check)입니다. 합격예정자 중 한 명이 현재 SK텔레콤에 근무하고 있는데 혹시 OOO이라고 아시는지요?"

"죄송합니다. 제가 회사에서 퇴직한 지 10년이 더 지났어요. 처음 듣는 이름인데요."

"어떻게 알아볼 수 있는 방법이 없을까요? 꼭 좀 부탁드립니다."

"알겠습니다. 한 번 조사해 보죠."

전화를 끊고 SK텔레콤 입사 동기 한 명에게 전화를 걸었다. 전후 사정을 설명했더니 자신도 자회사로 근무처를 옮겨 잘 알지 못하는 사람이라고 말한다. 다시 K에게 전화를 걸었다. K는 내가 노동조합에 몸담고 있을 때 노무복지팀에 있던 직원이다.

"부탁이 있어 전화했습니다. 혹시 OOO 씨라고 아시나요?"

"네. 잘은 모르지만 알고는 있습니다. 그런데 갑자기 무슨 일로 그러시나요?"

"믿고 말씀드리는 것이니 꼭 비밀을 유지해주셔야 합니다. 이번에 다른 회사에 입사지원을 한 것 같습니다. 그쪽에 알고 지내는 분이 OOO 씨에 대한 평판이 궁금하다고 연락이 왔어요. 어떤 사람인가요?"

"글쎄요. 저도 그렇게까지 잘 아는 편은 아닌데……."

K는 대답하기가 곤란한지 머뭇거렸다.

"그냥 아는 대로만 이야기해주면 됩니다. 다른 데로 말 나갈 일은 없을 겁니다."

"잘은 모릅니다만, 성격이 원만하지 못해서 부서원들과 자주 마찰을 빚는다고 들었습니다. 고집이 무척 세서 직속부장도 애를 많이 먹는다고 하더군요."

"고맙습니다. 다음에 저녁 한 번 같이 해요."

L에게 전화를 걸어 K로부터 들은 이야기를 전해주었다. 몇 달 후, 모임에서 L을 만날 기회가 있어 물어보았다.

"지난번에 평판 조사한 사람은 어떻게 됐나요?"

"불합격되었습니다. 헤드헌팅 회사에도 조사를 의뢰했는데 비슷한 내용이더군요. 대인관계에 문제가 있는 것으로 판단되어 최종 합격자 명단에서 탈락시켰습니다."

사회생활을 하다 보면 종종 이와 유사한 경험을 겪게 된다. 게다가 나는 인맥관리와 관련된 강의와 저술 활동을 하고, 여러 모임과 단체에 가입되어 있다 보니 평소에 사람에 대한 추천이나 소개를 많이 부탁받는 편이다. 매번 누구를 추천할까 고민할 때마다 자기관리의 중요성을 다시 한 번 뼈저리게 느끼게 된다.

평상시에 좋은 이미지, 신뢰가 형성되어 있는 사람은 확신을 가지고 강력 추천하지만 그렇지 못한 경우는 추천대상에서 제외된다. 결국 곰곰이 생각해 보면 자신도 알지 못하는 사이에 행운을 놓치는 일도 많은 게 인생이요, 사회생활인 듯싶다.

현대사회를 네트워크 사회라고 말하는데 무엇을 아느냐보다 누구를 아느냐가 중요하다는 뜻이 된다. 그러나 다른 한편으로 생각해보면 누구를 아느냐보다 누가 나를 아느냐가 더 중요해지며, 궁극적으로는 나를 PR 해줄 수 있는 사람이 얼마나 많은지가 핵심관건이라고 생각할 수 있다.

결국 현대사회에서는 나를 PR 해줄 수 있는 PR 네트워크의 구축이 매우 중요한 역량이자 성공의 관건이 된다. 내가 보기에는 KBS1 라디오 경제포커스 진행을 맡았던 이영권 박사가 PR 네트워크를 가장 효과적으로 구축한 사람이다. 이런저런 모임이나 행사에 참석해 사람들과 대화를 나누다 보면 이영권 박사의 이름이 자주 거론되는데 대부분 이런 내용이다.

"이영권 박사는 대단한 분이에요. 매일 수많은 사람에게 메일이나 문자가 오는데 하나도 빠트리지 않고 전부 답신을 보낸다고 하더군요. 저도 모임에서 처음 만난 후 메일을 보냈는데 정말 답신을 보내왔더라고요. 그 이후로도 여러 번 보낼 때마다 마찬가지였어요. 만약 메일을 보냈는데 답신이 없다면 이영권 박사가 잊어버린 것이 아니라 인터넷이 오류가 난 것이라고 생각할 정도로 강한 믿음이 생겼어요."

"이영권 박사는 편안한 분이에요. 모임에서 처음 만났는데 마치 오래 전부터 알고 지내던 사람처럼 친근하게 대해주더군요. 제 이름을 부르며 동생처럼 격의 없게 대해주셔서 정말 마음이 끌렸어요."

"이영권 박사는 강의를 잘하죠. 일반인들이 알아들을 수 있는 쉬운 표현으로 아주 재밌게 강의해요. 누군가 강사를 소개해달라고 말하면는 나는 이영권 박사를 추천합니다."

이렇게 내가 없는 곳에서도 남이 나를 PR 해주고 추천해줄 수 있다는 것은 대단한 축복이자 능력이다. 가만히 있어도 홍보가 되고, 저절로 영업이 되니 이보다 좋은 마케팅이 어디 있을까? 아마도 세상 모든 사람,

특히 영업사원들과 기업의 CEO들이 간절하게 바라는 일일 것이다.

　과연 어떻게 하면 그런 일을 가능하게 만들 수 있을까? 나는 이 책을 통해 사람들이 나를 PR하게 만드는 타인 PR의 기술에 대해 알아볼 것이다. 그 전에 먼저 나를 PR 해줄 수 있는 사람이 과연 몇 명이나 되는가 생각해보기 바란다.

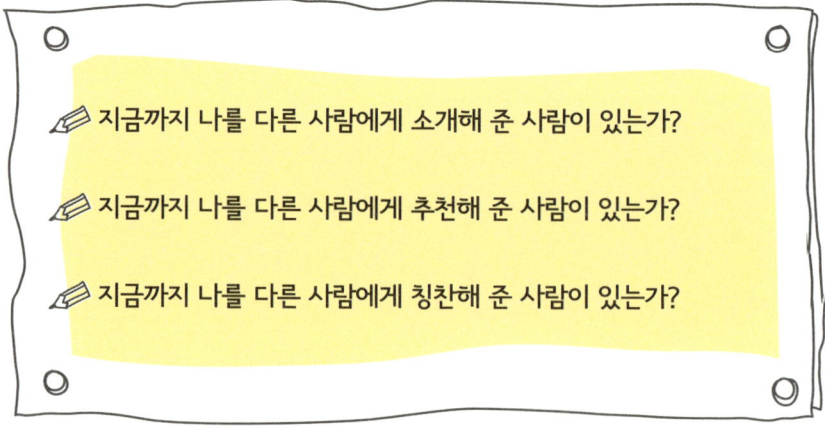

chapter 01

세상은 좁고
정보는 멀리 간다

　사회생활을 하다 보면 종종 "세상이 참 좁다."는 느낌을 갖게 된다. 전혀 연결이 될 것 같지 않은 사람 간에도 조금만 대화를 나눠보면 으레 공통적으로 연결되는 고리, 지인이 발견된다. 이럴 때 우리는 흔히 세상이 좁다고 말하는데 도대체 왜 이런 현상이 나타나는 것일까?

　1967년 하버드 대학의 스탠리 밀그램 교수는 네브래스카에서 보스톤으로 편지를 전달하는 일련의 실험을 하였다. 실험방식은 보스톤의 증권 중개인에게 편지를 가장 빨리 전달할 수 있을 것 같은 사람에게 보내면, 그 편지를 받은 사람이 다시 가장 빨리 편지를 전달할 수 있을 것으로 판단되는 사람에게 편지를 보내는 방식이었다. 이런 방법으로 과연 몇 사람을 거치면 편지가 전달되는지를 알아보는 실험이었다. 실험의 결과 편지가 전달되는데 평균 5.5단계가 걸린 것으로 드러났다. 이 실험을 토대로 지구 상의 어떤 두 사람도 평균 6단계만 거치면 서로 연결될 수 있다는 6단계 분리(Six-Degree Separation) 이론이 생겨났으며 세상은 우리가 생각하는 물리적 거리보다 훨씬 좁다는 것을 가리켜 '작은 세상

효과'(Small World Effect)라고 부르게 되었다.

　스탠리 밀그램의 편지전달실험 이후에도 작은 세상 효과에 관한 유사한 실험이 몇 차례 더 시도되었는데 대표적인 것으로 케빈 베이컨 게임(Six degree of Kevin Bacon), 에르되스의 수(Erdos Number)가 있다. 케빈은 미국의 영화배우로 20년 동안 〈JFK〉, 〈리버 와일드〉, 〈슬리퍼스〉, 〈할로우 맨〉등 수많은 영화에 출연하였다. 케빈 베이컨 게임은 영화배우 케빈 베이컨과 다른 할리우드 배우가 몇 단계 만에 영화로 연결되는지 찾는 게임인데 조사결과 케빈 베이컨과 대부분의 배우들은 6단계 이내에서 서로 연결됐다. 에르되스는 천재적인 물리학자로 평생 485명의 학자와 천오백여 편의 논문을 공저하였다. 에르되스와 함께 논문을 공저한 사람을 '에르되스의 수 1'이라고 하며 에르되스와 직접 공저하지는 않았지만 에르되스의 수가 1인 사람과 함께 논문을 저술한 사람은 '에르되스의 수 2'라고 부른다. 이와 같은 방법으로 조사해 보면, 세계 각국의 과학자들은 작은 세상에서 하나의 네트워크로 서로 연결되어 있다는 사실이 발견된다.

　1998년 9월 『네이처』에 실린 논문에 따르면, 인터넷상에서도 하나의 웹페이지에서 임의의 다른 페이지로 이동하는데 평균 열아홉 번만 클릭하면 서로 연결된다는 사실이 알려졌다. 마이크로소프트사의 에릭 호비츠 연구원이 2006년 6월 전 세계 MSN 메신저 이용자 1억 8천만 명이 주고받은 3천억 건의 메신저 기록을 조사한 결과, 임의의 두 사람은 평균 6.6단계만 거치면 연결됐다. 이러한 결과를 보면 인터넷 세상 역시 좁은 세상인 셈이다.

통계학에서는 두 사람을 임의로 선택했을 때 각각 1,000명의 사람을 안다는 사회학적 통계로부터 계산하면, 인구가 5천만 명인 나라에서 두 사람이 서로 알고 있을 확률은 5만분의 1, 두 사람이 공통의 친구를 가지고 있을 확률은 50분의 1, 중간에 친구 하나를 매개시키게 되면 서로가 아는 사람이 나올 확률이 99/100 이상이라고 한다. 역시 한 단계만 거쳐도 세상은 급격히 좁아진다.

2003년, 우리나라에서도 중앙일보와 연세대 김용학 교수에 의해 사람 찾기 실험이 이뤄졌는데 이 실험에서는 평균 3.6단계만 거치면 임의의 두 사람이 서로 연결될 수 있는 것으로 밝혀졌다. 시대적 차이를 무시하고 단순 비교할 수는 없겠지만 일반적으로 유추해볼 수 있는 것은 인터넷과 정보통신 발달의 영향, 그리고 우리 사회가 미국보다 다양한 관계망으로 촘촘히 연결되어 있다고 해석할 수도 있을 것이다.

이처럼 지리적 세상은 넓지만 사회적 세상은 생각보다 좁기 마련이다. 흔히 "세상 참 좁다."고 말하는 것도 물리적 거리가 아니라 사회적 거리를 의미하는 것이다. 특히 트위터, 페이스북과 같은 소셜네트워크

서비스의 등장으로 사회적 거리는 놀라울 정도로 좁혀지고 있다.

얼마 전, 모 대학에서 개설한 교육과정에 참여했을 때의 일이다. 함께 대화를 나누고 있던 D회장이 갑자기 옆 테이블에 앉은 C대표에게 말을 건넸다.

"방금 전 이야기한 ○○○씨가 혹시 영등포에서 건축 사업을 하던 사람 아닌가요?"

"네. 맞습니다. 잘 아시는 분인가요?"

"예전에 잠깐 알던 사이입니다. 그런데 그 사람이 지금 뭘 하고 있죠?"

"이번에 국회의원에 당선되었답니다. 처음 출마했는데 운이 좋았죠. 원래 우리나라 선거는 바람만 불면 어느 한쪽으로 쏠려 버리잖아요. 원래는 당선하기 어려운 지역이었는데 바람 한 번 불기 시작하니까 그대로 당선되더군요. 아무튼 제 고등학교 선배가 ○○○씨 후원회 회장을 맡고 있는데 저에게 부회장을 맡으라는 제안을 받아 어떻게 할까 고민 중입니다. 정치적인 성향도 잘 모르겠고 인격적인 부분도 아직 판단이 되질 않아서요. 혹시 회장님이 잘 아는 분이면 조언 좀 부탁드립니다. 저에게 추천해주실 만한 사람인가요?"

"글쎄요, 제 입으로 거론하고 싶지 않습니다. 그냥 잘 알아서 판단하십시오. 저는 그 사람과 관계 안 한 지 오래됐습니다."

D회장은 무뚝뚝하게 말을 마쳤다. 표정을 보니 그 사람의 이름을 들

은 것만으로도 매우 불쾌한 모양이었다. C대표도 덩달아 어색해하더니 혼잣말을 중얼거렸다.

"부처님보다 인품 좋은 회장님이 입에 올리는 것조차 싫어하는 사람이라면 대충 짐작이 갑니다. 적당한 이유를 대고 사양해야겠네요."

그 자리가 끝나고 헤어질 무렵, 나는 D회장에게 아까 있었던 일을 물어보았다.

"도대체 어떤 사람인데 이름만 듣고도 기분이 상하셨어요?"

D회장은 몹시 분개한 표정으로 열변을 토해냈다.

"내가 특별히 소장님한테만 믿고 이야기할게요. 그 사람은 좋게 말해도 정치꾼이고 엄격하게 말하자면 완전 사기꾼에 가까운 사람입니다. 예전부터 어떤 단체의 회장을 맡으면서 이권개입, 공금유용, 인사청탁 등으로 많은 물의를 일으켰던 사람이에요. 언젠가부터 정치판을 기웃거린다는 소문을 들었는데 결국 한자리를 차지하고 말았군요. 정말 한심한 일입니다."

"그런 사람이었군요. 회장님 마음이 충분히 이해합니다. 우리나라 정치가 패거리, 줄서기, 계파정치가 심하죠. 이제는 그만 탈피해야 할 텐데 참 안타까운 일입니다."

얼마 후 C대표와 통화할 일이 있어 후원회 부회장 건을 어떻게 처리하였는지 물었더니 거절하였다고 대답했다. 그날, D회장의 반응을 보고 깜짝 놀라 도저히 수락할 마음이 들지 않았다는 것이다. 만약 자기가 부회장을 수락하면 D회장과의 관계도 소원해질 것처럼 느껴졌다는 것이다. 그리곤 지금까지 D회장이 한 번도 남의 욕을 하거나 허튼소리를 하는 모습을 본 적이 없었기 때문에 믿고서 판단했다는 말도 덧붙였다.

세상은 정말 좁다. 게다가 발 없는 말, 소문은 천 리를 간다. D회장과 C대표의 경우처럼 언제, 어디서, 나에 대한 이야기가 누군가의 입에서 불쑥 튀어나올지 모른다. 어쩌면 지금 이 순간에도 누군가가 나에 관한 이야기를 꺼내고 있을지도 모른다. 어떤 사람은 칭찬을, 어떤 사람은 비난을, 어떤 사람은 내 과거의 행적에 대해 이야기하고 있을지도 모르는 일이다.

미국 존스홉킨스대의 마크 그라노베터 교수는 『취업(Getting a Job)』이라는 책에서 '일자리 구하기 경로조사' 실험결과를 소개하였다. 이 조사에 따르면 사람들은 일자리를 구할 때 주변 사람들의 채용, 추천, 정보 제공에 의해 가장 많이 취업하는 것으로 나타났다. 그런데 취업에 도움을 준 사람들을 조사해 보니 일반적인 예상과 정반대의 결과가 나타났다. 도움을 많이 줄 것이라 생각되는 친한 사람은 37%에 불과했고, 정반대로 그냥 어느 정도 알고 지내는 사람의 비율이 63%에 이르는 것으로 밝혀졌다. 이 조사결과를 토대로 마크 그라노베터 교수는 '약한 연결 관계의 힘(The strength of weak ties)'이라는 용어를 만들었다. 느슨하고 약한 인간관계에서 정보의 흐름이 훨씬 효율적으로 이뤄진다는 이론이다.

인터넷에는 가끔 특정 연예인에 대한 민감한 정보가 올라오고 곧이어 강추와 악플이 꼬리를 물기 시작한다. 자발적인 스크랩과 복사를 통해 정보가 확대재생산 되고 인터넷 여기저기에 기하급수적으로 전파된다. 추천 수가 많으면 강력한 홍보 효과가 생겨나지만, 악플이 많은 경우는 매우 치명적인 이미지 손상을 초래하게 된다. 이처럼 '약한 연결 관계의 힘'을 활용하는 것은 매우 강력한 PR 도구가 될 수 있다. 특히 인터넷에서는 정보의 속도나 방향이 예측 불가할 정도로 폭발적, 확산적이기 때문에 인터넷을 통한 PR은 개인과 기업 모두에게 매우 중요한 과제이자 도구라고 말할 수 있다.

두어 달 전의 일이다. 한 기업체에서 강의의뢰가 들어왔다. 어떤 경로로 연락을 하게 되었는지 물어보았더니 인터넷에서 추천 글을 보았다고 대답한다. 어느 곳인지 확인해 보니 평상시에 자주 방문하는 링크나우였다. 사이트에 접속해 보니 한쪽에 추천코너가 개설되었는데 내 이름이 상단에 올라있었다. 내용을 읽어보니 다음과 같이 적혀 있다.

양 소장님은 인간관계와 인맥의 중요성을 여러 권의 책으로 잘 정리하여 이 시대를 살아가는 우리에게 필요한 멘토mentor의 역할을 수행하고 있으며 또한 인맥을 잘 활용하여 조직화하고 이를 통하여 사회에 기여할 방법을 모색하며 실천하는 분으로 많은 것을 느끼며 배우게 하는 분입니다.

작성자의 이름을 살펴보니 H그룹의 K상무가 올린 글이다. 최근에 어떤 모임에서 만나 인연을 맺었는데 이렇게 공개적으로 나를 PR 해준 것이다. 너무 고마운 마음이 들어 바로 감사 메일을 보냈다.

이처럼 PR은 오프라인뿐만 아니라 온라인에서도 발생한다. 특히 인터넷은 약한 연결망을 기반으로 하기 때문에 오프라인보다 뛰어난 PR 효과를 기대할 수 있다. 소수의 사람에게만 전달되기 쉬운 오프라인에 비해 온라인 PR은 다수의 사람에게 전달될 가능성이 매우 높다.

사회적 세상은 우리가 생각하는 지리적 거리보다 훨씬 좁다. 특히 인터넷은 시공의 제약이 없기 때문에 정보의 확산속도가 매우 빠르다. 어떻게 하면 '6단계 분리'와 '작은 세상 효과'를 활용해 사람들이 나를 PR 하게 만들 수 있는지 구체적인 방법에 대해 생각해 보자.

타인 PR을 활용하기 위해 다음 질문에 대답해 보라.

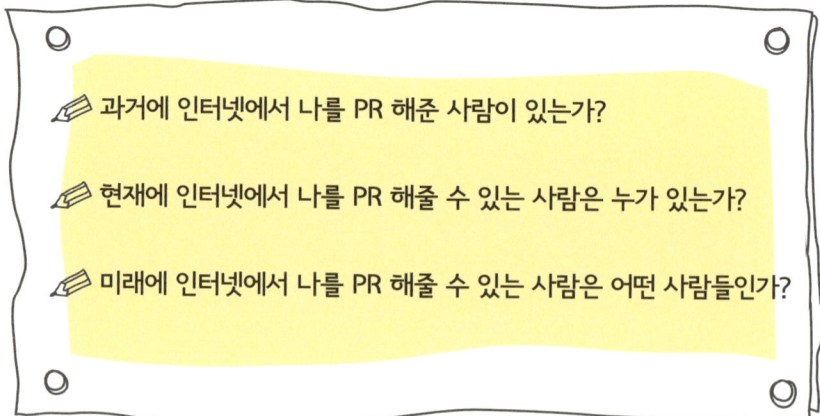

✎ 과거에 인터넷에서 나를 PR 해준 사람이 있는가?

✎ 현재에 인터넷에서 나를 PR 해줄 수 있는 사람은 누가 있는가?

✎ 미래에 인터넷에서 나를 PR 해줄 수 있는 사람은 어떤 사람들인가?

chapter 01

조 지라드의
법칙을 활용하라

"1962년 크리스마스는 나에게 가장 잔인한 달이었다. 나는 일도 없고, 먹을 것도 없는, 빚만 6만 달러를 가지고 있는 비참한 가장이었다. 나는 비참한 생활을 비관해 자살을 기도하였지만 실패하였고, 아내의 간곡한 부탁으로 삶을 포기하려던 마음을 돌렸다. 오랫동안 실의에 빠져있던 나는 무엇을 어떻게 해야 하는지조차 생각하지 못하고 오직 빚쟁이들을 피해 다니는 생활만 하고 있었다. 그러던 어느 날 집으로 돌아와 보니 아내와 아이들이 밥을 굶고 있었다. 창백한 얼굴로 나를 쳐다보던 그들, 불이 꺼진 컴컴한 방안에서 그들을 보는 순간 나는 이렇게 살아서는 안 되겠다고 생각했다. 물론 아버지의 저주에 찬 욕설도 생각났다. 나는 아버지의 '너는 정말 안 되는 놈이다'라는 말이 맞아 들어가고 있다는 사실에 분노를 느꼈다."

세계 최고의 자동차 판매왕으로 12년 동안 기네스북에 올랐던 조 지라드(Joe Girard)의 말이다. 그런 인물에게 저토록 비참하고 절망적인 시절이 있었다는 사실은 지금 성공을 향해 달려가는 모든 사람, 특히 실패와

좌절의 고통으로 몸부림치는 사람들에게 적잖은 희망과 용기를 줄 것이라 생각된다. 나 또한 이런저런 어려움에 부딪힐 때마다 조 지라드의 삶을 되새겨보며 자신감을 얻곤 하였다.

조 지라드는 미국 디트로이트 동부 지역의 빈민가에서 출생했다. 이탈리아 시칠리아 섬에서 이민 온 가난한 집에서 술주정뱅이의 아들로 태어난 그는 아버지의 폭력에 못 이겨 여덟 살 때부터 구두닦이와 신문팔이를 시작했다. 그 후 35세가 될 때까지 40여 가지에 이르는 직업을 전전했는데, 조 지라드는 이 당시 자신의 모습에 대해 "세상에서 가장 실패한 낙오자."라고 말했다. 도둑질을 하다 소년원 유치장에 들어갔고, 미군에 입대했으나 97일 만에 자동차 사고로 의병제대했고, 노름판을 운영하다 경찰에게 적발되어 벌금고지서만 잔뜩 받고 문을 닫았다. 직장에 들어갈 때마다 번번이 쫓겨났으며, 모처럼 시작한 사업에서는 사기를 당해 10년 동안 모은 재산을 모두 날리고도 60,000불에 이르는 빚을 떠안게 됐다. 마침내 1962년에는 자살까지 시도했으나 불행 중 다행으로 실패로 끝났다. 이후 정직한 방법을 통해서만 돈을 벌겠다고 결심한 조 지라드는 쉐보레 대리점에서 자동차 세일즈를 시작한다. 어렸을 때부터 말을 더듬던 버릇을 고쳐가며 피나는 노력을 기울인 끝에 15년 동안 13,001대의 차를 판매하였고, 12년 동안 세계 최고의 자동차 판매왕에 오르는 신화를 달성했다.

조 지라드가 위대한 판매왕이 될 수 있었던 비결은 무엇일까? 하루 평균 4대, 연간 최고 실적 1,425대 판매라는 경이로운 기록을 세우며 눈부신 성공을 거둘 수 있었던 원인에는 여러 가지 이유가 있겠지만 정작 조 지라드 본인은 자신의 성공비결을 매우 단순하게 설명하고 있다.

"내가 세계에서 제일가는 세일즈맨이 될 수 있었던 가장 큰 원동력은 배고픈 가족을 부양해야 한다는 간절한 마음이었다. 나는 눈앞의 사람과 계약을 체결하여 식료품을 사가지고 돌아가야 한다는 생각 외에는 아무것도 없었다. 그리고 나는 이를 해냈다. 판매계약을 체결하고 난 뒤, 나는 매니저에게 달려가 가족들에게 줄 식료품값으로 10달러를 꿔서 집으로 돌아갔다. 모든 것은 간절하게 원하면 통하게 되어 있다. 나를 진정한 세일즈맨으로 만들어 준 것은 바로 그 간절히 염원하는 마음이었다."

지금까지 수많은 사람, 학자와 전문가, 대학과 연구기관들이 다양한 성공의 법칙을 제시했지만 나는 조 지라드의 말처럼 '간절하게 염원하는 것'이야말로 가장 결정적인 성공의 비결이라 생각한다. 이것은 꿈이나 목표를 염원하는 것과는 약간 다른 의미다. 1921년 미국의 심리학자 루이스 터먼과 연구팀은 성공과 지능의 연관성을 알아보기 위한 일련의 실험에 착수했다. 먼저 캘리포니아 지역의 초등학생과 중학생 25만 명에게 세 차례에 걸친 시험을 치르게 한 후 지능지수가 140에서 200에 이르는 1,470명의 학생을 선별했다. 그리고 50여 년에 걸쳐 그들이 나타낸 교육 성과, 직업 변화, 승진 등에 관한 일체의 정보를 빠짐없이 기록했다. 루이스 터먼은 이 천재집단이 사회적으로 두각을 나타내며 평균적인 지능을 가진 학생들에 비해 월등한 성공을 거둘 것이라 확신했지만 아쉽게도 실험결과는 연구팀의 기대를 충족시켜주지 못했다. 몇 명의 유명 인사가 배출된 것을 제외하고는 1,470명의 대다수는 공무원, 또는 평범한 직업에 종사했으며 배관공, 청소부처럼 천재적인 지능을 필요로 하지 않는 분야에 종사한 사람들도 많았다. 1,470명의 천재집단이 이뤄낸 성과는 일반 사람들과 차이가 없었으며 오히려 이 집단에 포함되지 않았던 아이들 중에서 노벨상을 수상한 사람이 두 명이나 된다는 놀라운 사실이 밝혀졌다. 반세기 동안 진행된 오랜 조사 끝에 연구팀은 다음과 같은 결론을 내렸다. 『성공과 실패를 결정짓는 요소는 지능이 아니다. 그것은 사람의 의지력과 인내심, 조심성 그리고 성공하고 싶은 욕구에 달려있다. 성공한 사람은 자신의 재능에 따라 진로를 선택했고 선택한 그 일에 노력을 집중했다.』 조 지라드가 말하는 간절함은 루이스 터먼 연구팀이 발표한 '성공하고 싶은 욕구'라고 이해할 수 있을 것이다. 성공하려면 먼저 성공을 간절하게 열망해야 한다.

간절함과 함께 조 지라드를 성공으로 이끈 또 하나의 결정적인 요인은 바로 '타인 PR의 기술'이다. 조 지라드는 오랜 영업경험을 바탕으로 하나의 이론을 만들었는데 '조 지라드의 법칙'이라고도 불리는 '250명의 법칙'이 바로 그것이다. 조 지라드는 어떤 사람에게 결혼식이나 장례식같이 중요한 행사가 생기면 평균 250명 정도의 사람들이 참석한다는 사실에 주목하였다. 따라서 한 사람의 고객에게 감동을 주면 이 사람이 인간관계를 맺고 있는 250명에게 PR이 이뤄질 수 있다는 사실을 깨달았다.

"한 사람의 인간관계 범위는 대략 250명 수준이다. 나는 한 사람의 고객을 250명 보기와 같이 한다. 한 사람의 고객을 감동시키면 250명의 고객을 추가로 불러올 수 있다. 반면에 한 사람의 신뢰를 잃으면 250명의 고객을 잃는 것이다."

조 지라드는 철저하게 '250명의 법칙'에 입각하여 세일즈에 임했다. 첫 번째 고객이 생기자 새로운 고객을 찾으려는 노력 대신에 그 고객에게 최선의 노력으로 정성을 기울였다. 그리고 또 다른 고객이 생기면 역시 그 고객에게 최선을 다했고 마침내 그는 자동차 판매왕이 될 수 있었다. 그는 자동차를 팔려고 노력하지 않았고 오직 고객을 위해 무엇을 할 것인가를 고민했다. 매월 차를 구매한 고객에게는 편지를 보내 결함이나 A/S가 필요한 사항은 없는지를 점검했는데 편지 끝에는 항상 'I LIKE YOU'라고 적었다.

그는 또한 '최고의 하루'라는 책에서 다음과 같이 말했다.

"나는 일주일에 50명의 사람을 만나는 데, 만약 그중에서 두 명이 나의 태도에 대해 불만을 갖게 된다면, 그들에 의해 한 달이면 2천 명이 영향을 받게 된다. 이는 일 년이면 2만 5천 명이 나에게 손가락질을 하는 것과 같다. 나는 지금까지 자동차 판매에서 12년을 종사해왔다. 따라서 내가 그간 만나온 사람들에게 일주일에 두 명꼴로 불쾌감을 줬더라면, 일 년 동안 약 30만 명의 사람이 나를 비난했을 것이다."

내가 한 사람에게 감동을 주면 그 사람은 자신의 주변에 있는 250명에게 나에 대해 긍정적인 PR을 해줄 수 있지만, 반대로 불쾌감을 주게 되면 250명의 사람에게 나에 대한 부정적인 PR을 할 수 있다는 사실이다. 만약 일주일에 2명에게 불쾌감을 주면 그 사람의 주변에 있는 500명의 사람에게 나에 대한 부정적인 평가가 전달되고, 한 달이면 2천 명, 1년이면 2만 5천 명이 나에 대한 악평을 듣게 되는 셈이다. 따라서 한 사람의 고객을 대할 때는 그저 한 명이라고 생각하지 말고 마치 250명의 사람을 대하는 것처럼 최선을 다해 정성껏 대해야 한다는 것이다.

지금은 구전마케팅, 입소문마케팅에 대해 대부분의 사람이 이해하고 있지만 조 지라드가 자동차 영업을 처음 시작한 1962년에만 해도 이런 생각은 다소 생소한 개념이었을 것이다. 우리가 지금 이야기하는 타인

PR도 어찌 보면 생경한 개념이 될지도 모르겠다. 그렇지만 핵심은 모두 마찬가지다. 한 사람을 통하면 그와 연결된 수많은 사람에게 내가 알리고 싶은 정보를 전달할 수 있다는 사실이다. 그것을 소셜네트워크의 관점에서 생각해 보면 다음과 같이 된다.

한 사람이 250명을 알고 있고, 그 사람들이 각각 250명씩을 알고 있다면 그 숫자는 62,500명이 된다. 62,500명이 다시 250명씩 알고 있다면 15,625,000명이 되고, 다시 250명을 곱하면 3,906,250,000명이 된다. 즉, 4단계만 거치면 40억 명에 가까운 사람이 사회적 연결망으로 이어지는 것이다. 4단계가 복잡하다면 2단계로 제한해도 최소 62,500명과 연결될 수 있다. 그러니 비즈니스맨이나 영업사원들은 새로 발굴할 고객을 찾기 어렵다는 말을 더 이상 입 밖에 꺼내서는 안 된다.

나 × 250명(1단계) × 250명(2단계) × 250명(3단계) × 250명(4단계)
= 3,906,250,000명

조 지라드의 '250명의 법칙'을 활용해 사람들이 나를 PR 하게 만들고 나를 추천, 소개하게 만드는 일은 매우 중요하고 강력한 힘이 된다. 직장에서는 승진이나 인사고과에 유리한 영향을 미칠 수 있고, 영업에 있어서는 신규고객을 추천받을 수 있다. 기업은 제품이나 서비스를 홍보하고 판매를 촉진하는 데 큰 도움이 될 수 있다. 다른 사람을 만날 때는 한 사람을 250명처럼 생각하고 대하라. 그리고 어떻게 하면 그 사람이 자신과 관계를 맺고 있는 250명에게 나를 PR 해줄 수 있는지 생각하라.

chapter 01

포지셔닝 이론을 활용하라

　포지셔닝 이론은 미국의 마케팅 전문가 잭 트라우트와 알 리스에 의해 만들어졌다. 1972년 〈애드버타이징〉이라는 전문잡지에 '포지셔닝 시대(The Positioning Ear)'라는 시리즈 논문이 게재되면서 포지셔닝이 새로운 광고, 마케팅 기법으로 중요한 위치를 차지하였다. 잭 트라우트와 알 리스의 정의에 따르면 포지셔닝은 '잠재고객의 마인드에 자기 자신을 차별화하는 방식'이다.

　사실 포지셔닝이 주장하는 메시지는 단순하고 명쾌하다. 마케팅은 제품의 싸움이 아니라 인식의 싸움이기 때문에 고객의 인식을 어떻게 점유하느냐에 따라 마케팅의 승부가 결정된다고 말한다. 사람들은 북대서양을 처음으로 단독 비행한 찰스 린드버그의 이름은 기억하지만 두 번째로 단독 비행한 사람의 이름은 인식하지 못한다. 최초로 달 표면을 걸은 사람은 닐 암스트롱이지만 두 번째로 달에 착륙한 사람은 누구인지 잘 모른다. 세계에서 가장 높은 산의 이름은 히말라야 산맥의 에베레스트이지만 두 번째로 높은 산의 이름은 기억하지 못한다. 이처럼 가장 먼저 마인드에 진입한 선도자만이 인식되고 나머지는 모두 잊힌다는 것이다.

코카콜라 회사가 20만 번에 이르는 맛 테스트를 실시한 결과 뉴 코크 제품이 펩시콜라보다 맛이 좋았고, 펩시는 기존에 나와 있는 코카콜라 클래식 제품보다 맛이 좋다는 사실이 증명되었다. 그러나 실제 마케팅에서는 최고의 맛으로 조사된 뉴 코크는 판매고 3위에 불과하였고, 가장 맛이 나쁘다고 나타난 코카콜라 클래식이 1위를 차지하였다. 제품의 실제 맛과 사람들이 인식하는 맛에는 차이가 있었던 것이다. 이 조사결과가 알려주듯이 사람은 자신이 믿고 싶어 하는 것을 믿으며, 맛보고 싶은 것을 맛본다. 결국 마케팅은 맛의 싸움이 아니라 인식의 싸움이기 때문에 마케팅은 제품의 질이나 가격보다는 고객의 인식을 점유하는 것에 중점을 둬야 한다는 것이 포지셔닝 이론의 핵심이다.

포지셔닝 이론은 잭 트라우트와 알 리스가 공저한 『마케팅 불변의 법칙』에서 다시 한 번 강조되는데 그중에서도 가장 직접적으로 연관되는 다섯 가지 법칙은 다음과 같다

> **point**
>
> 1. **선도자의 법칙** | 더 좋은 것보다는 맨 처음이 낫다.
> 2. **영역의 법칙** | 최초로 뛰어들 수 있는 새로운 영역을 개척해야 한다.
> 3. **기억의 법칙** | 시장보다는 고객의 기억 속에 맨 먼저 들어가는 것이 더 중요하다.
> 4. **인식의 법칙** | 마케팅은 제품이 아니라 인식의 싸움이다.
> 5. **집중의 법칙** | 마케팅에서 가장 강력한 개념은 잠재 고객의 기억 속에 한 단어를 심는 것이다.

광고와 마케팅에 강력한 영향을 끼친 포지셔닝 이론은 이 책에서 다루고자 하는 '타인 PR의 기술'에도 매우 중요한 시사점을 던져준다. 나라는 사람의 스펙(역량, 성품, 성격)도 중요하지만 나라는 사람에 대한 인식이 보다 중요할 수 있다는 사실을 우리는 이해해야 한다. 즉, 본질보다도 인식이 중요할 수 있다는 사실을 인정해야 하는 것이다.

따라서 내가 얼마나 전문성 있는 사람으로 인식되는지, 내가 얼마나 성실한 사람으로 인식되는지, 내가 얼마나 인간적인 사람으로 인식되는지에 대해 관심을 갖고 그러한 인식을 형성할 수 있도록 체계적인 포지셔닝 전략을 수립해야 한다. 인식이 아니라 제품 자체에만 신경을 쓴다면, 가장 맛이 있지만 가장 팔리지 않은 뉴 코크와 같은 운명이 되지 않을 것이라고 누가 보장할 수 있겠는가?

몇 년 전, 노후연금보험에 가입하기 위해 내가 운영하는 인터넷 카페 회원 중에서 보험영업에 종사하는 사람들의 명단을 검토해 보았다. 몇 가지 기준을 떠올려 보았지만 보험회사나 보험상품 간에 결정적인 차이는 없을 것이라는 판단이 들었다. 그리곤 미래에셋생명에 근무하는 정명식 FC에게 연락을 해 계약을 체결하였다. 그렇게 결정한 가장 큰 이유는 그가 내 마음속에 '성실한 사람'이라는 인식을 점유했기 때문이었다. 물론 나는 정명식 FC가 매우 성실한 사람이라는 명백한 증거를 갖고 결정한 것은 아니었다. 다만 인터넷 커뮤니티에 가입한 영업사원들의 99%가 자신에게 도움이 되지 않는다고 판단하면 몇 개월이 지나지 않아 슬그머니 사라지는 게 일반적인 모습인데 정명식 FC는 지난 3년 동안 변함없는 모습으로 모임이나 교육에 꾸준히 참석해왔다. 그 결과 내 마음속에 가장 성실한 영업사원이라는 인식을 포지셔닝하게 된 것이다.

최근에 만난 보험 영업사원 중에는 푸르덴셜생명에 근무하는 박재명 FC를 첫 번째로 추천하고 싶다. 우연히 어떤 모임에서 만났는데, 이런저런 대화를 나누다 보니 필자가 졸업한 대학교의 같은 과 후배였다. 반가운 마음도 들었지만 그 후로도 1년여를 지켜본 결과 참으로 성실하고, 소위 법 없이도 살만한 사람이었다. 예전에는 민주노동당 중앙당에서 상근간부로 활동했었다고 한다. 충분히 믿을 수 있는 사람이라는 판단이 들어 필자가 운영하는 '청경장학회'의 총무 일을 맡겨 함께 교류하고 있다.

광고나 마케팅에서 제품의 차이를 무시할 수는 없지만 그렇다고 제품이 모든 것을 해결해줄 것이라 생각하는 것도 바람직하지 않다. 영업사원, 전문직 종사자, 직장인, CEO들도 마찬가지다. 나라는 사람의 제품보다 내가 어떻게 인식되고 있는지가 중요하다. 내가 유능하면 승진하는 것이 아니라 내가 유능하다고 인식되어야 승진하는 것이며, 내가 유능한 영업사원이라서 계약하는 것이 아니라 내가 유능한 영업사원으로 인식되어야 계약이 체결되는 것이다.

  다시 한 번 말하지만 마케팅은 인식의 싸움이다. 그리고 타인 PR 역시 마찬가지다. 제품에만 신경 쓰지 말고 인식의 점유에 관심을 기울여라. 내가 만나는 사람들의 마인드에 나를 강력하게 인식시킬 수 있는 포지셔닝 전략을 고민해보자.

chapter 01

강추는 복사하고
악플은 삭제하라

　나는 하루에도 여러 차례 인터넷에서 검색을 한다. 주로 입력하는 단어는 인맥, 인간관계, 대인관계, 갈등해결, 휴먼네트워크, SNS 등이다. 그리고 가장 마지막에는 내 이름을 검색한다. 몇 년 전, 다른 날과 마찬가지로 검색을 하던 중 아래와 같은 두 개의 글을 보게 되었다.

　〈0000의 라이프 블로그-사람과 사람〉
　'당신만의 인맥' 저자 양광모 소장님과 연락을 주고받으면서 아하 그렇구나! 깨달은 바가 있으니 바로 '감사'와 '답장'입니다.
　책을 읽다 보니 구구절절 옳은 말들로 가득하고, 또 생각지 못했던 부분들에 많은 깨달음을 주는 책이더군요. 마침 책 표지를 보니 저자의 메일 주소가 있는 겁니다. 그래서 고맙고 감사하다는 내용으로 별 기대 없이 메일을 보내봤습니다. 그런데 불과 30분도 채 되지 않아 저자로부터 답장이 왔습니다.
　편지의 내용은 아침부터 칭찬을 들어서 너무 기분이 좋다. 앞으로 종종 연락 주고 받자. 내 연락처의 정보를 기록해 두겠다, 본인이 운영하는 카페에 가입해달라. 다음에 보자는 내용이었습니다. 하루를 엄청나게 바쁘게 사시는 분일 텐데 친히 답장도 해주시고, 저를 또 한 명의 인맥으로 추가해준다는 얘기까지 해주시니 몸 둘 바를 모르겠더군요.

날아갈 듯 기분이 좋고 고맙기까지 했습니다.

〈00의 나를 찾는 독서, 독서경영〉

양광모 소장은 우리나라의 인맥관리 전문가로 자리매김한 사람이다. 실제 그의 강의가 뛰어나다고 생각되지는 않지만 나름대로 시장에서는 인정받고 있는 전문가라서 한편으로는 존경하는 사람이다. 인맥관리는 다들 중요성을 알지만 실천하지 못하는 경우가 많다. 방법론이 없어서가 아니다. 나도 많은 인맥관리 강의를 들었고 실천한다고 했지만 제대로 못 한 경우도 많다. 실천방법론도 중요하지만 어떻게 해서 나의 습관으로 만들 것인가가 더 중요하지 않나 싶다.

위에 올린 두 개의 글이 나름대로 '양광모'라는 사람에 대한 정보와 평가를 담고 있다는 점에서 우리가 얘기하는 '남이 나를 PR 하게 만드는 법'의 주제에 적합한 소재라고 말할 수 있을 것 같다. 인터넷에서는 나도 모르는 사이에 나와 관련된 정보가 생산되고, 또 여러 사람에게 확산된다. 강추가 전달되면 더없이 좋은 일이겠지만 악플이 확산되면 그야말로 괴로운 일이다. 이런 현상은 개인뿐만이 아니라 기업도 마찬가지다. 신상품에 대한 추천이 많아지면 홍보, 마케팅에 도움이 되지만,

반대로 악플이 확산되면 때때로 치명적인 결과를 초래한다. 단체나 공공기관 역시 동일하다.

　강추와 악플은 오프라인에서도 일상적으로 일어나는 사건들이다. 내가 없는 자리에서 나를 칭찬하는 사람도 있고, 뒷담화를 통해 나를 비난하는 사람도 있다. 어떻게 보면 남이 나를 PR 하게 만든다는 것은 강추와 악플 간의 전쟁에서 강추가 살아남도록 만드는 일이다. 따라서 내가 가장 먼저 할 일은 지금 나에 대해 어떤 정보나 평가, 어떤 이미지가 전파되고 있는지 관심을 갖는 일이다. 그리고 최대한 강추는 확산시키고 악플은 삭제되도록 노력해야 한다. 앞에서 말한 두 개의 글 중에서 내가 강추되고 있는 부분을 정리하면 다음과 같다.

1_ 30분 만에 답장을 보내주었다.
2_ 하루를 엄청나게 바쁘게 살 텐데 친히 답장을 해주었다.
3_ 나를 인맥으로 추가해주었다.
4_ 인맥관리 전문가로 자리매김했다.
5_ 시장에서 인정받고 있어 존경한다.

따라서 나는 다음과 같은 사항을 더욱 강화해야 한다.

1_ 메일을 받으면 최대한 **빠른** 시간 내에 답장을 보내준다.
2_ 상대방이 어떤 사람이든지 직접 답장을 해 준다.

3_답신을 보낼 때는 상대방에게 관심을 보여주고 인간관계를 유지하자는 뜻을 밝힌다.
4_인맥관리 전문가로서 다양한 활동을 전개한다.
5_시장에서 더욱 인정받을 수 있도록 노력한다.

한편, 두 번째 글 속에 표현된 부정적인 평가는 아래와 같다.

1_강의가 뛰어나지 않은 것 같다.
이 사항에 대해 나는 어떻게 대처해야 할까?
아마도 다음과 같은 사항을 생각해 볼 수 있을 것이다.

1_강의를 더욱 잘하도록 노력을 기울인다.
2_강의 평가는 교육생에 따라 달라질 수 있다는 것을 이해시킨다.
3_내 강의를 듣고 감동을 받은 사람들의 후기를 사례로 제시한다.
4_강의 평가를 삭제하거나 긍정적인 표현으로 수정해줄 것을 부탁한다.
5_인터넷에 내 강의에 대한 칭찬과 감사의 글들을 올려 검색되도록 만든다.
6_다른 교육생들에게 부탁해 강의가 뛰어나다는 평가를 인터넷에 올리게 한다.

지금까지 나는 청와대, 외교통상부를 비롯해 삼성, 현대, GS, KT, 포스코, 금호아시아나, 서울대, 전경련 등 국내 최고의 대기업과 정부, 공공기관, 대학 등 수많은 곳에서 강의를 했다. 때로는 교육생들에게 최고의 찬사를 받은 적도 있고 때로는 스스로도 부끄럽게 느껴질 수준의 강의를 한 적도 있다. 많을 때는 3천 명이 넘는 사람들 앞에서 강의를 했고, 인원이 많지 않을 때는 3명 앞에서도 강의를 한 적이 있다. 어떤 때는 열정에 사로잡혀 떨리는 마음으로 강의했고. 어떤 때는 마지못해 억지로 강의에 임한 경우도 없지 않았다. 감사의 문자와 메일도 많이 받아보았고, 다시는 강의를 의뢰하지 않는 곳도 있었다. 모두 사실이다.

아직은 스스로 생각해보아도 큰 나무가 아님을 인정한다. 내가 강의를 처음 시작한 것이 2006년부터이니 이제 5년이 조금 지났을 뿐이다. '명품 10년'의 법칙이 맞는다면 앞으로 최고의 명강의를 보여줄 수 있을 것이라 기대해본다. 한편으로는 인맥관리 전문가로 인정을 받고 있고, 강의가 끝난 후에 문자나 메일로 좋은 평가를 해주는 분들이 많으니 부족한 내 입장으로서는 너무나 기쁘고 다행스러운 일이다.

독자 중에 예민한 분들은 느끼셨겠지만 사실 나는 여러분에게 자기 PR을 한 것이다. 어떻게 생각되었는가? 지금까지 내가 한 이야기가 자랑이나 핑계로 느껴지지 않고 충분히 공감이 갔는가? 양광모 소장이 시장의 전문가로 인정받고 있으며 강의 실력도 반드시 나쁘지는 않을 것이라는 믿음이 형성되는가? 그렇게 생각되었다면 다행이지만 만약 그렇지 않다면 나의 입장에서는 무척이나 유감스럽고 난처한 일이다. 그런데 만약 어떤 사람이 여러분에게 이렇게 말해준다면 얼마나 편할까?

"안녕하세요? 양광모 소장님! 하이리빙 오너 OOO입니다. 어제 교총 회관 맨 앞자리에서 열심히 들었던 사업자인데, 사람들이 많은 거 같아 인사를 못했네요. 인간관계에 있어서 아직도 너무나 부족한 점이 많다는 생각을 하게 된 유익한 시간이었습니다. 90여 차례의 세미나, 게스트 강의를 들었지만, 강사님께 감사의 인사를 드려보기는 처음입니다. 제 삶에 새로운 전환점이 될 것 같습니다. 많이 배우겠습니다. 어제 강의 정말 감동적이었고 고마웠습니다."

예의상 실명을 밝히지는 않겠지만 지난 토요일, 하이리빙 강의를 마친 후 받은 메일 중 한통이다. 아마도 여러분에게 조금 더 강력한 PR이 됐으리라 믿는다. 이처럼 타인 PR은 자기 PR보다 강한 설득력을 지니며 깊은 신뢰를 형성할 수 있다. 지금 나에게 어떤 강추와 악플이 따라다니는지 점검하라. 그리고 나에 대해 긍정적인 평가는 확산시키고 부정적인 평가는 제거하라

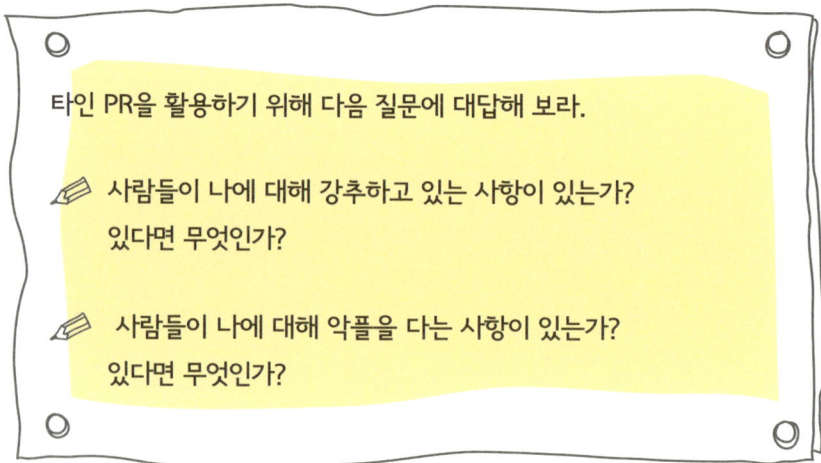

타인 PR을 활용하기 위해 다음 질문에 대답해 보라.

✎ 사람들이 나에 대해 강추하고 있는 사항이 있는가? 있다면 무엇인가?

✎ 사람들이 나에 대해 악플을 다는 사항이 있는가? 있다면 무엇인가?

chapter 01

자기 PR을 하지 말고 타인 PR을 하라

바야흐로 PR의 시대다. 겸손은 더 이상 최상의 덕목으로 꼽히지 않으며 적절한 자기 PR은 현대인으로서 지녀야 할 능력이자 미덕으로 인정받고 있다. 기업과 사회 역시 능력 있고 얌전한 사람보다 능력 있고 적극적인 사람을 더 많이 요구한다. 게다가 낭중지추(囊中之錐)와 같은 사람은 가만히 있어도 저절로 인정을 받을 수 있지만 대부분의 사람은 자신의 강점과 역량을 주변 사람들에게 얼마나 잘 인식시킬 수 있느냐에 따라 직장과 사회에서의 성공 여부가 달라지기 마련이다.

따라서 우리는 자기 PR을 전략적으로 실행할 수 있도록 평상시에 꾸준한 관심과 노력을 기울여야 한다. 실제로도 우리는 삶의 매 순간마다 수많은 자기 PR의 과정을 거치게 된다. 다른 사람을 만나면 으레 주고받는 자기소개도 PR이요, 대학이나 회사에 들어가기 위해 작성하는 이력서, 자기소개서도 PR이다. 또한 명함도 일종의 자기 PR이다. 이처럼 자기 PR은 우리 일과 삶에서 매우 중요한 영역을 차지하고 있다. 그런데 이러한 중요성에도 불구하고 자기 PR은 몇 가지 한계점을 지니고 있다.

첫째, 자기 PR은 역효과를 초래할 수 있다. 자기 PR이 잘못 이뤄지면 잘난 척하거나 오만한 사람으로 보일 가능성이 많다. 그렇게 되면 호감보다는 반감이 형성되고, 결국 자기 PR을 안 한 것보다 못한 결과를 가져올 수 있다.

둘째, 자기 PR은 신뢰감을 형성하기 어렵다. 본인 스스로 자신의 강점과 장점을 PR하는 것은 그다지 큰 신뢰감을 주지 못한다. 구체적인 데이터나 자료가 없으면 과장이나 허풍으로 인식될 수 있다. 또한 성품이나 성격처럼 측정하기 어려운 요소를 객관화하여 PR 하는 것은 한계가 있다.

셋째, 자기 PR은 책임이 따른다. 자기 PR은 자기 입으로 자신에 대해 주장한 사실들이므로 사실 진위여부에 대한 명확한 책임이 뒤따른다. 만약 사실과 다르거나 거짓된 부분이 드러나면 심각한 불신을 초래할 수 있다. 아울러 자기 PR은 수정하거나 번복하기 어렵다.

넷째, 자기 PR은 경쟁을 불러일으킬 수 있다. 자기 PR은 타인에게 시기, 질투의 감정을 형성할 수 있다. 이렇게 되면 불필요한 경계를 유발하거나 주변 사람들을 경쟁자로 만들 가능성이 잠재한다.

다섯째, 자기 PR은 전파력이 약하다. 자기 PR은 대개 직접 만나는 사람들을 대상으로 이뤄진다. 따라서 내가 만나지 못하는 사람들에게는 전달될 가능성이 높지 않다.

따라서 자기 PR은 꼭 필요한 상황에서만 활용하고 그보다는 사람들이 나를 PR 하도록 만드는 것이 바람직하다. 물론 타인 PR이 말처럼 쉬운 일은 아니다. 하지만 가장 중요한 것은 먼저 타인 PR의 중요성을 깨닫는 일이다.

다시 말해서 내 입으로만 PR 하려는 생각을 버리고 어떻게 타인을 통해 PR 할 수 있는지 고민하면 된다. 타인 PR은 전투를 치르지 않고 전쟁에서 승리할 수 있는 비결이라는 사실을 명심하고 자신만의 타인 PR 기술을 개발해보자. 타인 PR의 장점은 자기 PR의 단점과 정반대라고 생각하면 된다.

첫째, 역효과가 발생하지 않는다. 자기 PR처럼 반감이 형성될 가능성이 적다.

둘째, 신뢰감이 증진된다. 제3자의 말은 보다 더 객관적으로 전달된다.

셋째, 책임성이 없다. 내가 직접 말한 사항이 아니기 때문에 PR 내용에 책임을 지지 않아도 된다.

넷째. 경쟁을 피해 갈 수 있다. 타인을 통한 PR이기 때문에 직접적인 경쟁의식을 불러일으키지 않는다.

다섯째, 전파력이 강하다. 조 지라드의 법칙에 의하면 내가 만나는 한 사람마다 각각 주변에 있는 250명에게 타인 PR이 일어날 수 있다.

사회에서는 자기 PR이 필요한 경우가 많이 발생한다. 직장에서 승진이나 고과평가, 연봉협상, 업무분장담이나 특정한 프로젝트 책임자를 선정할 경우 자기 PR이 필요해진다. 개인사업자, 전문직 종사자, 영업사원의 경우에는 고객이나 거래처 직원을 만났을 때 어떻게 자기 PR을 하느냐에 따라 비즈니스 성과가 달라진다. 그런데 이런 상황에서 자기 PR이 아니라 타인 PR이 이뤄질 수 있다면 보다 좋은 결과가 만들어질 것이다.

몇 년 전, 모 정부산하기관에 임직원들을 대상으로 한 휴먼네트워크 구축전략 교육프로그램을 제안한 적이 있다. 교육담당자를 만나 서너 차례 미팅을 했가졌지만 쉽게 결론이 나지 않았다. 교육콘텐츠는 우수하다고 판단되는데 타 기관이나 기업에서 채택한 실적이 없어 결정이 곤란하다는 것이었다. 어떻게 하면 좋을까 고민하며 사무실을 나오다가 J대표와 마주쳤다. J는 기업교육 업계에서 리더십교육의 일인자로 널리 알려져 있는 사람이다.

"오랜만이네요. 그동안 잘 지내셨죠? 이곳에는 무슨 일로 오셨어요?"

"매주 수요일마다 관리자 리더십교육을 진행하고 있습니다. 그런데 소장님은 어쩐 일이십니까?"

"교육프로그램을 제안했는데 실적이 없어서 곤란하다고 담당자가 난색을 표하네요. 혹시라도 강의 피드백이 좋지 않을까 걱정되는 모양입니다."

"그래요? 제가 담당직원과 잘 아는 사이니 한 번 이야기해 보겠습니다."

"고맙습니다. 잘 부탁드립니다."

며칠 후 담당직원에게 연락이 왔다. 휴먼네트워크 구축전략 교육프로그램이 채택되었다며 몇 가지 필요한 서류와 절차에 대해 알려준다. 그러면서 덧붙이기를 J대표의 추천이 있어 믿고 결정한 것이니 차질 없이 잘 진행해 달라고 당부한다. J대표에게 전화를 걸어 감사의 뜻을 전했다.

작년에 있었던 일이다. 어느 날, 모 경제단체에서 전화가 왔다. 여성 CEO 리더십교육에 '리더들의 휴먼네트워크관리'라는 제목으로 4시간 교육과정이 운영되니 강의를 맡아달라는 요청이었다. 몇 가지 사항을 확인 후, 강의를 승낙하고 물어보았다.

"그런데 어떤 경로로 강의를 의뢰하게 되셨죠? 제 강의를 직접 들어본 적이 있나요?"

"아닙니다. 얼마 전 어떤 모임에 참석해 인맥관리 강사를 찾는 중이라고 말하니까 그 자리에 있던 K대표님이 추천해주셨습니다. 서울상공회의소 CEO 과정에서 교육을 들은 적이 있다면서 강력 추천하셨어요. 그래서 연락드리게 된 겁니다."

이처럼 타인 PR은 내가 없는 곳에서 동시다발적으로 이뤄질 수 있고, 자기 PR보다 높은 신뢰를 형성해주기 때문에 강력한 홍보 및 마케팅 수단이 된다. 자기 PR 전성시대라고 해서 자기 입으로만 홍보하려는 생각을 버려라. 그리고 다른 사람이 나를 PR 할 수 있는 방법을 개발하여 타인 PR을 적극적으로 활용해 보라. 남들과 똑같이 해서는 절대로 앞설 수 없으며 성공하려면 남과 달라야 한다는 사실을 기억하라.

타인 PR 활용을 위해 다음 질문에 대답해 보라.

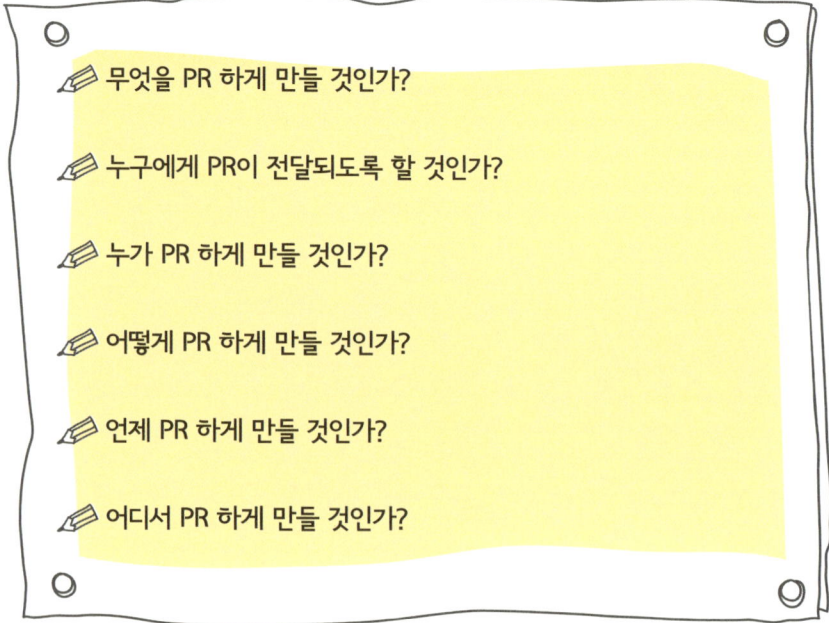

- 무엇을 PR 하게 만들 것인가?
- 누구에게 PR이 전달되도록 할 것인가?
- 누가 PR 하게 만들 것인가?
- 어떻게 PR 하게 만들 것인가?
- 언제 PR 하게 만들 것인가?
- 어디서 PR 하게 만들 것인가?

chapter 01

타인 PR의 3가지 요소

다른 사람들이 나를 PR 하게 만드는 것을 타인 PR이라고 정의하였다. 그렇다면 무엇을 어떻게 해야 할까? 일반적으로 타인 PR에는 정보, 전달자, 수용자의 3가지 요소가 존재한다. **첫째**, 나에 관련된 정보가 있어야 한다. **둘째**, 정보를 전달해주는 사람이 필요하다. **셋째**, 정보를 전달받는 사람이 있어야 한다.

며칠 전 일요일, 아들과 함께 집 근처에 있는 사우나에 갔다. 목욕을 마치고 이발소에 들어갔는데 한가한 시간인지 손님이 한 명도 없었다. 이발소 사장과 대화를 나누기 시작했다.

"이 건물에 OOO 국회의원 사무실이 있지 않나요?"

"8층에 있습니다."

"여기 찜질방에 자주 오나요?"

"가끔 옵니다. 그런데 그 사람 이번에 국회의원 떨어지지 않았나요?"

"네. 떨어졌죠."

"내가 이발소만 30년을 넘게 해서 관상을 좀 볼 줄 아는데 그 사람 떨어질 줄 알았어요."

"왜 그렇게 생각하셨죠?"

"가끔 여기 올 때 보면 목에 너무 힘이 들어가서 마치 깁스를 한 사람 같았어요. 사우나에 오면 사람들에게 아는 척도 안 하고 혼자서 목욕만 하고 가더군요. 보통 정치하는 사람들은 만나는 사람마다 악수를 청하고 그러는데 그 사람은 인사 한 번 하는 적이 없더군요. 당연히 떨어질 줄 알았죠."

"그랬군요. 혹시 이번에 새로 국회의원에 당선된 △△△씨는 어떤가요?"

"글쎄요. 직접 만나 본 적은 없는데 소문이 좋더군요. 시의원을 하면서 지역발전을 위해 일도 많이 했고 사람도 괜찮다는 평가가 많아요. 국회의원 재선되면 다음에는 도지사에 출마할 거라고 말하더군요."

집으로 돌아와 이발소에서 들은 이야기를 떠올리다 보니 아쉬움이 느껴졌다. 사실 선거에서 낙선한 국회의원은 내가 지지를 보냈던 사람이었다. 개인적으로 아는 한 그렇게 오만하거나 딱딱한 사람은 아니며 오히려 서민적인 면모를 많이 갖춘 사람이었다. 그럼에도 불구하고 다른 사람에게 부정적인 이미지를 심어줬고, 또 자신도 모르는 사이에 계속해서 악플이 확대 재생산되고 있는 것이다. 아마도 타인 PR에 대한 전략이 부족했기 때문이라는 생각이 들었다.

오래전 일이지만 나도 직접 선거를 치러보았고, 또 내가 지지하는 후보의 선거 캠프에서 일해 본 경험도 있다. 선거란 결국 지지를 얻는 일이기 때문에 선거운동의 지상과제는 조금이라도 더 많은 사람에게 후보를 알리는 일이다. 이때 가장 널리 사용되는 방법의 하나가 구전 홍보단을 활용하는 것이다. 특히 대통령선거처럼 규모가 큰 선거는 각 정당마다 대규모의 구전 홍보단을 조직적 운영하게 된다. 구전 홍보단에는 택시운전사, 보험영업사원, 공인중개사, 미용실 등 일반유권자들을 많이 접촉하는 사람들이 포함된다. 주로 하는 일은 평상시 접촉하는 사람들에게 지지후보에 대한 긍정적인 정보를 전파하고, 부정적 이미지에 대해 적극 해명하며, 때로는 반대후보에 대한 부정적인 정보를 흘리기도 한다. 이러한 활동이 전형적인 타인 PR의 방법이라고 말할 수 있을 것이다. PR의 3요소를 정리해보면 다음과 같다.

첫째, 정보.
정보는 여러 가지가 있는데 가장 일반적인 것은 능력, 성격, 성품, 비전, 감정, 상황(입장) 등에 관련된 정보가 해당된다. 위에 적은 사례에서는 다음과 같은 것들이 정보가 된다.

낙선의원 : 목에 힘이 너무 들어갔다. 아는 척을 안 한다. 인사를 안 한다.(성품)

당선의원 : 시의원활동을 통해 지역발전에 많은 일을 했다.(능력), 사람도 괜찮다.(성품), 도지사가 되려는 목표를 가지고 있다.(비전)

타인 PR을 하려면 먼저 어떤 내용을 PR 할 것인지 결정해야 한다. 그리고 PR 하려는 정보를 어떤 형식으로 만들 것인지 생각해야 한다. 이

성적인 정보로 만들 것인지, 감성적인 정보로 만들 것인지, 구체적인 데이터와 근거자료는 무엇을 활용한 것인지 검토해야 한다. 타인 PR에 담길 정보의 유형과 형식은 전달자, 수용자가 누구냐에 따라 달라진다.

둘째, 전달자.

전달자는 나에 대한 정보를 다른 사람들에게 PR 해주는 사람이다. 일차적으로는 가족, 친구, 직장상사, 동료, 부하, 고객, 거래처, 그리고 모임이나 단체의 회원처럼 내 주변에 알고 지내는 지인들이 포함된다. 이차적으로는 타인 PR을 해줄 수 있는 키맨, 마당발, 소식통이 해당되며 가장 넓은 관점에서는 나를 PR 해줄 수 있는 사람은 모두 전달자라고 생각할 수 있다. 위에 적은 사례에서는 다음과 같은 사람들이 전달자가 된다.

구전 홍보단(이발소 사장, 택시 운전사, 보험 영업사원, 공인중개사, 미용실 헤어디자이너)

전달자는 무엇을 전달하느냐, 누구에게 전달할 것이냐에 따라 달라진다. 만약 남성유권자에게 PR이 필요하다면 이발소 사장이 적합할 것이고, 여성유권자에게 필요한 PR이라면 미용실 헤어 디자이너를 전달자로 결정해야 한다.

셋째. 수용자.

수용자는 PR의 내용이 최종적으로 전달받는 사람이다. 전달자를 통해 정보를 듣게 되는 사람인데 PR의 내용이 무엇인지, 전달자가 누구인지에 따라 수용자가 달라진다. 수용자는 다시 전달자가 되기도 한다. 위에 적은 사례에서는 다음과 같은 사람들이 수용자가 된다.

사우나를 이용하는 지역주민, 택시를 이용하는 불특정다수의 시민, 보험 영업사원의 고객, 공인중개사 사무실을 내방하는 사람들, 미용실 이용객

수용자는 내가 어떤 정보를 PR 하고 싶은가에 따라 달라진다. 내 경우를 예로 들어 살펴보자. 현재 나는 전문 강사로 활동하고 있으며 앞으로는 전업 작가로 활동할 예정이다. 따라서 타인 PR을 통해 나를 PR 하게 만든다면 수용자는 교육담당자, 그리고 출판 관련 종사자가 일차적 수용자에 해당될 것이다.

지금까지 타인 PR의 3요소로 정보, 전달자, 수용자에 대해 간략하게 알아보았다. 다음 장에서부터 타인 PR의 실제적인 사례에 대해 본격적으로 이야기해보자.

chapter 02

타인 PR 전략 수립하기

2장에서는 타인 PR의 실천전략에 대해 이야기할 것이다.
타인 PR의 세 가지 핵심요소인 정보, 전달자, 수용자와 관련하여
무엇을 PR할 것인지, 누구에게 PR할 것인지, 누가 PR할 것인지에 대한
구체적인 방법과 아울러, 개인 브랜드 구축법,
인맥관리 6단계, 대인관계에서 감동을 주는 법 등에 대해 설명할 것이다.

chapter 02
무엇을 알릴 것인가?

타인 PR을 위해서는 먼저 다른 사람들에게 어떤 이미지를 PR 할 것인지 결정해야 한다. 타인 PR을 통해 얻고자 하는 이미지, 인식이 무엇인지에 따라 전달할 정보가 달라지기 때문이다. 예를 들면 다음과 같다.

예) 유능하다.(이미지) → 외국 대학에서 경영학 박사학위를 받았다.(정보)

타인 PR은 일종의 홍보이자 마케팅이다. 마케팅은 제품의 싸움이 아니라 인식의 싸움이라고 말했듯이 우리가 PR을 통해 얻으려는 것도 결국 이미지다. 사회에서 타인을 평가할 때는 그 사람에 관한 모든 정보를 알 수 없기 때문에 몇 가지 정보에 의해 형성되는 이미지로 상대방을 평가하기 마련이다. 따라서 본질도 중요하지만, 이미지는 더욱 중요하다. 타인 PR을 통해 형성하는 이미지에는 다음과 같은 항목들이 있다.

1_역량 – 유능하다. 똑똑하다. 리더십이 있다. 기획력이 뛰어나다. 영업력이 뛰어나다. 추진력이 있다. 경험이 풍부하다. 재주가 많다…….

2_성품 – 착하다. 따뜻하다. 인간적이다. 성실하다. 원만하다. 겸손하다. 솔직하다…….

3_성격 – 적극적이다. 능동적이다. 긍정적이다. 열정적이다. 명랑하다. 차분하다…….

이렇게 여러 가지 항목 중에서 어떤 이미지를 PR 할 것인지 결정되었다면 그다음으로 어떤 정보를 가지고 이미지를 형성할 수 있는지 생각해야 한다. 일반적으로 다음과 같은 정보들이 주로 활용된다.

1_역량 – 학력, 경력, 자격증, 상벌사항, 저작물, 언론방송, 단체협회, 권위, 후광효과, 사회적 증거.

2_성품 – 가족, 종교, 봉사, 좌우명, 신념, 경력, 사회적 증거.

3_성격 – 좌우명, 신념, 경력, 사회적 증거.

위에 적은 정보들이 어떻게 활용되는지 예를 들어 설명해보면 다음과 같다.

1_능력

-학력 : 서울대 공대를 졸업하고 미국 하버드대학에서 박사학위를

받았습니다.

-경력 : OO경제연구소 실장으로 5년간 근무하였습니다.

-자격증 : 국제공인회계사 자격증과 변리사 자격증을 취득하였습니다.

-상벌사항 : 대통령표창을 받았습니다.

-저작물 : 기업회계에 관한 전문서적 3권과 교육 동영상을 출간하였습니다.

-언론방송 : KBS 뉴스, MBC 경제매거진 등 다수의 프로그램에 출연하였습니다.

-단체협회 : OO협회 회장을 맡고 있습니다.

-권위 : 서울대 외래교수로 출강 중입니다.

-후광효과 : 피터 드러커에게 지도받았습니다.

-사회적 증거 : 매년 10여 개 이상의 대학에서 제 강좌를 개설하고 싶다고 연락이 옵니다.

2_성품, 성격

-가족 : 가족사진을 보여주거나 가정적인 이야기를 들려줘 좋은 사람이라는 이미지를 형성한다.

-종교 : 독실한 신앙인이라는 점을 강조해 좋은 사람이라는 이미지를 형성한다.

-봉사 : 자신이 참여하는 봉사활동을 소개해 좋은 사람이라는 이미지를 형성한다.

-좌우명 : 자신의 좌우명을 소개해 좋은(강한) 사람이라는 이미지를

형성한다.
- 신념 : 자신의 가치관, 신념을 소개해 좋은(강한) 사람이라는 이미지를 형성한다.
- 경력 : 자신의 경력 소개를 통해 좋은(강한) 사람이라는 이미지를 형성한다.
- 사회적 증거 : 사람들의 평가를 소개해 좋은(강한) 사람이라는 이미지를 형성한다.

지금까지 타인 PR이 이뤄지기 위해서는 첫째, 어떤 이미지를 인식시킬 것인지, 둘째, 어떤 정보를 활용할 수 있는지 알아보았다. 아쉽게도 여기까지는 자기 PR에 해당되며 한 가지 단계가 더해져야 타인 PR이 가능해진다.

마지막 세 번째 단계는 이슈다. 내가 말한 정보가 전달자에게 이슈로 느껴져야 한다. 이슈는 일반적이지 않은 차별화된 이야깃거리다. 전달자가 수용자에게 말하였을 때 참신하고 특이하게 느껴질 수 있는 정보를 의미한다. 이슈가 없으면 타인 PR이 발생할 가능성은 매우 낮아진다.

말콤 글래드웰(Malcolm Gladwell)의 책 〈티핑 포인트(Tipping Point)〉에 보면 '고착성 요소(the Stickiness Factor)'라는 개념이 등장한다. 티핑 포인트란 어떤 아이디어나 경향, 사회적 행동이 바이러스처럼 순식간에 전염되는 순간을 의미한다. 이런 티핑 포인트에 필요한 세 가지 요소가 '소수의 법칙', '고착성 요소', '상황의 힘'이다. 여기서 말하는 고착성 요소는 사람들의 머릿속에 효과적으로 메시지를 기억하게 만드는 특수한 방식이다. 말콤 글래드웰의 설명에 의하면, 고착성 있는 메시지를 만들기 위해서는 타깃의 적극적인 참여를 유도하고, 간결한 메시지를 반복해야 하며, 타깃의 눈높이에 맞춰 메시지를 알려야 한다.

타인 PR을 위한 고착성 요소 역시 전달자의 눈높이에 맞아야 하며, 간결하고, 독특한 내용이어야 한다. 전달자와 수용자에게 쉽게 잊히지 않고 잘 기억될 수 있으며 구체적이고 현실감 있는 내용으로 만들어져야 한다. 내가 쓴 첫 번째 책 『인간관계 맥을 짚어라』 서문에는 다음과 같은 내용이 실려 있다.

"나는 인터넷에서 푸른고래라는 닉네임을 사용하고 있다. '푸른고래'는 지구 상에서 가장 큰 동물인 흰수염대왕고래의 학명, Blue whale을 바꿔 부른 것이다. Blue whale은 평균 26.5m 정도인데 지금까지 발견된 가장 큰 놈은 길이가 33.58m가 넘고 무게는 190톤에 달한다. 세상을 바꾸기 위해서는 '꿈'과 '힘'이 있어야 하는데 Blue는 꿈, Whale은 힘이라고 생각했다. 꿈과 힘 있는 사람이 되기 위해 나는 푸른고래를 찾아서 노력할 것이다."

책이 출간되고 얼마 후 인천 상공회의소에 강의를 가게 되었다. 기업인들의 조찬모임이었는데 행사를 주관한 사회자가 강사 소개와 함께 '푸른고래'에 대해 한참을 설명했다. 나중에 물어보니 책을 읽으며 '푸른고래'라는 말이 흥미롭게 느껴졌다고 설명했다. 그때뿐만이 아니라 지금도 강의에 나갈 때면 교육생들로부터 '푸른고래'에 관해 질문을 자주 받곤 한다. 일종의 고착성 요소로 작용하는 것이다.

오래전 동네에 있는 한 식당을 주변 사람들에게 소개한 적이 있는데 그 주인이 나에게 말한 정보는 다음과 같았다.

식당 주인 : 제가 이 식당을 운영한 지 10년이 지났는데 지금까지 한 번도 문을 닫아 본 적이 없습니다. 설날이나 추석에도 가게 문을 열고 장사를 했어요.

나 : OO식당주인은 정말 부지런한 사람입니다. 지금까지 10년 동안 단 하루도 쉬어본 적이 없다더군요. 추석이나 설날에도 장사를 했다고 하니 정말 대단한 사람이에요.

식당주인의 경우 성실하다(이미지). 10년 동안 가게 문을 닫은 적이 없다(정보). 추석이나 설날에도 장사를 했다(고착성 요소).등 적절하게 조화를 이뤄 자기 PR이 이뤄졌고 결과적으로 나를 통해 타인 PR로 발전된 것이다. 이처럼 효과적인 타인 PR을 위해서는 전달하려는 이미지, 정보, 고착성 요소가 유기적으로 잘 맞물려 돌아가야 한다는 사실을 기억해야 한다. 사회에서 어떤 사람과 대화를 나누다 보면 화젯거리가 될 만한 소재를 가진 사람들을 만날 때가 있다.

KBS 김방희 아나운서는 휴대폰에 1,700명 이상의 사람을 저장하고 있어 인맥관리 강의를 할 때면 자주 사례로 소개하였다. 기아자동차에 근무하는 문영주 지점장 역시 마찬가지다. 모임에서 만나 이야기를 들어보니 놀랍게도 매주 4천 명이 넘는 사람들에게 문자메시지를 발송한다는 것이었다. 당연히 다른 사람들에게 PR 할 만한 고착성 요소로 작용되었다. 타인 PR을 효과적으로 활용하고 싶다면 자신만의 고착성 요소가 필요하다는 점을 명심하자.

타인 PR의 활용을 위해 다음 질문에 대답해 보라.

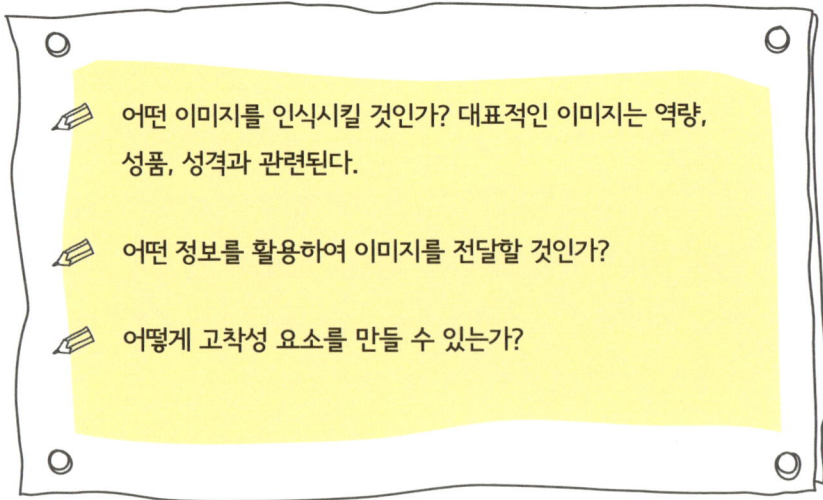

어떤 이미지를 인식시킬 것인가? 대표적인 이미지는 역량, 성품, 성격과 관련된다.

어떤 정보를 활용하여 이미지를 전달할 것인가?

어떻게 고착성 요소를 만들 수 있는가?

chapter 02

누구에게
PR할 것인가?

타인 PR의 두 번째 단계는 누구에게 PR 할 것인가에 해당한다. 누구에게 PR 할 것인가는 무엇을 PR 할 것인가와 연관되어 있다. 사회생활을 하며 PR이 필요해지는 경우를 알아보면 다음과 같다.

1_가족

부모나 형제에게 다른 사람을 통한 PR이 필요할 수 있다.

2_친구(연인)

친구나 연인에게 다른 사람을 통한 PR이 필요할 수 있다.

3_고객

고객에게 다른 사람을 통한 PR이 필요할 수 있다. '고객은 나를 제외한 모든 사람'이라는 정의도 있으니 나 이외의 모든 사람에게 PR 하려는 마인드가 필요하다.

4_거래처, 협력업체, 관계 유관기관

비즈니스 관계를 맺고 있는 거래처, 협력업체, 유관기관에 다른 사람을 통한 PR이 필요할 수 있다.

5_직장(상사, 동료, 부하)

직장의 상사 동료, 부하에게 다른 사람을 통한 PR이 필요할 수 있다.

6_사회인맥

사회에서 알게 된 인맥을 통한 PR이 필요할 수 있다.

7_기타(불특정 다수)

가망고객, 유권자, 국민처럼 불특정 다수에게 타인 PR이 필요할 수 있다.

지금까지 말한 사람들은 모두 타인 PR에서 수용자가 된다. 직장에서 승진을 목표로 타인 PR이 필요하다면 수용자는 직속상사가 될 것이다. 새로운 고객을 추천받기 위해 타인 PR이 이뤄진다면 수용자는 기존고객이 만나는 사람들이 된다. 새로운 거래처를 뚫기 위해 타인 PR이 이뤄진다면 수용자는 새로운 거래처가 된다. 선거운동의 일환으로 타인 PR이 이뤄진다면 수용자는 불특정 다수의 유권자가 될 것이다.

수용자는 단순할 수도 있지만 때로는 복잡해지기도 한다. 예를 들어 직장에서는 수용자가 상사로 단순해지지만, 영업활동과 관련된 고객은 매우 다양한 유형으로 나뉜다. 성별, 연령별, 지역별, 분야별, 또는 개인과 단체 등으로 한층 복잡해진다. 따라서 어떤 정보를 PR 할 것이냐에 따라 수용자가 달라지며, 어떤 고객을 수용자로 결정하느냐에 따라 전달자가 달라진다. 반대로 어떤 사람이 전달자로 결정되느냐에 따라 수용자도 달라지기 마련이다. 결국 정보와 전달자, 수용자는 삼위일체로 톱니바퀴처럼 함께 맞물려 움직인다고 생각해야 한다.

타인 PR에서는 정보와 전달자도 중요하지만, 수용자를 어떻게 선정하느냐도 매우 중요해진다. 왜냐하면 수용자는 눈에 드러나는 수용자뿐만이 아니라 눈에 잘 드러나지 않는 수용자도 있기 때문이다. 타깃이 명확하지 않으면 타인 PR의 콘셉트나 방법이 부적절할 수 있고, 결과적으로 타인 PR의 효과가 반감될 수 있다. 예를 들어 설명하면 다음과 같다.

예) 나는 X그룹의 교육과정에 출강하기 위해 타인 PR을 추진 중이다. 어떻게 하면 좋을까?
정보 : OOO은 휴먼네트워크구축 교육 분야의 최고 전문 강사다.
수용자 : X그룹의 교육담당자.
전달자 : X그룹에 근무하는 대학교 동창.

위에 적은 사항만을 토대로 판단하면 어느 정도 타인 PR이 적절하게 이뤄질 것이라 예상할 수도 있다. 그러나 실제의 상황은 그렇지 않다. X그룹에서 시행되는 모든 교육은 자회사인 Y컨설팅에서 진행되고 있다. 따라서 수용자는 Y컨설팅의 교육담당자가 되어야 올바르며, 전달자 역시 다른 사람으로 변경되어야 한다. 이렇게 수용자가 정확해야 전달자 역시 올바르게 결정될 수 있다. 나의 경우에는 어떤 사람들이 최종 수용자가 되어야 하는지 생각해보라.

chapter 02

누가
PR 할 것인가?

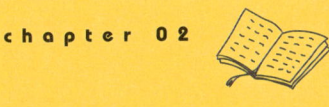

타인 PR의 세 번째 단계는 '누가 PR 할 것인가?'에 해당된다. 누가 PR할 것인가는 누구에게 PR 할 것인가와 맞물려 있다. 내 주변에서 나를 대신해 PR 해줄 수 있는 사람은 누가 있는지 알아보자.

1_가족

부모, 형제가 다른 사람에게 나를 PR 해줄 수 있다. 또는 부모가 형제에게, 형제가 부모에게, 형제가 또 다른 형제에게 나를 PR 해줄 수 있다.

2_친구

친구가 나를 다른 사람에게 PR 해줄 수 있다. 또는 친구가 다른 친구에게 나를 PR 해줄 수 있다. 어떤 고등학교 동창모임에서 있었던 실화라고 한다. 수백억대 자산가 A씨는 일부러 고등학교 동창인 변호사에게 부동산 매입에 관련된 일을 맡긴다고 한다. 그러면 그 변호사는 동창회에 참석해 A씨가 큰 규모의 빌딩이나 부동산을 매입했다는 사실을 열심히 PR 하게 된다. 이것 역시 내 입으로 말하기는 어렵고, 은근히 자랑은 하고 싶은 일을 자연스럽게 타인 PR 하는 기술인 셈이다.

3_직장(상사, 동료, 부하)

직장 상사, 동료, 부하가 나를 다른 사람에게 PR 해줄 수 있다. 다른 부서, 고객, 거래처에 PR 해줄 수도 있고 전직이나 스카우트를 위한 레퍼런스 체크, 추천서 작성에 PR을 해줄 수 있다. 또는 상사, 동료, 부하, 상호 간에 PR 해줄 수 있다. 직장에서는 인사고과, 승진, 업무 분장 등을 둘러싸고 PR이 중요해지는데, 자기 PR보다는 타인 PR을 효과적으로 활용해야 한다.

4_고객, 거래처, 협력업체

고객이나 거래처, 협력업체에서 나를 PR 해줄 수 있다. 특히 영업사원의 경우 고객의 PR은 소개, 추천마케팅과 직결되므로 많은 노력을 기울여야 한다. 기업의 경우에도 고객이나 거래처, 협력업체의 자발적인 PR이 이뤄지도록 많은 관심을 가져야 한다.

5_동종업계 종사자

같은 분야에서 활동하는 사람들이 나를 PR 해줄 수 있다. 물론 경쟁적인 관계에 놓여 있는 사람들부터의 PR은 기대하기 어렵지만 그렇지 않은 사람들은 나를 타인 PR 해줄 수 있다. 예를 들어 내가 교육컨설팅 업체에 몸담고 있다면 교육 사이트, 교육매체, 교육시설운영 등에 종사하는 사람들이 나를 PR 해줄 수 있다.

6_언론방송

언론방송에 종사하는 사람들이 나를 PR 해줄 수 있다. 기자, 아나운서, PD, 작가를 비롯해 신문, 잡지, 라디오, TV 등에 관련된 사람들이 나를 PR 해줄 수 있다.

7_강사, 칼럼니스트

전문적으로 강의를 하거나 칼럼을 쓰는 사람들이 나를 PR 해줄 수 있다. 강의 내용, 또는 칼럼에 나에 대한 사례나 예화를 담아 PR 해줄 수 있다.

8_사회인맥

사회 인맥들이 나를 PR 해줄 수 있다. 내가 가입한 모임이나 단체의 회원들, 교육이나 행사를 통해 알게 된 사람들, 소개나 추천을 통해 만난 사람들, 기타 사회에서 만난 여러 가지 유형의 사람들이 나를 PR 해줄 수 있다.

9_인터넷

인터넷에서 전문적인 활동 영역을 갖고 있는 사람들이 나를 PR 해줄 수 있다. 커뮤니티 운영자, 파워 블로거, 파워 트위터리언, 정기적으로 뉴스레터를 발행하는 파워 메일러 등 다양한 사람들이 나를 PR 해줄 수 있다.

10_기타(커넥터)

이외에도 초·중·고·대학교 동창, 선후배, 연인, 단골, 그리고 여러 가지 유형의 커넥터들이 나를 PR 해줄 수 있다. 말콤 글래드웰은 티핑 포인트의 첫 번째 요소로 "사회적인 유행은 특별한 소수의 능력에 좌우된다"는 소수의 법칙(the Law of the Few)을 주장하였다. 그리고 그는 이러한 소수의 영향력 있는 사람들을 커넥터라고 불렀다. 커넥터는 몇 단계만 거치면 지역 내의 모든 사람과 연결될 수 있고, 이를 통해 분리되어 있는 사람들을 하나의 고리로 연결시킨다. 이런 커넥터들이 나를 PR 해준다면 그 홍보력은 더욱 강력해질 것이다. 커넥터는 사회에서 마당발, 소식통, 키맨 등으로 표현되기도 한다.

내가 아는 사람 중에는 남서울대학교의 신정길 교수가 최고의 마당발이다. 다양한 분야의 사람들과 폭넓은 인간관계를 형성하며 항상 사람과 사람을 서로 연결시켜준다. 커넥터 한 명은 평범한 사람 수십 명 이상보다 효과적인 타인 PR이 가능하기 때문에 전달자를 선정할 때 항상 최우선 순위에 포함시켜야 한다.

지금까지 나를 PR 해줄 수 있는 사람들이 어떤 유형으로 나눠지는지 알아보았다. 예를 들어 설명해보자. 지금 당신은 승진을 앞두고 있으며 상사에게 매우 능력 있다는 이미지를 전달하고 싶다. 어떤 사람들을 통해 PR 할 수 있을까?

1_동료 : 가장 먼저 동료의 추천이 가능할 것이다. 물론 어떤 동료는 경쟁적 관계에 놓여 있기 때문에 쉽지 않을 수도 있다.

2_부하 : 최근 인사고과에 다면평가 방식을 도입하는 기업이 많아졌다. 부하들이 나에 대해 적극적인 PR을 해줄 수 있을 것이다.

3_상사 : 직속상사의 상급자가 나를 PR 해줄 수 있을 것이다. 이런 전달자라면 당연히 인사고과에 더 큰 영향력을 발휘할 것이다.

4_고객 : 고객이 나를 PR 해준다면 틀림없이 인사고과에 플러스가 될 것이다.

5_거래처(협력업체) : 거래처, 협력업체에서 나를 PR 해줄 수 있을 것이다.

6_기타 : 사회인맥이 나를 PR 해주거나 언론방송 등을 통해 PR 할 수 있을 것이다.

만약 내가 영업사원이라면 가족, 친구, 직장상사, 고객, 동종업계 종사자, 사회인맥이 나를 PR 해줄 수 있을 것이다.

만약 내가 선거에 입후보한 정치인이라면 가족, 친구, 사회인맥, 선거운동원, 지지자를 포함하여 선거구 내의 커넥터(중개사무소, 미용실, 이발소, 슈퍼 등)들이 PR 해줄 수 있을 것이다.

타인 PR에서 전달자는 매우 다양한 유형으로 나타날 수 있다. 내가 알고 있는 사람이 전달자가 될 수도 있고, 내가 모르는 사람이 전달자가 될 수도 있다. 자신의 경우에는 어떤 사람들이 가장 효과적인 타인 PR의 전달자가 될 수 있는지 생각해보자.

chapter 02

낭중지추(囊中之錐)가 되라

　옛말에 화향백리(花香百里) 주향천리(酒香千里) 인향만리(人香萬里)라 하였다. 꽃의 향기는 백 리를 가고, 술의 향기는 천 리를 가며, 사람의 향기는 만 리를 간다는 뜻이다. 내가 먼저 향기나는 사람이 되면 나에 대한 소문은 저절로 만 리를 가기 마련이다.

　낭중지추(囊中之錐)는 사마천의 사기(史記)에 나오는 고사로 낭(囊)은 주머니, 추(錐)는 송곳을 의미한다. 중국 전국시대 말기 조(趙)나라 재상 평원군(平原君)은 사군자(四君子)의 한 사람이다. 그는 대단한 호걸로 사람을 좋아해서 3천 명의 식객들을 거느리고 있었다. 그러던 어느 해, 진나라가 조나라를 쳐들어와 도읍 한단을 포위하자 조나라는 초나라와 동맹을 맺기 위해 평원군을 사신으로 보내기로 결정하였다. 평원군이 식객 중에 문무가 뛰어난 사람을 함께 데려가려는데, 열아홉 명을 선발해 놓고 나머지 한 명을 쉽게 결정하지 못하였다. 그때 모수(毛遂)라는 사람이 나서서 자신을 스무 명 중에 포함시켜달라고 말하였다. 그 말을 들은 평원군이 모수에게 질문을 건넸다.

　"자네가 내 집에 기거한 지 얼마나 되었는가?"

"이제 3년이 되어갑니다."

"재능이 뛰어난 사람은 송곳이 주머니 속에 있어도 날카로운 끝이 드러나는 것처럼 눈에 띄게 마련이지. 그런데 자네는 내 집에 온 지 3년이 지났어도 내가 아직 이름을 들어보지 못했는데 무슨 능력이 있다는 말인가?"

그 말을 들은 모수는 평원군에게 다음과 같이 말했다.

"저는 오늘 처음으로 주머니 속에 넣어주기를 청하는 것입니다. 만약 평원군께서 저를 일찌감치 주머니 속에 넣어 주셨다면 송곳의 끝은 물론 송곳 자루까지 나와 있었을 것입니다."

평원군은 호언장담하는 모수의 모습에 끌려 그를 사절단에 포함시켰다. 모수는 초나라와의 협상에서 큰 공을 세웠고, 조나라와 초나라는 동맹을 맺게 되었다. 그 이후 평원군을 모수를 상객(上客)으로 후하게 대접하였는데 이때부터 낭중지추는 '재능이 뛰어난 사람은 사람들 사이에 숨어있어도 자연스럽게 남의 눈에 드러난다'는 뜻으로 쓰이기 시작했다. 타인 PR을 가장 효과적인 방법은 낭중지추 같은 사람이 되는 것이다. 주머니 속의 송곳처럼 재능과 능력이 뛰어나면 가만히 있어도 사람들의 눈에 띄기 마련이다. 그러면 자연스럽게 소문이 나고 사람들의 인정을 받을 수 있다. 따라서 타인 PR을 하기 전에 먼저 나의 능력과 실력을 갖추도록 노력해야 한다.

그렇지만 그것만으로는 부족하고 모수자천(毛遂自薦)의 용기가 추가되어야 한다. 모수가 평원군을 찾아가 '주머니 속에 일찍 넣었다면 송곳의 끝과 송곳 자루까지 나와 있었을 것'이라고 말하는 것처럼 적극적으로 자기를 PR 해야 한다. 그런데 만약 모수가 타인 PR을 알고 있었다면 어떻게 할 수 있었을까? 함께 기거하던 식객들을 통해 자신의 존재를 PR 하거나, 평원군의 주변 사람들을 통해 PR 할 수 있었을 것이다. 만약 누군가가 이렇게 모수를 PR 해주었다면 훨씬 효과적이었을 것이다.

"모수는 실로 학식이 깊고 다방면에 재주가 매우 뛰어난 사람인데 아직 때를 만나지 못해 그 진가가 발휘되지 못했습니다. 이번에 사신의 일행으로 데려가면 초나라와의 동맹을 이끌어 내는 데 큰 도움이 될 것입니다."

직장과 사회에서는 낭중지추처럼 가만히 있어도 밖으로 드러나는 사람이 되라. 그렇지만 상황에 따라서는 적극적으로 자기 PR을 해야 하며, 가장 최고의 방법은 다른 사람들이 나를 PR 하도록 만드는 것이다.

chapter 02
먼저 개인브랜드를 만들어라

PR은 광고요, 홍보다. 따라서 제품광고나 기업홍보와 마찬가지로 자신을 설명해주는 브랜드가 필요하다. 자신만의 브랜드를 어떤 분야에서, 어떻게 설정하느냐에 따라 PR의 효과가 전적으로 달라진다. 개인브랜드는 다음과 같이 네 가지 요소를 고려하여 만들면 된다.

첫째, 좋아하는 일에서 찾는다. 개인브랜드는 내가 좋아하는 일에 대해 만드는 것이 가장 바람직하다. 행복의 비결은 하고 있는 일을 좋아하는 것이지만 성공의 비결은 좋아하는 일을 하는 것이다. 어떤 일이든 즐겁게 하려고 노력하는 마음도 중요하지만, 사람은 자신이 좋아하는 일을 할 때 더욱더 신명 나고 열정적으로 일할 수 있다.

둘째, 강점을 갖고 있는 분야에서 찾는다. 개인 브랜드는 자신의 강점이 최대한 발휘되면 상위 20% 안에 포함될 수 있다고 판단되는 분야에서 만드는 것이 적합하다. 물론 상황에 따라 목표를 조금 낮게 잡을 수도 있고, 반대로 상위 3% 이내에 들어가는 것을 목표로 설정할 수도 있다. 어떤 경우든 피터 드러커의 '강점 위에 구축하라'는 말처럼 자신이 강점을 지니고 있는 분야에 뛰어들어야 한다.

셋째, 성장분야에서 찾는다. 내가 좋아하고 강점을 가지고 있는 일이 성장시장인지, 아니면 침체해 있거나 쇠퇴하는 시장인지 생각해 봐야 한다. 그리고 최대한 성장시장을 선택해야 한다. '시장이 돈을 벌게 한다'는 말처럼 내가 아무리 열심히 노력해도 시장 자체가 좋지 않으면 그 분야에서 성공하는 것은 하늘의 별 따기와 같고 설사 성공을 거둔다고 해도 노력의 결실이 미약할 가능성이 많기 때문이다.

넷째, 블루오션에서 찾는다. 성장분야라고 해도 경쟁이 치열하면 성공할 확률이 낮아진다. 다른 경쟁자들이 진입하지 않았거나, 아직 경쟁자가 많지 않은 분야를 개척한다. 최대한 미개발 분야, 틈새시장 등을 찾아본다.

개인브랜드 설정에 있어 지금까지 이야기한 네 가지 요소를 모두 만족시키는 것은 그다지 쉬운 일이 아니다. 어쩌면 대부분의 경우에 불가능한 것으로 결론이 날 수도 있다. 설사 그렇다고 해도 네 가지 요소를 충족시켜주는 분야를 찾는 노력을 포기해서는 안 된다. 성공하기가 쉽지 않은 것처럼, 성공할 수 있는 분야를 찾는 것도 쉬운 일이 아니라는 것을 명심하고 개인브랜드 구축에 많은 노력을 기울여야 한다.

개인브랜드를 설정할 분야가 결정되었다면 어떻게 표현할 것인지는 세 가지 유형으로 나뉜다. 대부분 자신의 기호나 취향에 따라 각각 다른 방법으로 개인브랜드가 만들어진다.

첫째, 자신이 하고 있는 일을 중심으로 개인브랜드를 만들 수 있다.
　　-시간관리 전문가, 홍용준
　　-와인 홍보대사, 안경환
　　-마음경영연구소장, 김성준

둘째, 자신의 가치관, 좌우명, 신념을 가지고 개인브랜드를 만들 수 있다.
　　-아름다운 정상(CEO), 선상규 대표
　　-밝고 따뜻한 세상을 만드는, 장유진 서비스아카데미
　　-웃음 전도사, 서인수

셋째, 자신의 특별하고 개인적인 특징을 가지고 개인브랜드를 만들 수 있다.
　　-국내 1호 이미지 메이킹박사, 김경호
　　-대한민국 최초 여성자기계발 전문가, 이숙영
　　-초등학교 졸업, 검정고시 출신 노무사 구건서

개인브랜드는 자신이 좋아하고, 강점이 있고, 성장분야, 블루오션 분야를 찾아서 자신의 특징을 잘 나타낼 수 있는 방법으로 만들면 된다. 그리고 한 번 개인 브랜드를 만들면 모든 이미지가 통일성을 가질 수 있도록 통합적으로 관리해야 한다. 나의 경우에는 다음과 같은 단계로 개인브랜드를 구축하였다.

1_좋아하는 것 : 여행, 책 읽기, 영화보기, 인터넷, 사람 사귀기, 모임 만들기.
2_강점 : 말하기, 글쓰기, 목소리.
3_성장분야 : 인맥관리, 인간관계, 커뮤니케이션, 갈등해결 교육 분야.
4_블루오션 : 인맥관리, 갈등해결 강의.
5_개인브랜드 : 대한민국 최고의 인맥관리 전문가.
6_개인브랜드 구축전략 :
　-휴먼네트워크연구소 설립 및 홍보.
　-인터넷에 커뮤니티, 블로그를 개설하여 인맥관리에 관한 다양한 정보 등록.
　-매월 정기적으로 인맥페스티벌 개최 및 다양한 형태의 인맥모임 개최.
　-인맥관리교육과정, 인맥관리강사양성과정 운영.
　-한경닷컴, 머니투데이, 인터넷 한겨레 등에 인맥관리 칼럼 게재.
　-인맥관리 및 인간관계에 관한 전문서적 출간.
　-언론방송 출연 및 인터뷰 적극 추진.
　-인맥관리 동영상 강좌 촬영.

인맥관리 강의를 처음 시작한 것이 2005년 9월인데 1년 6개월 정도가 지난 2007년부터 나는 인맥관리 전문가로 조금씩 주변의 인정을 받기 시작하였다. 그리고 지금은 일부 사람들의 표현처럼 시장에서 인정받는 인맥관리 전문가가 되었다. 어떻게 보면 행운이고, 또 어느 정도는 내가 추진한 개인브랜드 구축전략이 효과적으로 이루어졌기 때문이라 생각할 수도 있겠다.

자기 PR도 마찬가지지만 타인 PR을 위해서는 나를 압축적으로 설명해주는 개인브랜드 설정이 반드시 필요하다. 어떻게 나를 표현할지 자신만의 개인브랜드를 만들어 보자.

타인 PR을 활용하기 위해 '개인브랜드'에 대해 다음 질문에 대답해 보라.

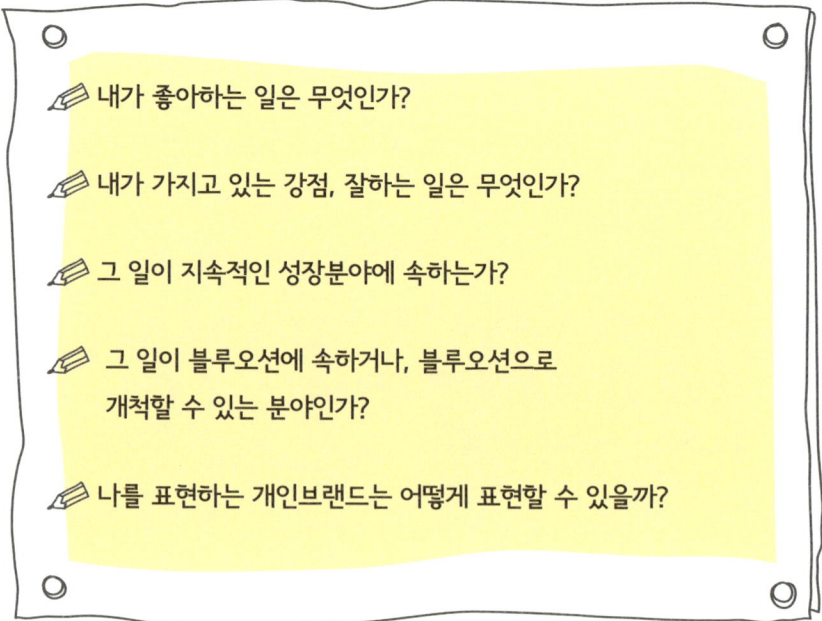

- 내가 좋아하는 일은 무엇인가?
- 내가 가지고 있는 강점, 잘하는 일은 무엇인가?
- 그 일이 지속적인 성장분야에 속하는가?
- 그 일이 블루오션에 속하거나, 블루오션으로 개척할 수 있는 분야인가?
- 나를 표현하는 개인브랜드는 어떻게 표현할 수 있을까?

chapter 02

겸손한 사람이 되라

 타인 PR이 이뤄지려면 전달자 역할을 하는 사람에게 나의 긍정적인 이미지에 대한 정보가 알려져야 한다. 그러자면 어쩔 수 없이 직접 나의 강점, 장점, 전문성을 PR 해야 하는데 이 과정에서 각별한 주의를 기울여야만 한다. 자칫 잘못하면 "개구리 올챙이 시절 생각 못 한다."는 비판과 반감을 형성할 수 있기 때문이다.

 한국인 최초 유엔 사무총장에 선임된 반기문은 겸손한 성품으로 널리 알려져 있다. 1985년, 반기문은 국무총리 의전비서관으로 오라는 제의를 받는다. 의전비서관은 국무총리의 일정이나 접견들을 총괄하는 2급 비서관 자리로 당시 반기문의 직급으로는 파격적인 자리였다. 그는 선배들도 있는데 자신이 더 빨리 진급하는 것이 부담스럽다며 극구 사양하였으나 노영신 국무총리의 권유가 거듭되자 결국 수락을 하게 된다. 그야말로 외무고시 1·2기 선배들과 3기 동기들을 모두 제치고 가장 먼저 초고속 승진을 하게 된 것이다. 반기문은 선배와 동료외교관 100여 명에게 "먼저 승진하게 되어 정말 미안하다. 대신 그만큼 열심히 일하겠다."는 내용의 편지를 일일이 써서 보냈다. 진심이 담긴 반기문의 편지에 모든 선배, 동기들이 아낌없는 축하와 격려를 보내주었다고 한다.

만유인력을 발견한 뉴턴은 자신의 지식에 대해 다음과 같이 말하였다.

"내가 우주에 관해 아는 지식은 바닷가에서 노는 아이들이 바다의 신비에 대해 아는 지식보다 적거나 아니면 그와 비슷할 것이다."

아프리카에서 병원을 지을 때, 슈바이처 박사는 나무를 베고 운반하고 못질하는 일을 직접 몸으로 했다. 어느 날 슈바이처는 가까운 마을에 사는 한 청년에게 도움을 요청했다. 그러자 그 청년은 "저는 지식인이어서 그런 일은 할 수 없습니다. 그런 막일은 못 배운 사람들이나 하는 겁니다."라고 대답하였다.

그 말을 들은 슈바이처는 다음과 같이 말하였다.

"나도 자네만 할 때는 그렇게 생각했다네. 그러나 웬만큼 배웠다 싶으니까 이젠 아무 일이나 다 하겠더군."

슈바이처 박사의 일화는 "벼는 익을수록 고개를 숙인다."는 속담의 의미를 잘 보여주는 사례라고 할 수 있다. 조선 시대 황희 정승도 평생 겸손한 삶을 살았으며, 우리가 알고 있는 위대한 인물들의 대부분이 자신의 삶에서 성공을 거두고, 또 후세 사람들에게 존경을 받는 가장 큰 이유 중의 하나도 겸손함이다.

내가 알고 있는 사람 중에는 뉴패러다임교육원 강용일 원장님이 가장 겸손한 분이다. 방송에도 많이 출연하였고 여러 단체나 기관에서 대한민국 최고의 명강사로 선정되었는데도 항상 자신의 부족함을 말하고 배움을 멈추지 않는다. 이따금 2~30대 젊은 사람들 속에 앉아 진지한 모습으로 교육을 받고 있는 강원장님의 모습을 발견하면 감탄과 존경의 마음이 저절로 생겨난다.

교육업계에서는 많은 강사들이 자기가 최고라고 주장하며 정작 강사로서의 자기계발을 소홀히 하는 경우가 태반이다. 그런데 강용일 원장님은 60에 가까운 나이에도 끊임없이 학습을 게을리하지 않으며 또 후배 강사들에게 격의 없이 다정하게 대하니 그야말로 많은 사람이 본받아야 할 귀감이라 생각된다. 몇 년 전, 한국기업교육협회를 창립할 당시 나는 강용일 원장님을 임원으로 모시기 위해 몇 차례나 전화를 드렸다. 그러나 강용일 원장님은 능력의 부족을 이유로 끝내 수석부회장 직을 고사하셨다. 애석한 일이었지만 다시 한 번 강용일 원장님의 겸손한 인품을 느끼는 계기가 되었다.

겸손함은 성숙한 인간으로서 마땅히 가져야 할 인품이지만 효과적인 타인 PR을 위해서도 반드시 필요한 덕목이다. 겸손하지 못하면 오만하거나 거만하다는 인상을 주기 마련이며 그렇게 되면 나를 PR 해주는 것이 아니라 오히려 뒷담화, 악평이 생겨난다. 이러한 점을 명심하고 겸손한 사람이 되기 위해 다음과 같은 사항을 위해 노력해보자.

1_경청

칭기즈칸은 "내 귀가 나를 가르쳤다."고 말했다. 경청은 겸손한 사람들에게서 나타나는 가장 공통적인 특징이다. 다른 사람과 대화할 때는 그 사람의 이야기에 집중하여 경청하라.

2_수용

다른 사람들의 생각이나 의견을 잘 받아들여라. 나의 생각과 다르다고 비난이나 비판하지 말고, 단지 관점의 차이가 있을 뿐이라는 생각으로 이해하라. 자신만 옳다고 주장하는 사람은 고집과 편견에 사로잡힌 사람으로 악플이 따르기 마련이다.

3_인사

사람을 만나면 먼저 인사를 건네라. 인사는 겸손함의 대표적인 증거가 되며 인사를 하지 않는 것은 거만함의 증거로 인식된다. 항상 밝은 표정으로 미소를 짓고, 나이나 지위고하를 떠나 내가 먼저 인사하는 습관을 가져라.

4_아는 척하지 마라

꼭 필요한 경우가 아니면 아는 척을 하지 마라. 아는 척을 많이 하면 사람들은 입을 다물게 되고, 자신의 생각을 드러내지 않으며, 나에게 잘난 척하는 사람이라는 부정적 이미지를 갖게 된다.

5_겸양어를 많이 사용하라

겸양어는 '나를 낮춤으로써 상대편을 높이는 말'이다. 대화 중에는 겸양어를 많이 쓰고 겸손함을 느낄 수 있는 표현을 많이 사용하라. 다른 사람들이 들었을 때 겸손하다는 이미지를 형성해주는 말에는 다음과 같은 것들이 있다.

저 : '나'라고 말하기보다는 '저'라고 표현하라.

여쭙다 : "물어봐도 되겠습니까?"라고 말하기보다 "여쭤봐도 되겠습니까?"라고 말하라.

불초 : '못나고 어리석은 사람'이라는 뜻이다. 유엔 사무총장에 확정된 후 반기문은 외교부 출입기자들에게 편지를 보냈는데 마지막에 '불초 반기문 배상'이라고 적었다고 한다. 이렇게까지 하기는 다소 진부하게 느껴진다면 일상대화에서 "부족한 제가", "부족한 저에게", "아직 많이 부족합니다."처럼 사용하면 된다.

이외에도 "잘은 모르지만", "짧은 생각으로는", "저보다 잘 아시겠지만", "덕분에", "운이 좋았습니다.", "주변의 도움으로 가능했습니다.", "다른 분들이 더 많이 수고하셨습니다.", "더욱 분발하겠습니다." 같은 말을 자주 하는 습관을 가져라. 영화배우 황정민은 청룡영화제에서 남우주연상을 수상하며 이렇게 소감을 말해 사람들로부터 더욱 큰 인기를 얻었다.

"60여 명의 스태프들이 정성껏 차려놓은 밥상에 나는 그저 숟가락만 들고 맛있게 먹었을 뿐입니다."

겸손은 성공하는 사람의 패스워드요, 자만은 실패하는 사람의 패스워드다. 평상시에 마음을 훈련하여 자만에 빠지지 않도록 항상 조심하고 경계하라.

chapter 02

믿을 수 있는
사람이 되라

신뢰는 인간관계에서 가장 중요한 요소이며 타인 PR의 핵심적인 부분이다. 신뢰감이 있는 사람은 적극적으로 PR 해줄 수 있지만, 신뢰감이 없으면 타인 PR이 불가능해지거나 소극적으로 이뤄진다. 따라서 평상시에 다른 사람에게 강한 신뢰감을 줄 수 있도록 노력해야 한다.

기원전 4세기경 그리스에 피시아스와 다몬이라는 두 명의 친구가 있었다. 어느 날, 피시아스가 중요한 법률을 어겨 교수형에 처할 운명에 놓였다. 피시아스는 왕에게 나아가 눈물을 흘리며 간청을 하였다.

"대왕님, 저에게 늙은 어머니가 계시는데 죽기 전에 꼭 한번 보고 싶습니다. 노모를 만날 수 있도록 저를 풀어주십시오. 반드시 돌아와 교수형을 받겠습니다."

"안 된다. 내가 너를 어떻게 믿을 수 있느냐?"

대왕은 단호하게 피시아스의 청을 거절하였다. 이때 다몬이 나타나 대왕에게 다음과 같이 말하였다.

"대왕님, 저를 인질로 잡고 피시아스를 놓아주십시오. 피시아스가 약속한 날까지 돌아오지 않으면 제가 대신 죽겠습니다."

대왕은 피시아스를 풀어주고 다몬을 대신 감옥에 가두었다. 어느덧 시간이 흘러 약속한 날이 되었는데도 피시아스는 돌아오지 않았다. 대왕은 다몬을 교수형에 처하라는 명령을 내렸다. 마침내 다몬의 목에 칼이 떨어지려는 순간, 멀리서 피시아스의 목소리가 들려왔다.

"멈춰라. 피시아스가 돌아왔다. 천재지변 때문에 늦은 것이니 내 친구 다몬을 풀어다오."

친구를 위해 목숨이 위태로운 인질을 자청한 다몬, 자신을 믿어준 친구를 위해 교수형을 받으러 돌아온 피시아스의 우정에 감동한 대왕은 두 사람을 모두 살려주었다고 한다. 세상에 흔치 않은 우정이지만 이렇게 상대방에 대한 깊은 신뢰가 있어야 적극적인 타인 PR이 가능해진다.

인간관계에서 신뢰란 상대방을 믿고 의지하는 것인데 크게 세 가지 요소와 관련되어 형성된다. 첫째, 유능한 사람이라는 것을 믿는 것이다. 둘째, 좋은 사람, 또는 나에 대해 악의가 없고 호의를 가지고 있다는 것을 믿는 것이다. 셋째, 성실하고 일관성 있는 사람이라는 것을 믿는 것이다. 상황에 따라 조금씩 강조되는 항목이 다르지만 우리가 누군가를 신뢰한다고 얘기할 때는 일반적으로 유능성, 호의성, 성실성을 믿는 것이다.

두말할 것 없이 사회생활에서도 신뢰감이 매우 중요하다. 교육이나 모임, 행사에 참석하면 동시에 수많은 사람을 만나게 된다. 그런 상황에서 짧은 시간에 신뢰감을 주지 못하면 나에 대한 기대감이 형성되지 못하고 결국 인간관계가 이어지지 않는 게 일반적이다. 따라서 평상시에 자기소개를 하거나, 다른 사람과 대화를 나눌 때 나에 대한 신뢰감을 높일 수 있도록 노력할 필요가 있다. 또한 인간관계를 맺고 있는 주변 사람들에게 신뢰를 잃지 않도록 평소에 말과 행동을 조심해야 한다.

일반적으로 유능하다는 신뢰감을 주기 위해서는 학력, 경력, 단체 활동, 권위, 후광효과, 연상효과, 상벌사항, 저작물, 언론 및 방송 출연 경력 등이 활용된다. 또는 전문적인 용어나 일반인들이 접하기 어려운 희귀한 정보, 고급정보를 대화 중에 자연스럽게 이야기하는 것도 신뢰감 형성에 도움이 된다. 그러나 가장 중요한 것은 일관된 말과 행동이다. 거짓말이나 과장, 허튼소리를 하지 않고 내가 한 약속은 아무리 사소한 것이라도 철저하게 지켜야 한다. 그리고 매사에 성실한 자세로 임하는 모습이 중요하다.

어떤 일이든 내게 맡겨진 업무는 확실하게 처리하라. 티끌 모아 태산이 되듯이 하나하나의 작은 인상이 더해져 신뢰감이라는 인식을 가져다준다. 사람들이 적극적으로 나를 PR 해줄 수 있도록 평소에 꾸준하게 신뢰를 형성하자.

chapter 02

감동을
줘라

　기업경영에 있어 고객 만족은 시대를 뛰어넘는 불변의 목표요, 변함 없는 이슈다. 오히려 고객을 만족시키는 것만으로는 불충분하다고 생각하는 대부분의 기업은 고객감동을 전면에 내세우고 전사적인 실천에 노력을 기울이고 있다. 그 이유는 무엇일까? 여러 가지 원인이 있겠지만 단순하게 말하자면 감동을 한 고객이 충성고객이 되고, 충성고객이 되면 자발적으로 재구매, 재계약을 하고 주변에 회사를 PR 해주기 때문이다.

　리츠칼턴 호텔은 「컨슈머 리포트」에 고객 만족도가 가장 높은 호텔로 선정된 적이 있다. 어떤 고객이 리츠칼턴 호텔에서 하룻밤을 숙박하게 되었다. 침대에 누워 잠을 청하는데 푹신한 베개 때문에 잠을 이루지 못하고 이리저리 뒤척이게 되었다. 결국 프런트에 전화를 해 딱딱한 베개를 가져다 달라고 부탁하였다. 잠시 후 호텔 측은 딱딱한 베개를 가져왔고 그 고객은 편안하게 잠을 이룰 수 있었다. 얼마 후 그는 다른 도시에 있는 리츠칼턴 호텔에 묵게 되었는데 침대 위에 놓여 있는 딱딱한 베개를 보고 깜짝 놀랐다. 리츠칼턴 호텔은 모든 체인점이 공유하는 고객정보 데이터베이스를 운영하고 있었기 때문에 호텔을 다시 찾는 고객들에게 필요한 맞춤서비스를 제공하고 있었던 것이다. 이 사실에 감동을 받은 고객은 주변 사람들에게 리츠칼튼 호텔을 칭찬하기 시작하였고, 그 이야기는 많은 언론에 기사로 소개되었다.

 1990년대 초반, 일본 제국호텔에 미국 여성 한 명이 투숙하였다. 이 여성은 날마다 수영을 즐겼는데 어느 날 수영장에서 콘택트렌즈 한 짝을 잃어버리고 말았다. 불운하게도 그 렌즈는 당시 일본에서는 판매되지 않는 제품이었다. 그녀는 제국호텔 측에 분실사실을 알리고, 콘택트렌즈가 없으면 활동하기 어려우니 꼭 찾아 달라고 도움을 요청하였다. 제국호텔은 수천 톤에 달하는 수영장의 물을 빼고 콘택트렌즈를 찾기로 결론을 내렸다. 그리곤 배수구에 미세한 그물망을 설치하고 천천히 수영장 물을 빼기 시작하였다. 마침내 물이 다 빠지자 30명의 직원들에게 돋보기를 지급하여 조심스럽게 콘택트렌즈 한 짝을 찾기 시작하였다. 그렇게 3시간 정도가 지난 후 마침내 직원 한 사람이 잃어버린 콘택트렌즈 한 짝을 찾아내었다. 이 일에 감동을 받은 미국인 여성고객은 일본의 니혼게이자이 신문에 제국호텔의 헌신적인 서비스에 무한한 감사를 표하는 편지를 보냈다. 니혼게이자이 신문을 비롯해 일본의 모든 신문이 이 사건을 대서특필하였고 일본인들 가슴속에 제국호텔에 대한 자부심을 심어주었다.

 이처럼 감동을 받은 고객은 적극적으로 PR을 해주게 된다. 인간관계

역시 마찬가지다. 다른 사람들이 나를 PR 하게 만들려면 그 사람들에게 감동을 주면 된다. 그런데 감동을 준다는 것은 매우 어려우면서도 또 어찌 보면 간단한 일이다.

일본 역사상 15세기 중반부터 17세기 초기까지를 센고쿠 시대(戰國時代)라 부르는데 이때는 중국 춘추전국시대와 마찬가지로 정치 사회적 변동과 중앙 정권을 차지하기 위한 지역 영주들 간의 전쟁이 끊임없이 이어지던 시기였다. 일본어 다이묘(大名)는 많은 영지와 부하를 가진 무사를 지칭하는 말인데 센고쿠 시대를 대표하는 다이묘로는 오다 노부나가, 도요토미 히데요시, 도쿠가와 이에야스를 손꼽을 수 있다. 이 중에서 도요토미 히데요시가 주군이었던 오나 노부나가의 신임을 얻게 된 '신발 일화'는 매우 유명하다. 몹시 추운 겨울 날씨에도 불구하고 항상 신발이 따뜻한 것을 이상하게 여긴 오다 노부나가가 도요토미 히데요시를 불러 물었다.

"어떤 방법으로 신발을 따뜻하게 보관한 것이냐?"

"차가워지지 않도록 가슴에 품고 있었습니다."

이 말을 들은 오다 노부나가는 크게 감동을 하였고 하급무사에 불과했던 도요토미 히데요시에게 중책을 맡기기 시작하였다.

생물학 용어에 역치[閾值, threshold value]라는 것이 있는데 '외부자극이 주어졌을 때 신체반응을 이끌어 내는 최소한의 자극강도'를 의미한다. 사람마다 역치의 수치가 각각 다른 것으로 알려져 있는데 똑같은 말을 듣거나, 똑같은 선물을 받아도 어떤 사람은 감동하고 어떤 사람은 고마워하지 않는 것은 두 사람의 역치의 크기가 서로 다르기 때문이다.

웃기는 영화를 보거나, 슬픈 영화를 볼 때도 역치의 크기에 따라서 웃거나 우는 정도가 서로 다르다. 따라서 다른 사람에게 감동을 주려면 역치의 크기를 생각해야 한다. 상대방의 역치를 초과하는 수준으로 돈이나 물질, 후원이나 협력, 따뜻한 말을 베풀면 상대방은 감동을 받게 된다. 그러면 나에 대한 적극적인 PR이 일어나기 마련이다.

나는 휴먼네트워크연구소 문정이 강사에게 큰 감동을 받은 적이 있다. 한국기업교육협회를 창립할 때의 일인데 문정이 강사에게 정말로 많은 도움을 받았다. 사회에서 모임이나 단체를 이끌다 보면 대부분의 사람은 자신의 책임 한도 내에서 움직이기 마련인데 문정이 강사는 자신이 책임지지 않아도 될 역할까지 기꺼이 부담하려고 노력하였다. 여러 차례 전화를 걸어 자신이 도울 수 있는 일을 확인한 후 협회의 재정, 비품 마련, 창립행사 개최 등에 물심양면으로 후원을 아끼지 않았다. 당연히 나는 감동을 받았고 내가 쓴 세 번째 책에 문정이 강사를 소개하였다. 그리곤 내가 아는 교육담당자들에게 문자를 보내 문정이 강사를 강력하게 추천하였다. 물론 문정이 강사의 강의 실력은 최고 수준이다. 앞으로도 기회가 있을 때마다 나는 문정이 강사를 많은 사람에게 PR 해줄 것이다.

다른 사람이 나를 PR 하게 만들고 싶으면 그 사람들에게 감동을 줘라. 상대방의 역치를 고려해 기대하는 것보다 2%를 추가로 더 베풀어라. 작은 차이가 감동을 낳고, 감동이 타인 PR을 낳는다.

chapter 02

만나지 못할 사람은 없다

폴 마이어(Paul J. Meyer)는 보험세일즈 왕이며 미국 프랜차이즈 기업 중 경영훈련 분야 1위, 일본 아사이 뉴스 이브닝 지에서 세계 10대 초우량 기업으로 선정된 성공 동기 연구소 SMI(Success Motivation International Inc)의 설립자이다.

그는 1926년 캘리포니아의 선 마라오에서 태어났다. 열두 살 때 〈리버티 매거진〉의 정기구독자 모집 캘리포니아 주 콘테스트에서 1위를 차지했고, 열네 살 때는 차고에서 자전거 수리업을 시작하여 300대의 자전거를 팔기도 했다. 열여섯 살 때는 자두 따기 대회에서 세계 신기록을 세웠고, 열여덟 살 때는 낙하산부대 체육교관으로 근무하며 팔굽혀펴기 3,500번을 하여 세계 신기록을 세운 흥미로운 이력의 보유자다. 폴 마이어는 군 복무를 마친 후 대학에 들어갔지만 집안 형편상 3개월 만에 학업을 포기하고 보험회사의 문을 두드리게 된다. 영업사원으로 입사한 지 2년 만에 신계약 400만 달러, 하루에 최고 150만 달러의 계약을 체결하며 27세의 나이에 최연소 백만장자로 기네스북에 이름을 올렸다. 현재 폴 마이어는 교육, 컴퓨터, 소프트웨어, 금융, 부동산, 인쇄, 제

107

조, 항공 등 40여 개가 넘는 회사를 운영하고 있으며, 저작물과 기록물만으로도 20억 달러가 넘는 수익을 벌어들이고 있는 신화적인 존재다. 아울러 모든 수익의 50%를 기부한다는 원칙을 지키며 나눔과 봉사의 삶을 살아가고 있다.

폴 마이어는 보험회사에 취업하기까지 무려 57번이나 면접에서 떨어졌던 것으로 알려져 있다. 58번째 입사한 회사에서도 세일즈맨 적성검사 결과 부적격으로 판단되어 3주일 만에 해고되고 말았다. 회사의 인사담당자는 그에게 이렇게 말했다.
"자네처럼 고객의 마음을 모르는 사람은 보험사원으로 성공할 수 없네."
그 말을 들은 폴 마이어는 다음과 같이 대답하였다.
"당신은 지금 세계 제일의 세일즈맨을 잃어버리고 있어요. 나는 반드시 세일즈맨으로 성공해서 돌아올 테니까요."

이런 호언장담과 달리 월세를 낼 돈조차 구하지 못한 폴 마이어는 살던 집에서 쫓겨나게 되었다. 어느 날, 거리에서 노숙자 생활을 하던 폴 마이어 앞으로 고급승용차가 지나갔다. 그는 자리에서 벌떡 일어나 옆에 놓여 있던 깡통을 발로 찌그러뜨리고 외쳤다.

"사람으로 태어나서 누구는 고급승용차를 타고 다니는데, 누구는 깡통을 차고 다닌단 말인가? 반드시 성공적인 인생을 살리라!"

폴 마이어는 취업을 위해 다시 보험회사를 찾아다녔고 간신히 일자리를 얻을 수 있었다. 보험세일즈를 시작한 후 그는 새로운 영업방식을 생각해 냈다. 그것은 길거리에 앉아 있다가 고급 승용차가 지나가면 재빨리 차량 번호를 적고 그 주소를 알아내 직접 방문하는 것이었다. 예상했던 것처럼 차량의 소유자들은 모두 부자거나 사장들이었으며 폴 마이어는 그들을 자신의 고객으로 만들 수 있었다. 그러던 어느 날, 유독 한 명의 사장만이 바쁘다는 핑계를 대며 폴 마이어를 만나주지 않았다. 몇 번에 걸친 시도가 실패로 돌아가자 폴 마이어는 편지를 한 통 써서 상자 속에 넣은 후 예쁘게 포장을 해 비서에게 전달을 부탁하였다. 호기심을 느낀 사장이 상자 속을 열어보니 편지에 다음과 같은 글이 적혀 있었다.

"사장님, 저는 날마다 하나님도 만나는데 어째서 사장님은 한 번도 만날 수 없나요? 사장님이 하나님보다 높다는 말씀인가요?"

이 편지를 읽고 크게 감명을 받은 사장은 폴 마이어를 직접 만나 큰 금액의 계약을 체결해주었고, 자신이 알고 있는 모든 사람을 폴 마이어에게 소개해 주었다. 이 일을 계기로 폴 마이어는 성공 가도를 달릴 수 있었다. 만약 폴 마이어가 그 사장을 만나는 것을 포기했다면 성공은 훨씬 늦게 찾아왔거나 또는 전혀 성공에 도달하지 못했을 지도 모르는 일이다. 실제로 폴 마이어는 입사 후 9개월이 지날 때까지 월평균 87달러라는 형편없는 판매 실적밖에 올리지 못했었다. 한 사람의 고객을 감동시킨 결과 그 사람의 주변에 있는 지인들을 고객으로 소개받고 성공에 이르렀으니 타인 PR의 기술이 최대한 효과적으로 활용된 사례라 할 수 있겠다.

폴 마이어의 사례는 타인 PR과 관련하여 좋은 시사점을 남겨준다.

첫째, 남과 달라야 한다. 성공을 위해서는 다른 사람과는 차별화된 자신만의 방식, 자신만의 감동 스토리를 만들어야 한다. PR 역시 마찬가지다. 남들이 모두 하는 자기 PR이 아니라 자신만의 타인 PR 기술을 개발해야 한다.

둘째, 세상에 만나지 못할 사람은 아무도 없다. 폴 마이어의 말처럼 날마다 신도 만나는데 그보다 못한 사람을 만나지 못할 이유는 없다. 끝까지 포기하지 않고 방법을 생각하면 세상에 모든 사람을 만날 수 있고 그 사람들로 하여금 나를 추천, 홍보하게 만들 수 있다.

"인생에서 실패한 사람의 90%는 진짜로 패배한 것이 아니다. 그들은 다만 그만두었을 뿐이다."라는 폴 마이어의 말을 명심하고 지금 자리에서 일어나 나를 PR 해줄 수 있는 사람들을 만나러 떠나라.

chapter 02

체계적으로
인맥을 관리하라

사람은 태어나서 죽을 때까지 평균 3,500명을 중요하게 알고 지낸다. 따라서 평생에 만나는 사람들만 잘 관리해도 타인 PR은 강력한 효과를 발휘할 수 있다. 인맥관리를 잘하려면 가장 중요한 것이 DB 관리다. 내가 알고 있는 사람들의 인적사항, 연락처를 체계적으로 등록해 놓아야 지속적으로 연락과 접촉이 용이하고 좋은 관계를 만드는 일이 쉬워진다. 인맥 DB를 관리하는 방법은 여러 가지가 있지만 가장 좋은 방법은 명함 자동정리기와 휴대폰을 활용하는 것이다.

명함 자동정리기는 일종의 스캐너로서 명함을 기기에 통과시키면 이름, 연락처, 주소 등 명함에 있는 모든 내용이 자동으로 프로그램에 저장된다. 컴퓨터에 일일이 수작업으로 입력하지 않아도 되므로 명함을 많이 주고받는 사람에게는 매우 실용적인 인맥관리 도구다. 또한 DB 내에서 문자 전송과 이메일 발송이 직접 가능하기 때문에 이메일을 주로 활용하는 사람에게 편리하다. 반면에 전화나 문자메시지를 자주 보내는 사람은 휴대폰을 통해 DB를 관리하는 것이 바람직하다. 휴대폰에 저장할 때는 그룹별로 구분하여 저장하는 것이 효율적이다. 처음 만난 사람은 새 인맥이라는 그룹 카테고리에 등록한다. 그리고 2~3개월 정도 연락을 주고받으며 어느 정도 관계가 친해지면 인맥그룹, 또는 자신에게 맞는 카테고리로 변경하여 등록한다. 나의 경우는 새 인맥, 인맥, 일맥의 3개 그룹을 포함하여 48개의 카테고리로 분류되어 있다.

새 인맥 - 처음 만난 사람
인맥 - 어느 정도 친해졌거나 관계가 확정된 사람
일맥 - 상당히 친해졌거나 특정분야의 전문성이 있는 사람

타인 PR을 위해서는 나의 인맥을 일정한 기준으로 분류하여 등록하는 것이 바람직하다. 대부분의 휴대폰이 검색기능을 갖고 있으므로 이름을 저장할 때 다음과 같이 3단계로 나누어 등록한다.

홍길동 PR1 - 언제나 나를 PR 해줄 수 있는 사람
백두산 PR2 - 상황에 따라 나를 PR 해줄 수 있는 사람
이무기 PR3 - 아직 나를 PR 해주기 어려운 사람

휴대폰에 저장할 때 이름 옆에 PR1, PR2, PR3의 순위를 함께 적어놓고 필요할 때마다 검색한다. 그리고 순위별로 좋은 관계를 형성하기 위한 노력과 정성을 각각 다르게 할애하는 것도 효율성을 높일 수 있는 방

법이다. 또는 인맥관리프로그램이나 엑셀프로그램을 활용하여 타인 PR과 관련된 체크리스트를 만들어 두는 것도 바람직하다. 나를 PR 해줄 수 있는 사람들의 리스트를 그룹별로 만들어 두는 것이다. 그것이 어렵다면 A4용지에라도 반드시 정리해 보길 바란다.

독일의 스테판 그로스는 인간관계가 가까워지는 두 가지 요소로 '개인적 커뮤니케이션과 협력'을 손꼽았다. 처음 만난 사람과 친해지려면 지속적, 반복적으로 연락을 주고받으며 그 사람에게 필요한 도움을 제공해주면 된다. 명함 자동정리기나 휴대폰, 기타 도구를 활용하여 체계적으로 인맥을 관리하자.

타인 PR을 활용하기 위해 "인맥관리"에 대해 다음 질문에 대답해 보라.

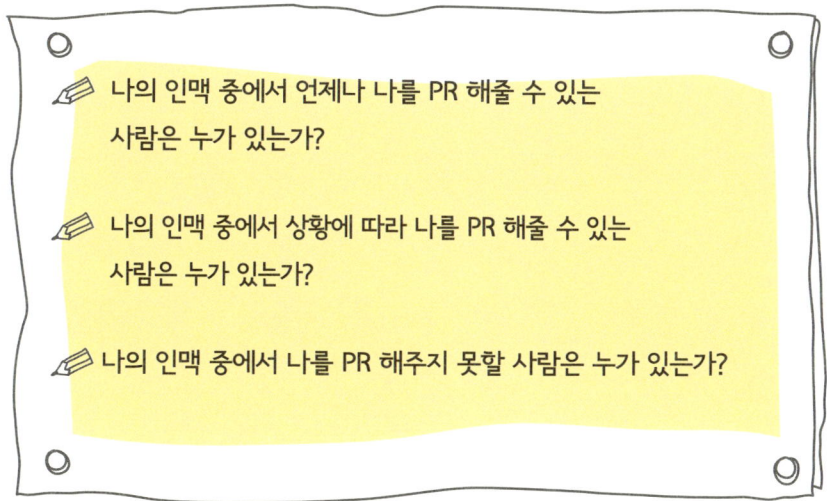

- 나의 인맥 중에서 언제나 나를 PR 해줄 수 있는 사람은 누가 있는가?

- 나의 인맥 중에서 상황에 따라 나를 PR 해줄 수 있는 사람은 누가 있는가?

- 나의 인맥 중에서 나를 PR 해주지 못할 사람은 누가 있는가?

chapter 03

타인 PR의
실천방법

3장에서는 타인 PR의 구체적인 실천방법에 대해 이야기할 것이다.
PR 소재를 만드는 법, 내가 먼저 상대방을 PR 해주는 법,
나를 PR 해준 사람에게 보상하는 법, 상대방에게 도움을 제공하여 PR 하게
만드는 법, 정보나 전문성을 활용하는 법, 인맥을 활용하여 PR 네트워크를
구축하는 방법, 튀는 사람이 되기 위해 쇼를 하는 법 등
18가지의 타인 PR 방법을 소개한다.

chapter 03

먼저 PR 소재를 만들어라

 타인 PR이 이뤄지려면 먼저 PR 소재가 있어야 한다. 다른 말로 하면 칭찬거리, 이야깃거리, 이슈, 고착성 요소라고 할 수 있다. 나에 대한 특정 정보가 머릿속에 각인되어 있어야 다른 사람에게 나를 PR 하는 것이 가능해진다. 그리고 그런 정보를 바탕으로 형성된 이미지가 나에 대한 평가와 함께 전달된다. 따라서 적당한 PR 소재를 만들어서 전달자의 기억 속에 입력하는 작업이 필요하다.

 PR 소재는 1장, 2장에서 이야기한 것처럼 역량, 성품, 성격에 관련된 정보들로 만들어진다. 그런 정보를 바탕으로 나에 대한 이미지를 형성하는 것이다. 사람들이 일반적으로 좋아하는 이미지는 다음과 같은 것들이 있다.

 착하다. 순수하다. 솔직하다. 똑똑하다. 실력 있다. 유능하다. 성실하다. 부지런하다. 세련됐다. 재주가 많다. 적극적이다. 열정적이다. 긍정적이다. 능동적이다. 재미있다. 겸손하다. 예의가 바르다. 매너가 좋다. 이해심이 많다. 배려한다. 봉사한다. 헌신적이다. 따뜻하다. 부드럽다.

원만하다. 인간적이다. 비전이 있다. 리더십이 있다. 창의적이다. 포용력이 있다. 융통성이 있다. 책임감이 강하다. 신념이 있다. 일 처리가 확실하다 등.

이 중에서 내가 전달하고 싶은 핵심이미지를 정하고 그런 이미지를 형성할 수 있는 정보를 찾아 PR 소재로 만들면 된다. PR 소재는 이슈가 될 수 있는 내용으로 만들어야 한다. 예를 들면 다음과 같은 내용으로 만들 수 있다.

나는 자동차 영업사원으로서 유능하다는 이미지를 전달하고자 한다.
-이미지 : 유능하다.
-정 보 : 저는 4년 연속 최우수 자동차 판매왕으로 선정되었습니다.

나는 자동차 영업사원으로서 성실하다는 이미지를 전달하고자 한다.
-이미지 : 성실하다.
-정 보 : 저는 자동차 영업을 시작한 후로 지난 7년간 하루에 4시간 이상을 자 본 적이 없습니다.

나는 자동차 영업사원으로서 착한 사람이라는 이미지를 전달하고자 한다.
-이미지 : 착하다.

-정　보 : 저는 매월 수입의 10%를 결식아동 및 소년소녀가장돕기에
　　　　 후원하고 있습니다.

만약 내가 타인 PR을 해야 한다면 다음과 같은 내용으로 PR 소재를 만들 수 있을 것이다.

나는 인맥관리 강사로서 최고의 전문가라는 이미지를 전달하고자 한다.
-이미지 : 인맥관리 최고의 전문가.
-정　보 : 저는 청와대, 외교통상부, 삼성, 현대 등에 인맥관리 교육을
　　　　 출강하였고 매년 200회 이상 강의하며 지금까지 20권의 전
　　　　 문서적을 출간하였습니다.

나는 인맥관리 강사로서 열정적이라는 이미지를 전달하고자 한다.
-이미지 : 열정적이다.
-정　보 : 저는 14시간의 교육프로그램도 보조강사 없이 직접 강의하
　　　　 는데 전혀 피곤한 줄 모르고 오히려 즐겁습니다.

나는 인맥관리 강사로서 사회에 봉사하는 사람이라는 이미지를 전달하고자 한다.
-이미지 : 봉사한다.
-정　보 : 저는 매월 3회 이상 경영여건이 어려운 중소기업이나 재정

이 열악한 모임, 단체에 무료강의를 해주고 있습니다.

　이처럼 여러 가지 이미지와 정보를 가지고 나에 대한 PR 소재를 만들 수 있다. 또는 나와 관련된 상징물, 소품, 인상적인 말이나 행동, 별명이나 닉네임 등을 통해 나만의 트레이드마크를 만드는 것도 바람직하다. 내 이름만 들으면 동시에 머릿속에 떠오르는 그 무언가를 가져라. 나는 최근에 염주를 가지고 다니는 습관을 들이고 있다. 얼마 전 과천 청계사에 올랐다가 구입하였는데 마음의 안정을 유지하는 도구로 사용하고 있다. 앞으로는 처음 만난 사람에게 내가 염주를 돌리고 있는 모습을 기억하게 하는 도구로 사용될지도 모르겠다.

　PR 소재는 기억되기 쉽고 간결하며 차별화되는 내용을 담고 있어야 한다. 내가 운영하는 인터넷 카페에서는 매월 정기모임을 개최하는데, 이 행사에 열성적으로 참석하는 회원 중에 거제 대우 조선소에 근무하는 김일영 강사가 있다.

　김일영 강사는 토요일 오후 용산 백범기념관에서 개최되는 인맥 페스티벌에 참가하기 위해 금요일 저녁 야간 근무를 마치고 밤새 차를 운전해 올라온다. 그리고 행사를 마치면 다시 5시간을 걸려 거제로 내려간다. 그야말로 정열이 없으면 불가능한 일이다. 나는 강의에 나가 배움의 자세를 이야기할 때 김일영 강사의 이야기를 사례로 들려준다. 배우고자 하는 열정에 감동도 받았지만, 그의 사례가 다른 사람에게 소개할만한 이야깃거리가 되기 때문이다.

이렇게 이야깃거리가 있으면 타인 PR이 일어나기 쉬워진다. 나는 2012년부터 전업 작가로 활동하는 것을 목표로 하고 있다. 따라서 언론 방송, 출판사, 사보담당자, 정기간행물발행업체, 일반대중에게 나에 대한 타인 PR이 일어나기를 희망하고 있다. 그를 위해 나는 몇 가지 PR 소재를 만드는 중인데 그중의 하나는 다음과 같다.

"양광모 소장은 2012년에만 12권의 신간도서를 출간하였다. 일반인들은 한 권을 쓰기도 어려운데 한 달에 한 권씩 책을 낸 셈이니 정말 대단한 일이다."

2012년 3월 현재, 나는 6권의 책을 출간 계약하였고 3권의 책을 출간 검토 중에 있으며 남은 9개월 동안 3권의 책을 더 쓸 계획이다. 생각대로 된다면, 나는 1년에 12권의 책을 출간했다는 PR 소재를 갖게 될 것이고 이를 많은 사람에게 홍보해 나갈 것이다. 예상컨대 내가 자기 PR을 하는 것보다 수백 배는 더 많은 타인 PR이 발생하리라 나는 확신한다.

PR 소재는 다음과 같은 원칙을 가지고 만들어야 한다.
1_핵심이미지

PR 하려는 내용은 나의 강점, 장점에 대한 핵심이미지를 갖고 만들어야 한다.

2_차별성

PR 하려는 내용은 일반적이지 않고 특이한 사실이어야 한다.

3_단순성

PR 하려는 내용은 복잡하지 않고 단순해야 한다.

4_일관성

PR 하려는 내용은 전체적인 이미지와 일관되고 통일성이 있어야 한다.

5_스토리

PR 하려는 내용은 감성적으로 전달될 수 있도록 이야기구조로 만드는 것이 좋다.

PR 소재는 진실과 사실에 입각해서 만들어야 한다. 따라서 자신에게 PR 소재가 없는 사람은 타인 PR을 추진하는데 한계가 있을 수밖에 없다. 능력이 없는 사람을 유능한 것처럼, 착하지 않은 사람을 착한 것처럼, 성실하지 않은 사람을 성실한 사람인 것처럼 PR 할 수는 없기 때문이다.

효과적으로 타인 PR을 하기 위해서는 자신의 본질을 먼저 생각해 보고 강점과 장점을 갖추도록 노력해야 한다. 능력과 실력을 갖추고, 말과 행동을 조심하고, 다른 사람들을 이해하고 배려하는 습관을 가져야 한다. 나는 어떤 PR 소재를 가지고 있는지 곰곰이 생각해 보자.

chapter 03

타인 PR의 첫 번째 방법, 상호성

타인 PR의 첫 번째 방법은 상호성이다. 내가 다른 사람을 PR 해주면 그 사람이 나를 PR 해줄 가능성이 높아진다. 인맥관리 사이트 '링크나우'에 가면 〈인물추천〉이라는 코너가 있다. 회원 중에 자신이 잘 알고 있는 사람을 추천하면 메인 페이지에 추천받은 사람의 이름과 프로필이 등록된다. 얼마 전 일이다. 이곳에 접속하였다가 평소에 잘 알고 지내던 한국유머전략연구소 최규상 소장을 추천하였다.

최고의 유머강사 : 최규상 소장은 제가 지금까지 만난 사람 중 최고의 유머강사입니다. 강의를 계획 중인 분은 믿고 의뢰하시기를 추천합니다.

다음 날 링크나우에 접속한 나는 깜짝 놀라고 말았다. 내 추천을 받고 하루가 지나기도 전에 최규상 소장이 다시 나를 추천한 것이다. 그 내용은 다음과 같다.

최고의 인맥 / 인간관계 전문가 : 양광모 소장님은 인맥관리, 인간관계, 갈등 관리 등 인간관계의 전문가다. 따뜻한 강의를 바탕으로 사람들을 매료시킨다. 특히 소장님이 펴낸 4권의 책은 내가 10번도 더 읽었다. 그만큼 그의 책은 감동과 정보가 흘러넘친다. 회사에 문제가 있다면, 인간관계가 술술 풀리지 않는다면, 그를 찾아야 한다. 그는 탁월한 인간관계 솔루션이다!

아무런 생각 없이 추천하였는데 그 또한 나를 추천하였다. 다른 사람들이 보면 사전에 연락이라도 주고받은 것처럼 보였을지도 모르겠지만 아무런 사전논의나 교감 없이 발생한 일이다. 그냥 상호성이 작용하였을 뿐이다. 사람은 누구나 다른 사람이 칭찬해주기를 좋아한다. 그리고 칭찬을 받으면 빚졌다는 느낌과 함께 상대방에게 보답하려는 심리가 형성된다. 따라서 다른 사람이 나를 PR 하게 만들려면 가장 좋은 것은 그 사람을 다른 사람에게 PR 해주는 것이다.

기업교육 전문사이트 오피이(http://www.ope.co.kr)에 가면 긴급업무협조라는 코너가 있다. 특정한 분야의 강사를 섭외하는 강의의뢰 글들이 많이 올라오는데 몇 달 전 우연히 방문하여 글을 읽다가 J강사를 추천한 적이 있다.

"J강사는 CS교육에 매우 차별화된 교육프로그램을 갖고 있으며 재미있고 감동적인 강의로 정평 있는 분입니다. 지금 찾고 있는 외식산업분야의 CS교육에 가장 적합한 분이라 생각되어 적극 추천하니 연락해 보시기 바랍니다.

며칠 후 J강사로부터 고맙다는 연락이 왔다. 내가 올린 추천 덕분에 강의를 맡게 되었다고 이야기한다. 축하한다는 말과 함께 내가 추천한 것은 당연한 일이니 부담 갖지 말라는 말을 덧붙였다. 얼마가 지난 후 다시 오피이 사이트에 접속하게 되었다. 인간관계분야 강의를 할 수 있는 강사를 찾는다는 글이 눈에 들어와 클릭해 보았다. 내용을 확인하고 빠져나오려는데 아래쪽 댓글에 J강사의 이름이 보였다.

"휴먼네트워크연구소 양광모 소장님을 추천합니다. 양광모 소장님은 우리나라에서 인맥관리, 인간관계분야의 최고 전문가입니다. 강의가 많으셔서 시간이 되실지 모르겠지만, 강의는 최고이니 연락해보시기 바라며 이메일 주소 알려 드립니다. azus39@naver.com"

J강사가 나를 적임자로 추천해 준 것이다. 전화를 걸까 하다가 쑥스러울 듯하여 문자메시지로 감사의 뜻을 전했다. 이것 역시 상호성이 작용한 것이다.

'혜민아빠 책과 사진사랑'이라는 블로그를 운영하는 홍순성 대표는 몇 차례에 걸쳐 자신의 블로그에 나를 소개해주었다. 나도 세 번째 책을 쓰면서 좋은 인맥을 만드는 방법으로 블로그 운영을 추천하며 홍순성 대표의 사례를 소개해주었다.

뉴스킨 사업을 하는 이호성 대표 역시 마찬가지다. 내가 책을 출간하거나 강연을 할 때면 사진을 찍어 자신이 운영하는 블로그 '드림 아카데미(http://blog.daum.net/lhs008)'에 멋진 소개를 올려주었다. 내가 이 책을 통해 이호성 대표를 PR 해주고 있는 것도 상호성의 원칙에 입각해 보면 자연스럽고 당연한 일이다.

경남대학교 평생교육원 박승원 팀장은 '아침을 여는 1분 독서'라는 뉴스레터에 내가 출간한 책을 추천해주었다. 필자 또한 카페회원에게 보내는 전체메일을 통해 박승원 팀장의 책을 소개해주었다.

조계종 총무원장을 지낸 지관스님은 "남이 나를 알아주지 않는다고 걱정하지 말고, 내가 남을 알지 못할까 걱정해야 한다."는 말씀을 남겼다.

타인 PR을 받고 싶으면 다른 사람을 먼저 PR 하라.

먼저 어떤 사람을 PR 할 것인지 생각해 보고, 어떤 방법으로 PR 해줄 수 있는지 고민해 보라.

chapter 03

타인 PR의 두 번째 방법, 보상

　타인 PR의 두 번째 방법은 보상이다. 보상은 다른 사람이 나를 PR한 행동에 대해 돈, 선물 등을 통해 답례하는 것이다. 사회에서는 신규고객을 소개해 준 사람에게 일정한 수수료를 지급하는 것과 같은 개념이다.
　내가 아는 사람 중에는 S대표가 이 방법을 가장 잘 활용한다. 그를 알게 된 지 얼마 지나지 않아서의 일이다. 내가 정기적으로 출강하는 기관에서 변화혁신 분야의 강사를 소개해 달라는 부탁을 받았다. 여기저기 수소문하다 S대표가 생각나서 전화를 걸었다.
　"잘 지내시죠? OO교육기관에서 변화혁신 강사를 추천해 달라고 해서 전화드렸습니다. 0월 0일 저녁 7시부터 9시까지 2시간 동안 강의 가능하신지요?"
　"네, 가능합니다."
　"알겠습니다. 담당자에게 전화하여 직접 연락하라고 말해 놓겠습니다."
　"고맙습니다."
　전화를 끊고 나서 담당자에게 연락하여 S대표에 대해 간략하게 소개하고 추천하였다. 그러고 나서 S대표를 추천한 사실을 까맣게 잊고 분주하게 시간을 보내고 있었다. 한 달이 지났을 무렵 S대표에게 전화가 걸려왔다.

"소장님, 계좌번호 좀 알려주십시오."

"네? 갑자기 계좌번호는 왜 물어보십니까?'

"지난번 강의 추천해주신 곳 강사료가 나와서 소개료 보내드리려고 합니다."

"아닙니다. 안 주셔도 됩니다. 그런데 원래 추천하는 사람에게 소개료를 주시나요?"

"제가 아직 말씀 안 드렸던가요? 저는 강의를 추천해주는 분에게 강사료의 30%를 소개료로 입금해 드립니다. 소장님에게도 똑같이 드릴 테니 많이 추천해주십시오."

"그렇군요. 잘 알겠습니다."

전화를 끊고 나서 처음에는 부정적인 느낌이 들었는데 곰곰이 생각해보니 나름대로 일리 있는 방법이라 여겨졌다. 금전적인 보상은 다른 사람들이 나를 PR 하게 만드는 가장 확실한 이유가 될 수 있다.

나도 인맥관리를 전문으로 활동하다 보니 다른 사람들로부터 영업적인 제안을 받는 경우가 자주 생긴다. 가령 내가 고객을 소개하여 계약이 이뤄지면 매출의 일정비율을 수수료로 지급하겠다는 것이다. 얼마 전에도 홈페이지를 전문으로 제작하는 회사의 대표로부터 고객을 연결시켜주면 계약금액의 15%를 수수료로 지급해주겠다는 제안을 받은 적이 있다. 아쉽게도 내가 한 가지 일에만 전념하는 것을 좋아하여 대부분 거절하였지만 홍보, 마케팅의 관점에서 보면 유용한 방법이라 하겠다.

다른 사람들이 나를 PR 해줬을 때 보상 방법을 찾아 실천해보라.
계약이 이뤄졌을 때 일정한 금액을 주거나 아니면 선물, 물질, 기타 방법으로 보상할 수 있다. 그리고 이런 보상시스템에 관심이 있을만한 주변 사람들에게 적극적으로 알려라. 전부는 아니겠지만 관심이 있는 일부 사람들은 자발적으로 PR을 하게 될 것이다.

chapter 03

타인 PR의 세 번째 방법, 도움

　타인 PR의 세 번째 방법은 도움을 주는 것이다. 상식적으로 나에게 도움을 받은 사람은 나를 도우려 노력하기 마련이다. 따라서 나를 홍보하거나 추천할 수 있는 상황이 되면 적극적으로 PR 할 것이다.

　2007년 일이다. 첫 번째 저서 『인간관계 맥을 짚어라』를 출간하고 여기저기 홍보를 부탁하느라 분주하였다. 갑자기 이영권 박사로부터 전화가 걸려왔다.

　"양 소장, 책 출간 축하해요."

　"감사합니다. 많이 도와주십시오."

　"우리 연구소 직원에게 전화하라고 할 테니 주소 알려주면 책 한 권 보내요. 내가 진행하는 라디오 프로그램에 신간도서 소개 코너가 있는데 추천 가능한지 알아볼게요."

　"네, 연락 오면 바로 보내겠습니다."

　그리고 일주일쯤 지나서 라디오 프로그램에 내 책이 소개되었다. 전화통화를 나누긴 했지만 나는 이영권 박사를 직접 만난 적도 없고 그저 문자메시지로 안부만 전하던 사이였다. 그런데도 이렇게 관심을 갖고 도움을 주니 그저 감사할 따름이었다.

나는 두 번째 책, 『당신만의 인맥』을 출간하며 위에 적은 사례를 이야기로 옮겼다. 이영권 박사처럼 다른 사람의 입장에 공감하고 그 사람이 필요로 하는 도움을 줘야 좋은 인맥이 만들어진다는 내용을 글로 적었다. 큰 도움이야 되지 않았겠지만 어찌 되었든 내 입장에서는 이영권 박사를 PR 해주고 싶은 마음이 들었던 것이다.

가끔 주변에서 홈페이지 제작업체를 소개해 달라는 사람이 있으면 나는 주저 없이 J를 추천한다. J는 심성이 곱고 마음이 여린 젊은이다. 반면에 일에 대해서는 철두철미하게 프로정신을 가진 사람이다. 이런 장점과 뛰어난 실력 때문에 자신 있게 추천하지만 이외에도 한 가지 이유가 더 있다. 그것은 다름 아니라 J가 내게 준 도움 때문이다.

오래전 내가 지방자치선거에 출마했을 때 J는 자신의 일을 모두 접어두고 헌신적으로 선거운동을 해주었다. 이때 받은 도움에 보답하기 위해 기회가 될 때마다 나는 적극적으로 J를 PR하곤 한다.

개인사업체를 운영하는 P대표는 만나는 사람마다 자신의 대학 후배인 J에 대해 PR을 해 준다. 인테리어에 관련된 일은 모두 J에게 맡기라고 강력하게 추천한다. 하도 여러 번 소개를 하기에 궁금한 마음이 들어 물어보았다.

"J라는 후배와 무척 친한 관계 같습니다. P대표님을 많이 따르는 모양이죠?"

"저를 많이 따른다기보다도 오히려 제가 큰 도움을 받았습니다. IMF

사태 때 회사가 부도날 위험에 처했는데 J가 돈을 빌려줘서 회사가 문 닫는 것을 겨우 막을 수 있었죠."

"그래서 J를 여러 사람에게 추천해주시는 거군요."

"J는 저에게 잊지 못할 은인과 마찬가지입니다. 실력도 있고 성실한 사람이니 자신 있게 추천합니다."

P대표 역시 J의 도움을 받은 후 감사한 마음에 적극적으로 PR을 해주기 시작한 것이다.

얼마 전 일이다. 갑자기 사무실에서 쓰던 컴퓨터의 모니터가 고장 나 버렸다. 수리를 받자니 비쌀 것 같고, 새로 사자니 아까운 마음이 들어 고민하다가 혹시나 하는 마음에 트위터, 페이스북에 '사용하지 않는 모니터 구함'이라는 제목으로 글을 올려 보았다. 10분도 채 지나지 않았을 무렵 평소에 알고 지내던 행복플러스 연구소 서명희 소장으로부터 전화가 걸려왔다. 마침 안 쓰는 모니터가 하나 있으니 가져다주겠다는 것이다. 그리고는 두어 시간 후에 정말 직원과 함께 모니터를 들고 사무실로 찾아왔다. 더 놀란 것은 그다음 일이었다. 자초지종을 알고 보니 서 소장의 사무실은 강동구 성내동에 위치해 있었고, 모니터는 직원이 사는 성남시 집에 있는 상황이었다. 다른 사람 같으면 그 다음 날 쯤에나 모니터를 전달하려고 마음먹었을 텐데 서 소장은 "컴퓨터가 안 되면 얼마나 답답하겠느냐"며 곧바로 성남시로 달려가 모니터를 차에 싣고 다시 필자의 사무실이 있는 안산시로 넘어온 것이었다. 마음속에 큰 감동이 밀려왔다. 이때의 고마움에 조금이나마 보답을 하고자 서 소장이 운영하는 조찬포럼에서 무료특강을 해주었고, 출판사 관계자들을 만날 때면 서 소장의 칼럼을 추천하며 책으로 출간해 보도록 PR하고 있다.

내가 작가로서 가장 많은 도움을 받은 사람은 영신디엔씨의 정병호 대표다. 그는 내 책이 출간될 때마다 수십 권씩 구입하여 주변 사람들에게 나눠주었다. 건설업종의 사업이라 아직까지 특별하게 보답을 하고 있지는 못하지만, 기회가 된다면 나는 적극적으로 정병호 대표를 PR, 추천할 것이다.

두 차례에 걸쳐 지방자치선거에 출마했을 때 역시 도움을 받았던 사람들이 많다. 지금은 안산의료생활협동조합 이사장으로 있는 경창수 선배, 그리고 신상균 선배, 권영남 부장, 개인사업을 하는 신정환 대표는 바쁜 일정에도 불구하고 직접 명함까지 돌리며 선거운동을 도와주었다. 지에스데이타의 권선복 대표는 홍삼 엑기스 한 박스를 보내주었고, 휴먼네트워크연구소 정정호 실장은 선거사무실 외벽에 거는 현수막을 직접 제작해주었다. 이외에도 가나안덕의 소민영 대표, B&K 구건서 대표, 대한아웃도어 바비큐협회 차영기 회장을 비롯해 많은 사람이 물심양면으로 후원을 보내주었다. 앞으로 기회가 있을 때마다 조금씩 은혜를 갚고자 한다.

다른 사람이 나를 PR 하게 만들려면 그 사람에게 도움을 줘라. 직장에 다닌다면 동료나 부하직원의 일을 도와줘라. 영업을 하고 있다면 고객이나 거래처, 협력업체에 도움을 줘라. 모임이나 단체에서 나를 PR하게 만들고 싶으면 그 사람에게 도움을 줘라. 반드시 나를 PR 해줄 것이다.

chapter 03

타인 PR의 네 번째 방법, 선물

 강의를 마치고 집에 돌아와보니 낯선 이름으로 택배가 하나 배달돼 있었다. 궁금한 마음으로 포장을 열어보니 막 캐낸 듯한 고구마가 상자 가득히 담겨져 있다. 누굴까? 한편에 가지런히 놓여 있는 편지를 집어 들었다. J였다. 아니 J의 아버지였다. J의 아버지께서 직접 농사지은 고구마를 보내온 것이다. 편지를 읽다 보니 딸을 사랑하는 아비의 마음, 농작물에 대한 농군의 마음이 진솔하게 전해져 마음이 뭉클해졌다.
 "안녕하세요. J의 아비 되는 사람입니다. 부족한 여식을 잘 보살펴 주신다고 전해 들었습니다. 값어치 있는 것은 아니지만 제가 정성으로 기른 고구마를 보내드립니다. 맛있게 드시고 항상 건강하십시오."
 J는 웹 기획사에 다니는 젊은 여성이다. 홈페이지 제작업체에서 기획 업무를 맡고 있는데 나와는 다음카페 〈교육의 모든 것〉을 인연으로 만나게 되었다. 이미 결혼을 하여 '형'이라 부르는 남편과 오순도순 살고 있다. 최근에는 자주 보지 못하였는데 예전에는 셋이서 함께 식사도 하고, 서로의 꿈도 이야기하고, 또 함께 사업할 수 있는 프로젝트에 대해 고민하는 만남을 가졌다. J는 순수하고 밝은, 그리고 치열한 삶의 자세

가 아름다운 사람이다. 이런 J의 아버지로부터 생각지도 못한 귀한 선물을 받게 된 것이다. 지금까지 살아오며 여러 종류의 선물을 받았지만 이처럼 내 마음을 기쁘게 하고 소리 내어 자랑하고 싶은 마음이 들었던 적은 없었다. 아마도 가장 잊지 못할, 세상의 그 어떤 금은보화보다도 값진 선물로 기억될 것이다.

타인 PR의 네 번째 방법은 선물이다. 여기서 선물은 깊은 감동, 감사를 느끼게 만들어 주는 의미 있는 선물을 의미한다. 이런 선물을 받으면 상대방에게 보답하려는 마음이 들고 기회가 되면 기꺼이 PR을 하게 된다.

나는 하이리빙에 자주 강의를 간다. 교육대상은 주로 네트워크 사업을 하는 사람들이다. 전국을 다니며 강의하는데 여러 사람들로부터 발모제에 대한 이야기를 많이 듣곤 하였다.

"소장님, 머리숱이 조금만 더 많으면 정말 멋지시겠어요."
"소장님, 머리숱이 조금만 더 있으면 훨씬 젊어 보이실 것 같아요."
"소장님, 제가 머리가 나는 방법에 대해 정보를 알려 드릴게요."
"소장님, 제가 머리가 나는 제품을 소개해 드릴게요."

그러던 어느 날, 대구에 있는 하이리빙 지사에서 강의를 하는데 교육이 끝난 후 한 여성이 다가와 내게 이렇게 말하는 것이었다.

"소장님, 이 제품은 발모를 촉진시켜주는 샴푸인데 선물로 드리고 싶습니다. 좋은 강의를 해주셔서 감사한 마음으로 드리는 것이니 성의로 생각하고 받아주십시오."

"감사합니다. 잘 쓰겠습니다."

그 여성이 건넨 것은 단순한 샴푸였지만 내게는 큰 의미로 다가왔다. 그전까지 수많은 사람이 내 머리에 관심을 보였지만 전부 관심으로 그치고 말았는데 유일하게 이 여성이 발모 샴푸를 선물한 것이다. 명함을 달라고 하여 이름을 보니 김영옥 사장이었다. 그 이후로 나는 다른 지역의 하이리빙 사업자들을 대상으로 강의할 때마다 김영옥 사장의 사례를 PR 하였다. 그리고 세 번째 책, 『100장의 명함이 100명의 인맥을 만든다』에도 김영옥 사장의 이야기를 Give&Take의 사례로 실었다. 한 달 전에도 김영옥 사장이 문자메시지를 보내왔다.

"소장님, 샴푸를 다 쓰셨을 것 같아 새로 하나 보내드리려는데 주소 알려주세요."

"감사합니다. 자꾸 받기만 해서 미안하네요."

약간 부담스러운 마음도 있었으나 순수한 성의를 거절하는 것도 예의가 아닐 듯싶어 주소를 문자메시지로 발송하였다. 그리고 며칠 후 전화를 걸어 하이리빙에서 판매하는 종합비타민 몇 종류를 김영옥 사장으로부터 구입하였다. 앞으로도 기회가 되는대로 보답을 해주리라.

다른 사람이 나를 PR 하게 만들려면 그 사람에게 선물을 주는 것도 한 가지 방법이다. 이때 선물은 특별히 기억에 남을 수 있는 선물이어야 효과가 있으며, 일상생활 속에서 흔하게 주고받는 선물은 의미가 없다. 반드시 고가의 선물일 필요는 없고, 주는 사람의 정성을 느낄 수 있으며, 상대방에게 특별한 의미를 갖게 해줄 수 있는 선물이면 좋다. 선물은 무엇보다 주는 사람이 아닌 받는 사람의 입장에서 신중하게 골라야 한다.

개인사업을 하는 윤승현 대표는 사회에서 알게 된 후배인데 사진촬영과 유기견 보호에 관심이 많은 사람이다. 나와는 10여 살 차이가 나는데 성품이 선하고 행동이 성실하여 의형제를 맺게 되었다. 얼마 전 생일을 맞아 그로부터 선물을 건네받았다. 집에 와서 포장을 열어보니 명품 벨트와 넥타이가 담겨 있었다. 예상치 못했던 값진 선물을 받고 보니 나를 매우 소중하게 생각하고 있다는 의미로 느껴지며 고마운 마음이 강하게 들었다. 며칠 후 전화통화를 하는데 부업으로 암웨이 사업을 시작했다고 말하기에 생필품 십여만 원어치를 구입해주었다. 앞으로 나는 적당한 기회가 생길 때마다 윤승현 대표를 적극적으로 PR 해주게 될 것이다.

며칠 전, 감자 한 상자가 집으로 배달되었다. 보낸 사람의 이름을 살펴보니 한국난화원을 운영하는 박창규 사장님이 보낸 것이다. 나보다 10여 년 빠른 경희대학교 선배인데 총동문회 산하에 만들어진 비즈니스 조찬클럽의 사무국장을 맡고 있다. 2007년 처음 뵈었을 때는 편안하고 후덕한 인품에 마음이 이끌렸다. 좋은 관계를 맺고 싶어 내가 쓴 첫 번째 책을 소포로 보냈고 얼마 후 연말이 되었을 때는 제주산 유기농 귤을 한 상자 보냈다. 내가 선물한 것은 그게 전부였는데 그다음부터 가리비 젓갈에서 감자에 이르기까지 이것저것 선물을 계속 보내 주신다. 이번 감자도 직접 재배한 것이라 하니 더욱 감사한 마음이다. 얼마 전 박창규 선배의 큰아들이 프로골퍼로 데뷔하는 경사가 있었다. 내가 아는 신문사 기자들에게 홍보를 부탁하려고 연락해보니 이미 대부분의 언론에서 기사로 채택되어 반갑고 놀랐던 기억이 있다. 서울대를 졸업한 최초의 프로골퍼라는 사실이 뉴스거리가 되었던 모양이었다. 반대로 내가 쓴 세 번째 책이 출간되었을 때는 동문회보에 소개 글이 실릴 수 있도록 박창규 선배가 적극 추천해주었다. 부족한 후배를 대단한 사람처럼 생각하며 항상 여러 사람에게 나를 PR 해주니 늘 고마운 마음이다.

속초에 사는 이철 사장은 설악산 털보네칡즙을 운영하고 있다. 강원대 최고경영자과정에 특강을 갔다가 인연을 맺었는데 강의가 끝난 지 며칠 후 칡즙 한 박스를 집으로 보내왔다. 100년 이상 된 칡으로 만들었다는 귀한 선물이기에 각별하게 마음에 다가왔다. 곧바로 전화를 걸어 감사의 뜻을 전하고 칡즙 몇 박스를 지인들에게 발송하도록 주문하였다. 그리곤 내가 운영하는 다음 카페와 블로그에 이철 사장을 소개해주었다. 얼마 후 이철 사장은 내가 주관하는 '푸른고래의 밥벗모임' 참석을 위해 서울까지 올라와 주었고, 지금까지 좋은 인연을 이어가고 있다.

인천에서 부동산중개업에 종사하는 이정용 사장의 선물도 항상 가슴에 남아 있다. 어느 날, 갑자기 전화를 걸어 집으로 찾아오더니 막 수확한 복분자 한 박스를 건네는 것이었다. 사과 궤짝만큼이나 커다란 상자에 복분자가 가득 차 있어 즙을 내어 주스처럼 마시고, 술을 담가 한동안 맛있게 먹곤 하였다. 지금까지도 고마운 마음을 잊지 못한다.

선물은 물질이기 전에 마음이 담긴 정성이다. 아내가 내 자랑을 하게 만들고 싶으면 선물을 하라. 상사가 내 칭찬을 하게 만들고 싶으면 선물을 하라. 고객이 다른 고객을 소개하게 만들고 싶으면 선물을 하라. 정성이 담긴 선물은 다른 사람이 나를 PR 하게 만드는 가장 강력한 방법 중의 하나다.

chapter 03

타인 PR의 다섯 번째 방법, 체험

　혼다 소이치로(本田宗一郞, 1906-1991)는 일본 혼다자동차의 창업자이다. 매년 일본 언론사에서 뽑는 '존경하는 경영자'에서 마쓰시타 고노스케와 1, 2위를 다툴 정도로 인기가 높은 인물이며 2003년 니혼게이자이 신문이 조사한 '가장 존경할 만한 일본의 경영자'에서는 마쓰시타 고노스케(松下幸之助)와 함께 공동 1위에 올랐다. 1950년 12월, 하마마쓰 시내 요정에서 혼다는 외국인 고객을 접대하고 있었다. 한창 분위기가 무르익는데 화장실에 간 외국인 손님이 변기에 틀니를 빠트리고 말았다. 그 당시의 화장실은 지금과 같은 수세식이 아니었기 때문에 틀니를 꺼낼 방법이 마땅치 않았다. 혼다는 옷을 모두 벗더니 알몸으로 변기통 속으로 내려가 틀니를 찾아 올라왔다. 그런 다음 뜨거운 물에 틀니를 소독하고 자신의 입속에 넣어 이상 유무를 확인하였다. 아무런 문제가 없자 틀니를 다시 소독한 후 외국인 손님에게 건네주었다. 이 모습을 지켜본 외국인 손님이 평생 혼다의 예찬론자가 되었음은 물론이다.

　타인 PR의 다섯 번째 방법은 체험이다. 체험은 다른 사람에게 나에 대한 이미지, 인식이 형성될 수 있는 경험을 갖게 만드는 것이다. 체험의 내용이 기대치 이상일 때 감동이 오고, 그러면 자발적인 PR이 일어난다.

첫 번째 책을 출간했을 때의 일이다. 사회에서 만난 사람 중에 아직 친해지지 않은 사람들에게 다음과 같은 내용으로 문자메시지를 보냈다.
"제 책을 보내드리고 싶으니 주소를 문자로 보내주시면 감사하겠습니다. 양광모 소장."
문자를 받은 사람들의 반응이 여러 가지로 나타났는데 그중에서 가장 놀라고 감탄을 금치 못했던 것은 C강사의 답신이었다. 첫째, 문자를 보낸 지 5분 만에 답신이 도착하여 감탄했고 둘째, 답신의 내용을 보고 감동했다. 대략 다음과 같은 글이 적혀있었다.

"아유, 제가 사 볼게요. 저도 책을 내보니까 책은 직접 사봐야겠더라구요. 축하합니다, 대박 나세요."

이때부터 나는 강의 중에, 또는 대화 중에 최윤희 강사 이야기가 나오면 적극적으로 PR을 하기 시작했다.

"대인관계를 잘하려면 관심, 공감, 배려를 잘해야 하는데 C강사처럼 하면 됩니다."

1장에서 여러 사람들이 이야기한 이영권 박사의 장점 중 하나도 반드시 답신을 보내주는 것이다. 어찌 보면 아주 사소한 일인지도 모른다. 그러나 사람들은 자신이 기대치 못 했던 일에 감동하고 다른 사람들에게 자발적으로 PR을 하게 된다. 자신이 경험한 일을 토대로 긍정적인 평가를 덧붙여 칭찬하게 된다.

나의 경우를 봐도 마찬가지다. 자신이 보낸 편지에 30분도 안 되어 답신이 온 것을 신기해하며 "날아갈 듯 기분이 좋고 고맙기까지 했습니다."고 표현했던 S는 인터넷 몇몇 곳에 아래와 같은 글들을 남겼다.

"저도 트랙백 걸었습니다. 책 좋더군요. 책 읽고 바로 양광모 소장님한테 메일 보냈더니 신속한 답장이 오는 게 재밌던데요? 인맥이 먼 데 있는 게 아니구나 느껴지더라고요."

"양광모 소장님 책을 읽고 많은걸 배웠답니다. 저는 요새 사람과 삶에 대한 주제로 블로그에도 글을 올리고, 또 지인들에게도 메일을 돌리는데요. 이것이 사람들과의 관계에 굉장히 도움이 되더라고요. 모르던 사람들도 제법 많이 알게 되고, 제 삶도 제법 적극적으로 바뀌게 되고, 삶의 에너지가 한 단계 올라간 기분이더군요!"

강남역 인근에 노랑저고리라는 한정식 체인점이 있다. 3년 전부터 알고 지내던 곳인데 어느 날 지점장이 새로 바뀌었다. 어찌나 친절하고 상냥한지 마음이 절로 즐거워진다. 5층에 위치한 엘리베이터에서 손님이 내리면 기다렸다는 듯이 문을 열고 나와 반갑게 맞이한다. 그런데 말 그대로 정말로 반갑게 맞이한다. 다른 식당처럼 형식적으로 하는 것이 아니라 진심으로 반가워하는 것이 마음으로 느껴진다. 이 모습을 몇 번 지켜본 후부터 나는 강의에 나가면 노랑저고리에 대해 PR 하기 시작했다. 다른 사람을 만날 때는 진심으로 반갑게 대해야 한다는 마음가짐을 강조하며 노랑저고리 점장의 사례를 소개하였다. 그리고 세 번째 책에도 자세하게 이야기를 적어놓았다.

마음경영연구소 김성준 소장은 휴먼네트워크연구소 강사 양성과정을 14기로 수료하였다. 교육을 마친 후 주변에 선물로 주고 홍보도 하겠다며 내가 쓴 세 번째 책, 『100장의 명함이 100명의 인맥을 만든다』를 100권이나 구매해 갔다. 전임강사들이 40여 명에 이르지만, 처음 있는 일이었다. 지금까지 이렇게 많은 책을 구매해 준 사람이 없었기에 나는 적잖은 감동을 받았다. 지난주 토요일, 김성준 소장의 장남 결혼식이 있다기에 모든 일정을 취소하고 참석하였다. 앞으로 나는 김성준 소장을 적극 PR 하게 될 것이다.

   타인 PR의 방법으로 체험은 생각처럼 쉽지 않다. 평상시의 말, 행동, 습관에 주의를 기울여야 한다. 핵심은 다른 사람에게 관심을 갖고 배려하여 감동을 주는 것이다. 체험을 통하여 감동을 받으면 PR이 이뤄진다.

chapter 03

타인 PR의 여섯 번째 방법, 호감

타인 PR의 여섯 번째 방법은 호감이다. 사람은 누구나 자기가 좋아하는 사람을 PR 한다. 특별한 경우를 제외하고 자기가 싫어하는 사람을 PR 해주는 사람은 없다. 따라서 내가 만나는 사람들에게 호감을 줄 수 있어야 한다. 호감 가는 사람이 되려면 다음 일곱 가지 항목 중 한 가지 이상을 갖추도록 노력해야 한다.

1_얼짱 : 얼짱은 얼굴이 예쁘거나 잘생긴 것을 의미하지 않는다. 항상 밝은 표정으로 환한 미소를 짓는 사람이 가장 호감 가는 얼짱이다.

2_몸짱 : 몸짱은 팔등신이나 근육질 몸매, S라인 몸매를 의미하지 않는다. 거만하거나 맥없는 자세가 아니라 허리, 어깨를 곧게 펴고 몸을 바르게 하며 자신감 넘치고 당당한 자세를 가진 사람이 몸짱이다.

3_맘짱 : 맘짱은 다른 사람을 배려하고 겸손하며 이해심 많은 사람이다. 자신의 이익보다는 다른 사람에게 먼저 베풀어주고, 자만

하거나 오만하지 않으며, 다른 사람의 잘못이나 실수에를 눈감을 줄 아는 사람이다.

4_배짱 : 배짱은 용기 있는 사람이다. 실패를 두려워하지 않고 열정과 도전정신으로 실천하는 사람이다. 자신이 옳다고 믿는 것을 행동으로 옮기며, 항상 적극적이고 능동적인 자세로 도전하는 사람이다.

5_말짱 : 말짱은 긍정적인 말, 적극적인 말, 따뜻한 말, 유머를 잘하는 사람이 말짱이다. 다른 사람을 칭찬하고 용기를 북돋아 주며, 꿈과 희망을 이야기하는 사람이 말짱이다.

6_일짱 : 일짱은 전문성 있는 사람이다. 자신의 최선을 다하고, 불평과 불만을 하지 않으며 자신의 분야에 최고가 되려고 노력하는 사람이 일짱이다.

7_꿈짱 : 꿈짱은 꿈이 큰 사람이다. 가치 있는 비전, 함께 이뤄보고 싶은 목표를 가진 사람이다.

호감을 얻으려면 일곱 가지 모두 해당되는 '7짱'이 가장 좋을 것이다. 그러나 '7짱'이 되기는 쉽지 않은 일이다. 서두르지 말고 조금씩 꾸준하게 노력해야 한다.

나는 강의에 나가면 한국인식기술에서 만든 명함자동정리기 '하이네임'을 자주 소개한다. 인맥관리에 매우 유용한 도구라는 이유도 있지만 대표를 맡고 있는 송은숙 사장에게 호감을 갖고 있기 때문이다. 여성의

몸으로 회사를 경영하기가 쉽지 않은 일인데 항상 꿈과 열정을 가지고 있다. 소위 꿈짱과 배짱이다. 호감이 있으니 도와주고 싶고, 그러자니 강의나 칼럼에서 소개하는 일이 많아진다.

휴먼네트워크연구소 전임강사과정을 수료한 라온제나 스피치연구소 임유정 대표도 마찬가지다. 항상 밝은 표정으로 얼굴에서 웃음이 떠나지 않으며, 다른 사람들을 꼼꼼하게 배려하는 마음이 호감이 갔다. 이른바 얼짱, 맘짱이다. 호감이 가니 도와주고 싶고, 누군가 스피치 강사를 소개해 달라고 하면 가장 먼저 이름이 떠오른다.

코리아나 화장품 이미숙 국장은 얼짱, 맘짱, 배짱, 일짱, 꿈짱이다. 코리아나 조찬 포럼에 특강을 나갔던 적이 있는데 며칠 후 직접 사무실로 찾아왔다. 만나서 대화를 나눠보니 두둑한 용기도 마음에 들었지만 자신의 일에 대한 열정이 용광로보다 뜨거운 사람이었다. 얼마 후 광화문에 있는 이미숙 국장의 사무실에 방문하여 직원들을 대상으로 무료강의를 해주었다. 이 책을 집필 중에 만날 기회가 있어 타인 PR의 노하우가 있는지 질문해 보니 이렇게 대답한다.

"늘 상대에게 드릴 걸 생각하고, 지속적으로 무언가를 줬을 때 고객은 미안한 마음, 고마운 마음을 다른 사람에게 말해주고 그로 인해 자연스럽게 PR이 되는 것 같아요."

역시 필자가 생각하는 '맘짱'임에 틀림없다. 앞으로 나는 기회가 될 때마다 이미숙 국장을 다른 사람들에게 적극적으로 PR 해줄 것이다.

위에 말한 일곱 가지 요소 외에도 다른 사람들이 나에게 호감을 갖게 하려면 반대로 그 사람에게 호감을 가지면 된다. 얼마 전 C강사와 통화한 적이 있는데 내 책을 입소문 내 주고 있다고 말한다. 특별히 그럴만한 이유가 없을 텐데 나를 PR 해주는 것을 보면 나에게 좋은 감정을 가지고 있는 것이라 혼자 생각해 본다. 나에게 호감을 가지고 있다고 생각하니 나 역시 C강사에게 강한 호감을 느끼게 되었다.

며칠 전 인터넷카페의 정기모임에 참석하였다. 모임에 나온 회원 중에 신데렐라라는 닉네임을 쓰는 서귀정 대표가 있었다. 명함을 보니 '아름다운 공간, 웨딩카 장식'이라고 적혀 있다. 질문을 건네 보니 웨딩카를 장식해주는 특이한 사업을 하고 있었다. 카페 전체메일로 회원들에게 홍보를 해주겠다고 약속하였다. 나는 왜 서귀정 대표를 PR 해주려고 마음을 먹었을까? 며칠 전 그녀가 내게 보내온 이메일을 보고 호감이 형성되었기 때문이다.

안녕하세요. 저는 서귀정이라고 합니다.
당신만의 인맥이란 책을 읽게 되었는데 정말 가슴에 와 닿고 감동과 좋은 조언들. 그리고 이렇게 메일로 편지를 쓴다는 것 자체에 굉장히 영광이고 감사드립니다. 저는 이 책을 읽음으로써 제 좁았던 그릇과 마음이 조금씩 커지는 느낌을 받았습니다. 사람의 소중함을 모르고 오로지 자신의 일만 열심히 하며 가슴을 닫고 살았는데 지금은 많은 걸 깨닫고 놀던 물에서 떠나 좋은 사람들을 만나려 합니다. 저를 이렇게 좋게 바꿔주신 소장님께 진심으로 감사드리고 좋은 책에 좋은 글들을 써주셔서 정말 감사드립니다. 책을 모두 읽고 나니 소장님의 모습과 성품이 그려집니다. 굉장히 열정적이고 따뜻한 성품, 상대방을 배려하는 마음이 그대로 나타납니다. 아낌없는 추진력 그리고 많은 사람을 대하는 자세, 매력과 능력이 충분히 갖추어진 멋진 분이시라는 걸. 많은 사람이 저절로 찾아오게끔 만드시는 끌어당기는 힘이 있으신 분이십니다. 존경합니다. 저 또한 그런 사람이 되도록 노력하겠습니다. 소장님을 모델로 삼아서요.

사실 이 글은 나라는 사람의 본색(?)에 대해 잘 모르고 쓴 글이니 오해 없기를 바란다. 나는 서귀정 대표가 상상하는 것처럼 따뜻하거나 배려 깊은 사람도 아니고, 별다른 매력도 가지고 있지 못한 평범한 사람이다. 어찌하다 보니 실패를 많이 겪었고, 그 실패를 교훈으로 강의를 하고, 책을 쓰고 있을 뿐이다. 아무튼 사람은 누구나 자기에게 호감을 갖는 사람에게는 좋은 감정이 형성되기 마련이다. 따라서 누군가의 호감을 얻고 싶으면 그 사람에게 호감을 가지면 된다.

정치인 중에 내가 호감을 갖고 있는 사람은 17대 국회의원을 지낸 이계안 전 현대자동차 사장이다. 모임에서 만나 이야기를 나눠보니 신입사원 시절부터 급여의 3분의 1을 어려운 곳에 기부하였다고 말한다. 최고경영자 시절에는 연봉이 10억을 넘었지만 그때도 변함없었다고 한다. 그야말로 최고의 맘짱이 아닐까 싶다. 이런 호감이 있었기에 19대 국회의원 총선에 출마하자 내가 할 수 있는 모든 방법을 동원해 이계안 의원을 PR 해주었다. 이외에도 나는 노회찬, 심상정, 최재천 전 의원 등에 대해 강한 호감을 갖고 있다. 따라서 필요한 상황이 발생하면 이들이 좋은 정치활동을 펼쳐 나갈 수 있도록 적극적으로 PR 할 생각이다.

다른 사람들이 나를 PR 하게 만들려면 나에 대한 호감을 가지고 있어야 한다. 있을 때 잘하라는 말이 있듯이 평상시에 호감 가는 사람이 되도록 노력해 보라. 호감이 있으면 도와주고 싶고, 기회가 되면 나를 PR 해줄 것이다.

chapter 03

타인 PR의 일곱 번째 방법, 칭찬

타인 PR의 일곱 번째 방법은 칭찬이다. 내가 다른 사람을 칭찬하면 그 사람이 나를 PR 해줄 가능성이 높아진다.

몇 달 전 일이다. 가족과 함께 파주에 있는 처가에 가는 중이었다. 자유로에 있는 휴게소에 들려 커피를 마시며 휴식을 취하고 있는데 갑자기 아내가 사라지더니 잠시 후 나타났다.

"이거 먹어."

"어? 그게 뭐지?"

"꿀물이야. 운전하는데 피곤할 것 같아서 사 왔어."

"역시 당신이 최고야. 다른 사람을 배려해주는 마음이 정말 천사같아. 오늘 입은 옷도 정말 멋진데. 김태희보다 더 예쁘다."

"아이고, 입에 침이나 바르고 말해."

그렇게 말하면서도 싫지는 않은 모양이다.

1시간 후, 처가에 도착하였다. 식구들과 모여앉아 대화를 나누는데 손위 처남이 아내에게 농담을 건넨다.

"양 서방이 잘해주니? 속 많이 썩이지 않아?"

"아니, 잘해줘요. 청소도 도와주고, 설거지도 해주고, 아이들과도 잘 놀아줘요."

아내의 대답을 들으며 나는 깜짝 놀랐다. 평상시 같으면 집에 늦게 들어온다. 술을 많이 마신다는 등 불만과 불평사항을 이야기했을 텐데 오늘은 웬일일까 싶었다. 곰곰이 생각해 보니 휴게소에서 아내에게 건넨 칭찬 때문이 아닐까 생각되었다.

며칠 전 일도 마찬가지다. 평상시에 알고 지내는 H대표를 우연히 만나게 되었다. 이런저런 이야기를 나누는데 갑자기 H대표가 이렇게 말한다.

"소장님은 참 인복이 많으셔서 좋으시겠어요?"

"네? 그게 무슨 말씀이세요?"

"D씨 잘 아시죠?"

"잘은 모르고 몇 번 만난 사이입니다. 조금 아는 정도죠."

"그런가요? D씨가 만나는 사람마다 열심히 소장님 PR을 하더군요. 그래서 저는 두 분이 친한 관계인 줄 알았는데 아니었군요. 도대체 어떻게 하신 거죠?"

"글쎄요, 저도 잘 모르겠습니다."

H대표와 헤어지고 나서 D가 왜 나를 그렇게 적극적으로 PR 하는 것인지 이유를 생각해 보았다. 그러다 문득 얼마 전 그를 모임에서 만났을 때의 일이 떠올랐다.

"오랜만이네요. 잘 지냈죠?"

"네, 소장님도 건강하시죠?"

"나도 잘 지내고 있어요. D씨는 참 대단한 사람이에요."

"네? 제가요?"

"옆에서 가만히 지켜보면 언제나 쾌활하고 에너지가 넘쳐요. 모임에 나오면 겸손하고 예의 바르면서도 다른 사람에게 하나라도 더 배우려고 노력하는 모습이 느껴져요. 새로 인터넷 사업을 시작했다고 들었는데 지금 가지고 있는 마음만 잃지 않으면 아마 크게 성공할 거예요."

"감사합니다. 과찬의 말씀이지만 칭찬으로 생각하고 열심히 분발하겠습니다."

평소에 D에게 느꼈던 사실을 그대로 이야기해주었을 뿐이다. 그런데도 D는 그 칭찬을 받고 나에게 매우 우호적인 감정을 가지게 된 것 같았다. 자연스럽게 다른 사람들을 만날 때마다 나에 대한 칭찬과 PR을 한 모양이었다.

1개월 전, 서울시 산하단체에서 연락이 왔다. 인맥관리 강의를 의뢰하는 전화였다. 일정과 몇 가지 사항을 확인하여 강의를 수락하고 난 후 질문을 건넸다.

"저를 어떻게 알고 전화하게 되셨나요?"

"벤처기업협회에 근무하는 C차장에게 소개를 받았습니다. 강의를 굉장히 잘하신다고 C차장이 적극 추천하더군요."

"알겠습니다. 강의 때 뵙겠습니다."

C차장은 벤처기업협회 CEO 과정에 출강하며 알게 된 사람이다. 키도

늘씬하고 얼굴도 예쁘지만 사람을 대할 때 친근감 있게 대해 준다. 처음 만났는데도 친한 사이처럼 서글서글하게 대한다. 그런 태도가 마음에 들어 만날 때마다 칭찬을 해주었다. 그 C차장이 다른 사람에게 나를 PR 해준 것이다. 최근에 내가 운영하는 인터넷 카페 자유게시판에 다음과 같은 글이 올라왔다.

〈2008년 4월 8일 현재 1,061번째 강의를 인천축협 주부대학에서 마친 서필환 성공사관학교장님께서 오늘 오후에 ㈜홈스쿨링 세미나실을 방문하여 대담을 가졌습니다. 바쁘신 중에 찾아주신 '전유연의 홍보대사'이기도 하신 교장님께 다시 한 번 감사 드립니다. 최근에 집필하신 책 『당신 멋져, 원더풀!』이 출간되었음도 알려 드립니다.〉

글을 올린 사람의 이름을 보니 카페회원 K였다. K가 공식적으로 서필환 교장에 대해 PR을 해준 것이다. 여러 가지 이유가 있겠지만 혹시 서필환 교장에게 칭찬을 받은 경험이 있지 않을까 추측해 보았다. 그렇게 생각하는 이유는 서필환 교장이 칭찬의 대가이기 때문이다.

세상에서 칭찬을 가장 잘하는 사람을 꼽으라면 나는 주저 없이 서필환 교장을 추천할 것이다. 그는 만나는 사람마다 장점을 찾아 칭찬해주는 것이 습관처럼 몸에 밴 사람이다. 직접 만났을 때뿐만이 아니다. 헤어지고 나서도 인터넷 게시판, 칼럼, 메일을 통해 칭찬을 해준다. 강의를 나가면 그 기업이나 단체의 홈페이지에 칭찬을 올려준다. 교육담당자를 칭찬하기도 하고, 교육 참석자 중에서 칭찬하기도 한다. 때로는 임원들을, 어떤 때는 그 기업이나 단체가 잘하고 있는 점을 칭찬해주기도 한다. 당연히 칭찬을 받은 사람이나 해당 기업은 굉장히 기뻐하고, 주변에 서필환 교장을 추천해 준다. 내가 알기로 서필환 교장은 여러 기업, 지방자치단체의 홍보대사로 위촉받아 활동하고 있다.

칭찬은 고래를 춤추게 하고, 다른 사람이 나를 PR 하게 만드는 마법과 같다. 직장 상사나 동료, 부하가 나를 PR 하게 만들고 싶으면 내가 먼저 칭찬을 해주면 된다. 남편이나 아내가 나를 PR 하게 만들고 싶으면 칭찬을 하라. 고객이 나를 PR 하게 만들고 싶으면 고객을 칭찬해줘라.

chapter 03

타인 PR의 여덟 번째 방법, 인사

한 번은 '각계인사교류모임' 참석을 위해 약속장소에 도착하는데 입구에서 대기업에 근무하는 K전무를 마주치게 되었다. 나보다 다섯 살 연상인 분인데도 불구하고 악수를 나눌 때 허리를 숙여 깍듯하게 인사를 한다. 평소에도 배울 점이 많은 분이라 생각했지만 인사를 통해 느껴지는 겸손한 인품에 저절로 감동이 되었다. 이처럼 인사는 상대방에 대한 존경의 뜻과 함께 자신을 낮추는 겸손함의 상징이 되며 정중한 인사는 열 마디 칭찬보다 상대방을 기쁘게 만들어준다.

개그우먼 이성미는 한 인터뷰에서 "5살 난 아들이 경비 아저씨에게 인사를 하지 않아 집에 들어와서 회초리를 들고 하루를 먼저 태어나도 형이니 앞으로는 꼭 인사를 하고 다니라고 말했다."는 일화를 소개하였다.

KBS 9시 뉴스 앵커를 맡고 있는 민경욱 아나운서 또한 자녀들에게 '인사 잘하는 사람이 되라'는 교육을 가장 강조하여 시키고 있다는 글을 트위터에 올린 적이 있다. 연예인 김제동은 행사가 있을 때마다 스태프를 비롯해 행사장에서 만나는 사람들, 그리고 청소하는 아주머니들에게도 깍듯하게 인사를 하는 것으로 소문나 있다. 이런 겸손함과 인사성이 그를 국민으로부터 가장 사랑받는 연예인 중 한 사람으로 만들어 주었을 것이다. 인사는 그야말로 만사다.

타인 PR의 여덟 번째 방법은 인사다. 깍듯이 인사를 잘하는 것만으로도 사람들이 칭찬과 PR을 하게 만들 수 있다. 나이가 젊을수록 인사를 잘 하면 예의가 바르다는 평을 들을 수 있고, 지위가 높을수록 인사를 잘하면 겸손하고 인간성이 좋다는 평을 받을 수 있다. 따라서 평상시에 만나는 모든 사람에게 정중하고 공손하게 인사를 하는 습관을 가지는 것이 좋다.

1_어른들에게 인사를 하라

나보다 연장자나 상급자에게 인사를 하는 것은 기본이다. 잘 아는 사람뿐만이 아니라 잘 모르는 사람에게도 인사를 하는 것이 바람직하다. 내게는 초등학교 5학년인 아들이 있는데 이름이 양희재다. 희재는 인사를 잘한다. 엘리베이터를 타거나 아파트 단지 내에서 길을 가다가 어른을 만나면 큰 목소리로 씩씩하게 인사를 한다. 당연히 어른들은 희재를 매우 기특하게 생각하고 칭찬해 준다. 이웃 아파트 단지에 부모님이 사시는데, 주변 사람들로부터 희재의 칭찬을 들었다며 좋아하시는 모습을 자주 본다.

2_아랫사람에게 인사를 하라

　인사는 누가 먼저 해야 하는가? 정답은 먼저 본 사람이 인사를 해야 한다는 것이다. 흔히 사회에서는 나이가 많거나 지위가 높으면 먼저 인사를 하지 않는 경우가 많다. 그러나 이것은 잘못된 것이다. 상대방보다 나이가 많건 적건, 상대방보다 지위가 높건 낮건, 상대방을 먼저 보았으면, 내가 먼저 인사를 하는 것이 마땅한 일이다. 그리고 아랫사람에게 인사를 하게 되면 겸손하다, 격의 없다, 사람 좋다, 인간성이 좋다는 평을 얻게 된다. 우리 아파트 단지에 한 노부부가 사는데 남편이 병환으로 투병 중이다. 이따금 아내의 부축을 받으며 동네 공원으로 산책을 가는데 나를 마주치면 언제나 먼저 인사를 건네왔다. 가만히 살펴보니 나에게만 그런 것이 아니라 다른 사람을 만나도 항상 먼저 인사를 하는 것이다. 자연스럽게 주민들 사이에서는 노부부에 대한 칭찬이 끊이질 않고 아이들에게 인사예절에 대한 교훈으로 삼고 있다.

3_지위고하를 막론하고 인사하라

　사회생활을 하다 보면 잘 보여야 할 사람에게는 깍듯하게 인사하지만 그렇지 않은 사람에게는 소홀하게 인사하는 것이 사람의 마음이다. 임원에게는 달려가서 인사하고, 부하직원에게는 대충 인사한다. '갑'에게는 일어서서 인사하고 '을'에게는 앉아서 인사받는다. 그러나 인사는 지위고하를 가리지 않고 모든 사람에게 인사하는 습관을 가져야 한다. 특히 사회생활에서는 신분이나 지위가 낮은 사람에게 더욱 인사를 잘

해야 한다. 반기문 유엔 사무총장은 경비나 수위, 청소하는 아주머니를 보면 항상 인사를 건넸다고 한다. 당연히 이런 분들을 통해 반기문 사무총장이 겸손하고 인간성 좋다는 이야기가 많은 사람들에게 전달되었을 것이다.

4_떨어져 있을 때도 자주 인사를 하라

인사를 만났을 때만 하려고 생각하지 말고 평상시에 떨어져 있을 때도 인사를 자주 하라. 전화, 문자메시지, 이메일 등을 통해 인사를 하면 된다. 일상적인 안부인사를 할 수도 있고, 구정이나 추석을 맞아 명절인사를 할 수도 있고, 또 한 해를 보내고 새해를 맞으며 송구영신 인사를 할 수도 있다. 정성이 담긴 인사는 자주 할수록 좋은 것이다.

내가 아는 사람 중에 인사를 잘하는 사람으로는 S대표가 있다. 부산에 있는 D기업에 강의를 갔는데 2일에 걸쳐 진행되는 교육과정이라 숙소를 함께 사용하게 되었다. 첫째 날 저녁 8시쯤 부모님께 안부전화를 걸더니 둘째 날도 같은 시각에 전화를 하는 것이었다. 궁금한 마음이 들어 물어보았더니 10년 전부터 하루도 빠짐없이 부모님에게 안부전화를 올린다는 것이었다. 감탄의 마음과 동시에 부끄러움을 느꼈다. KT에 근무하는 Y차장도 대단한 사람이다. 부모, 장인·장모, 아내, 절친한 친구 1명, 딸, 이렇게 5명에게는 매일 전화나 문자를 보낸다는 것이다. 어지간한 정성과 노력이 없으면 쉽지 않은 일이다. 남의 이야기로만 생각하지 말고 나에게는 날마다 인사할 사람이 누가 있는지 생각해 보고 실천하자.

5_반갑게 인사하라

인사를 잘하는 것도 중요하지만 인사할 때의 마음가짐도 매우 중요하다. 무엇보다 인사를 할 때는 반갑게 인사해야 한다. 형식적으로 고개만 까딱거리는 인사를 해서는 안 되며, 속마음은 그렇지 않으면서 겉으로만 반가운 척 인사를 해서도 안 된다. 인사는 상대방을 존중하고 좋아하는 마음으로 건네야 한다. 연예인 중에는 영화배우 J가 인사를 잘하는 것으로 소문이 나 있다. 방송국 로비에서 사람들을 보면 멀리서부터 인사를 하고, 빠른 걸음으로 달려와서 반갑게 인사하고, 수위나 경비에게도 깍듯하게 인사를 하는 것으로 좋은 평을 얻고 있다.

인사는 다른 사람들이 나를 칭찬하고 PR 하게 만들 수 있는 가장 손쉽고, 가장 효과 좋은 방법이다. 물론 어떤 목적을 가지고 인위적인 마음으로 인사를 해서는 안 된다. 겸손한 사람, 예의가 바른 사람이 되려는 마음과 함께 소중한 사람들의 안부를 궁금해하는 마음으로 실천하면 된다. 가장 먼저 부모님께 날마다 안부전화를 드려보는 것은 어떨까?

chapter 03

타인 PR의 아홉 번째 방법, 감사

 타인 PR의 아홉 번째 방법은 감사다. 다른 사람이 PR 해준 이야기를 듣게 되면 즉시 반응을 보여라. PR 해준 사람에게 연락하여 진심으로 감사의 뜻을 전달하라. 식사를 대접하거나 선물을 주는 것도 바람직하다.
 사람의 마음은 단순하다. 고마운 줄 아는 사람에게는 더욱 잘 해주고, 고마운 줄 모르는 사람에게는 다시는 베풀지 않기 마련이다. 나를 PR해준 사람에게 감사함을 표시하면 그 사람은 나에 대해 더욱 좋은 감정을 갖고 PR을 해줄 것이다.

 지난 연말의 일이다. 평소에 친하게 지내던 C원장이 사무실로 배 한 상자를 들고 찾아왔다. 깜짝 놀라 무슨 일인가 물어보았다.
 "갑자기 웬 배를 사오셨어요?"
 "제가 스터디모임을 나가는데, 소장님께서 강의 중에 제 소개를 많이 해주셨다고 회원들이 이야기하더군요. 정말 진심으로 감사드립니다. 저희 사촌 형님이 과수원을 하셔서 배 한 상자 가져왔습니다. 약소하지만 맛있게 드시면 고맙겠습니다."

"잠깐 소개했는데 그게 다 귀에 들어갔군요. 아무튼 감사합니다."

기업체 교육 중에 이메일을 통한 인맥관리 방법으로 C원장의 사례를 소개하였다. 그리고 실력이 매우 뛰어나니 강의를 의뢰하라고 PR 해주었는데 참석자 중에 스터디모임 회원이 있었던 모양이었다. 이후 나는 강의에 나갈 때마다 C원장을 PR 해주었다. 만약 C원장이 선물을 사 들고 직접 찾아오지 않았다면, 또는 나에게 감사하다는 인사말을 표현하지 않았다면 C원장에 대한 PR은 한두 번으로 그쳤을지도 모른다. 고마운 줄 알고 감사해 하니 PR 해주고 싶은 마음이 더욱 강하게 형성된 것이다.

몇 달 전, J교수에게 제주산 유기농 귤 한 상자를 선물로 보냈다. 며칠 후 전화가 걸려왔다.

"소장님, 갑자기 웬 귤을 보내셨어요?"

"Y 대학에 특강을 갔는데 제 PR을 많이 해주셨더군요. 교수님께 제 이야기를 들었다며 100명 넘는 학생들이 참석했습니다. 담당자 이야기로는 평균 50명 정도면 많이 오는 거라고 말하더군요. 덕분에 즐겁고 활기찬 강의를 할 수 있었습니다. 정말 감사드립니다."

"아닙니다. 그냥 지나가는 말로 몇 마디 했을 뿐이에요."

"제가 아는 분이 제주에서 직접 재배한 유기농 귤입니다. 맛이 있는지 모르겠네요."

"고맙습니다. 잘 먹겠습니다."

한 달 후, Y대학에 다시 특강을 나갔을 때는 200여 명의 학생이 자리에 앉아 있었다. 물론 대부분의 학생들이 J교수의 추천을 참고로 강의에 참석했다고 대답했다. 나는 J교수에게 메일을 보내어 감사하다는 인사를 전했다.

나는 교육 담당자들로부터 강사를 추천해 달라는 부탁을 자주 받는다. 여러 가지 조건을 고려하여 적당한 사람을 소개하면 대부분 강의를 맡게 된다. 재미있는 것은 내가 추천한 강사들이 강의 후에 두 가지 서로 다른 유형으로 행동하는 모습이다. 첫 번째 유형은 전화를 걸어 감사 표시를 정중하게 표현하는 사람이다. 두 번째 유형은 아무런 소식 없이 그냥 지나가는 사람이다. 바쁘니까 그럴 수도 있으려니 이해하지만 아무래도 다음부터는 추천대상에서 제외하는 것이 사람 마음이다. 감사한 줄 모르는 사람은 괘씸하게 느껴지고 다시는 추천이나 소개해주지 않게 된다.

누군가 나를 PR 해준 사실을 알게 되면 즉시 감사함을 전하라. 전화를 걸거나 직접 만나서 고맙다는 말을 하고, 상황에 따라서 적당한 선물로 답례를 하라. 이는 사회생활에서 지켜야 하는 당연한 매너일 뿐만 아니라 상대방이 지속적으로 나를 PR 하게 만드는 촉매제가 될 수 있다.

chapter 03

타인 PR의 열 번째 방법, 꿈

타인 PR의 열 번째 방법은 꿈이다. 내가 가지고 있는 꿈이 거창하면 다른 사람이 나를 PR 해줄 수 있다. 내가 가지고 있는 꿈이 도와주고 싶은 가치가 있으면 나에 대한 PR이 일어난다. 내가 칼럼을 통해 PR 하였던 사람 중 J와 Y가 있다.

J는 2005년, 다음카페 교육의 모든 것에서 개최한 '인맥페스티벌'에서 처음 보았다. 참석자의 대부분이 30대와 40대 직장인들이었는데 J는 당시 나이로 18살, 고등학교 2학년이었다. 손으로 직접 만든 명함을 가지고 와서 사람들과 인사를 나눴다. 신기한 마음에 명함을 한 장 달라고 하여 읽어보니 다음과 같이 적혀 있었다.

〈미래의 여성 CEO, OOO〉

정말 대단한 꿈과 열정이라고 생각되었다. 그날 이후, 나는 칼럼을 통해 J를 소개했고, 대학교에 강의를 가거나 부모들을 대상으로 교육할 때면 빼놓지 않고 J의 이야기를 들려주었다. 필자뿐만이 아니라 서울디지

털 대학교의 H교수 등 여러 사람이 J를 PR 해주었다. 18살이란 나이에 꿈을 가지고 열심히 사는 모습도 대견했으려니와, 또 그런 PR을 통해 J의 꿈이 이뤄질 가능성을 조금이나마 높여보려는 생각이었다.

2007년에 만난 연세대학교의 Y도 마찬가지였다. 처음 만났을 때 받은 명함의 뒷면에 다음과 같은 24가지의 직업이 적혀 있었다. 호기심에 질문해보니 모두 자신이 이루고자 하는 꿈이라고 대답한다.

[도시계획가, 교육자, 변리사, 연구원, 변호사, U-city, CEO, 화가, 뮤지컬배우, 사진작가, 고고학자, 심리학자, 한국토지공사, 건설교통부장관, 대통령, 정치가, 천문학자, 엔지니어, 연세대학교교수, 사회사업가, 화가, 교육자, 인지과학연구]

그리고 제일 아래에 이런 말을 덧붙여 놓았다.

"10년 뒤, 다시 쓰일 이 명함의 모습을 지켜봐 주세요."

언젠가 책을 통해 존 고다드라는 사람의 이야기를 읽은 적이 있다. 열다섯 살이 되는 해, 존 고다드는 인생에서 꼭 해보고 싶은 꿈의 목록 127가지를 정하여 〈나의 인생목표〉라는 제목으로 노란색 노트에 적었다. 그리고 40년 후, 『라이프』지에 〈꿈을 이룬 사나이〉라는 제목으로 그에 대한 기사가 실렸는데, 127가지의 꿈을 모두 이루었다고 한다.

Y도 22살의 나이에 인생을 살며 이루고 싶은 꿈의 목록을 작성한 것이다. 나는 Y의 이야기를 칼럼으로 소개하였고, J의 사례와 마찬가지로 강의 중에 PR 해주었다.

  우리나라 속담에 '병은 소문을 내야 한다'는 말이 있다. 병은 여러 사람이 알아야 빨리 치료법을 찾을 수 있다는 뜻이다. 병뿐만 아니라 꿈도 소문을 내야 한다. 내가 가진 꿈이 어떤 꿈인지 알아야 다른 사람들이 나를 도와줄 수 있다.

  내가 아는 사람 중에는 서필환 성공사관학교 교장이 대표적인 인물이다. 그는 평생에 걸쳐 오천 번 강의하는 것을 목표로 삼고 있다. 그는 만나는 사람마다 자신의 꿈을 들려준다. 그의 이야기를 듣고 감동을 받은 사람들이 오천 번 강의를 하겠다는 꿈이 이뤄지도록 도움을 주고 있다.

  나에게도 몇 가지 꿈이 있다. 첫째는 평생 동안 100권의 책을 출간하는 것이다. 두 번째는 내가 회장으로 있는 청경장학회에서 300명의 장학생을 배출하는 것이다. 세 번째는 800일간에 걸쳐 세계를 여행하는 것이다. 마지막 네 번째는 다음카페 〈교육의 모든 것〉에 가입한 회원을 10만 명까지 만드는 것이다. 10만 명의 회원과 함께 가치 있는 성공, 공동체적 행복을 추구하며 큰 일, 재미있는 일, 유익한 일들을 펼쳐보고 싶다.

  큰 꿈, 가치 있는 꿈을 가져라. 사람들에게 소문을 내라. 내가 지닌 꿈이 감동을 주면 다른 사람들이 나를 PR 해주기 시작한다. 우리가 잘 아는 것처럼 함께 꾸는 꿈은 반드시 이루어진다.

chapter 03

타인 PR의 열한 번째 방법, 부탁

　타인 PR의 열한 번째 방법은 부탁이다. 부탁은 말 그대로 나를 PR 해달라고 요청하는 것이다. 나에게 호의를 가지고 있거나 도움을 줄 수 있는 사람에게 도움을 부탁하는 것이다.

　3년 전 일이다. 개인사업을 하는 L전무를 찾아갔다. 비즈니스 조찬포럼에서 만나 5년째 교류하고 있는데 나보다 10살 연상이다. 평상시에 나를 보면 칭찬과 격려를 아끼지 않아 마음속으로 많이 따르고 있는 분이다.

"전무님, 오랜만에 인사드립니다."

"그렇군요. 지난번 만난 게 벌써 4개월이 지났네요."

"오늘은 도움을 받고 싶어서 찾아왔습니다."

"무슨 일인가요? 편안하게 이야기하세요."

"제가 요즘 상황이 어렵습니다. 강의를 처음 시작하다 보니 강의의뢰가 많지 않네요. 어떻게 하면 좋을지 고민이 많습니다."

"전혀 몰랐네요. 항상 밝은 모습이라 모든 일이 잘 풀리는 줄 알았는데 아니었군요. 내가 뭘 도와줄 수 있을까요?"

"강사로 활동하려면 브랜드를 키워야 하는데 가장 좋은 방법이 글을 쓰는 것이라 생각했습니다. 2개월 전부터 칼럼을 쓰기 시작했는데 의무적으로 쓰는 게 아니라 자꾸만 게을러지고 재미도 없어 미루게 되더군요. 제가 정기적으로 칼럼을 기고할 만한 곳이 없을까요?"

"알겠습니다. 내가 한 번 알아볼게요."

얼마 후, L전무는 비영리 기관의 월간지 한 곳에 칼럼을 쓸 수 있도록 나를 추천해주었다. 원고료가 있거나 대단한 명예를 얻게 된 것은 아니었지만 나에게는 매우 중요한 계기가 된 사건이었다. 이때부터 나는 글을 쓰는 일에 흥미를 가졌고, 규칙적으로 칼럼을 쓰는 습관을 지니게 되었다. 만약 이때, L전무의 도움이 없었다면 나는 글을 쓰는 일을 단념했을지도 모른다.

며칠 전, 사무실로 H강사가 찾아왔다. 30대 중반의 나이로 항상 패기 넘치는 사람이다.

"소장님, 요즘 많이 바쁘시죠?"

"하나도 안 바쁩니다. 요즘에는 책 쓰고, 절에 가서 묵언 수행하고 그러면서 살아요."

"부럽습니다. 저는 언제쯤 그렇게 될 수 있을는지······."

"H강사도 요즘 잘 나가지 않나요? 내가 알기로는 그 분야의 독보적인 존재라고 들었는데요."

"겉에서 보기에만 그렇습니다. 제가 하는 교육 분야는 시장이 작아서 강의수요가 별로 없습니다. 어떻게 해야 하나 아주 고민이 많습니다. 그래서 사실 소장님께 상의 드리러 왔습니다."

나는 머릿속으로 3년 전 내 모습을 떠올리며 H강사에게 물었다.

"무슨 일이든지 이야기하세요. 내가 도울 수 있는 일이라면 힘껏 도와줄게요."

"소장님이 운영하시는 카페에 저를 홍보해주실 수 있을까요? 제 프로필을 전체메일로 보내주시면 큰 도움이 될 것 같습니다."

"알았습니다. 프로필을 메일로 보내주세요."

며칠 후, 나는 H강사의 프로필과 추천의 글을 전체메일로 발송해주었다. 회원 수가 12,000여 명이 넘으니 조금이라도 H강사의 PR에 도움이 되었으리라 생각한다.

사회생활을 하다 보면 자주 느끼는 일 중에 하나가 '우는 아이에게 젖 준다'는 사실이다. 유감스럽게도 사람들은 내가 원하는 것이 무엇인지 모르고, 또 알고 싶어 하지도 않는다. 대부분 관심조차 없다. 따라서 내가 어떤 도움을 필요로 하는지 알려주는 것도 바람직하다. 특히 나에게 호의적인 감정을 가지고 있지만 도와줄 방법을 모르는 사람에게는 내가 먼저 도움을 요청할 필요가 있다. 다만, 로비나 청탁, 곤란한 부탁은 피해야 할 것이다. 또한 평상시에 좋은 관계를 유지해야 한다. 아무런 소식도 없다가 갑자기 나타나서 부탁하면 도움은커녕 오히려 반감만 줄 뿐이다.

얼마 전 인터넷 쇼핑몰 사업을 하는 G가 자신의 사업을 홍보해 달라고 부탁하는 것을 정중하게 거절한 적이 있다. 1년이 넘도록 안부전화 한 번 없다가 아쉬울 때만 연락한다는 생각이 들어 도와주고 싶지 않았다. 우리 속담에 '개똥도 약에 쓰려면 없다.'는 말이 있다. 우습게 보인다고 무시하지 말고, 있을 때 잘하고, 개똥도 약에 쓸 줄 아는 안목을 지녀야 한다는 뜻이다. 평소에 주변 사람들에게 자주 연락하라. 필요할 때 도움을 부탁하는 것이 어색하지 않은 관계로 만들어라.

다른 사람에게 도움을 요청하는 것을 자존심 상하거나 부정적으로 생각하지 마라. 사회는 더불어 사는 것이고 인간은 사람과 사람 사이에 있는 것이다. 누군가 내 도움을 필요로 할 때 나 역시 기꺼이 도와주려는 마음만 있으면 된다.

chapter 03

타인 PR의 열두 번째 방법, 정보

타인 PR의 열두 번째 방법은 정보다. 내가 다른 사람에게 정보를 주었을 때 그 정보가 특별한 가치를 지니게 되면 나에 대한 PR이 이뤄질 수 있다. 이 방법이 대표적으로 활용될 수 있는 공간이 인터넷이다.

처음 강사로 활동을 시작할 무렵, 나는 어떻게 하면 많은 사람에게 나 자신을 PR 할 수 있을까 고민하였다. 몇 가지 방법을 생각하였는데 그중의 한 가지가 정보였다. 인터넷에 네티즌들이 좋아할 만한 글을 올리면 많은 사람이 복사와 스크랩을 해 간다. 그 글 중간, 또는 마지막 부분에 나에 대해 소개를 덧붙여두면 자연스럽게 많은 사람에게 홍보가 될 것이라 생각했다. 이때부터 나는 네티즌들의 구미에 맞고 스크랩하기 쉽도록, 간결하고 감성적인 내용과 흥미를 유발할 수 있는 제목의 글을 쓰는 데 노력을 기울였다. 그 결과 지금까지도 많은 글들이 내 이름과 함께 인터넷 여기저기에 옮겨지고 있는데 가장 많이 퍼진 것은 아랫글들이다.

'인생에서 꼭 필요한 다섯 가지 끈'

'인맥관리 십계명'

'좋은 인맥을 만드는 일곱 가지 〈ㅍ〉'

'적을 만들지 마라'

이 중에서도 '좋은 인맥을 만드는 7가지 〈ㅍ〉'은 인터넷 한겨레에서 전체메일로 소개되어 10만 명을 넘는 조회 수와 수백 건의 스크랩을 기록했다. 아직 읽어보지 못한 독자를 위해 내용을 소개한다.

'좋은 인맥을 만드는 7가지 〈ㅍ〉'

"젊었을 때는 돈을 빌려서라도 좋은 인맥을 만들어야 한다. 물은 어떤 그릇에 담기느냐에 따라 모양이 달라지지만, 사람은 어떤 친구를 만나느냐에 따라 운명이 바뀐다."

위의 글은 일본 아사히맥주 前 회장, 희구치 고타로가 한 말이다. 맥주회사 대표답게 물과 그릇으로 인맥의 소중함을 비유한 것이 흥미롭다. 이에 덧붙여 좋은 인맥을 만드는 데 필요한 7가지 〈ㅍ〉에 대해 알아본다.

첫째, 품.

인맥 만들기는 누가 더 많이, 더 오래 품을 파느냐에 달려있다. 머리품, 발품, 손품을 아끼지 않고 열심히 실천하는 사람만이 좋은 인맥을 만들 수 있다.

둘째, 폼.

짧은 만남이 빈번한 현대사회에서 장기적인 관계로 발전되기 위해서는 좋은 이미지, 좋은 첫인상을 줄 수 있도록 자신을 가꿔야 한다. 폼은 결국 어울림이다. 때와 장소, 상황에 맞게 의상, 표정, 자세를 가꿔야 한다.

셋째, 판.

내가 현재 속해있는 판(사회, 네트워크)과 앞으로 가고자 하는 판에 대해 분석하고 이해할 수 있어야 한다.

넷째, 패.

다른 사람에게 보여 줄 수 있는 나의 브랜드, 즉 나의 가치가 있어야 한다.

다섯째, 펀(fun).

만남이 즐겁고 유익해야 한다. 피터 드러커는 '생산성이야말로 올바른 인간관계를 나타내주는 가장 적합한 단어'라고 말하였다. 일적으로, 정신적으로 즐겁고 생산적인 만남이 돼야 한다.

여섯째, 필(feel).

서로에 대해 공감하지 못하면 인간관계가 가까워지지 않는다. 말이 통하고, 느낌이 통하고, 생각이 통하고, 마음이 통해야 한다.

일곱째, 편.

내 편을 만들지 말고, 먼저 상대방의 편이 되어야 한다. 네 편이 돼 주지 않으면 결코 내 편이 되지 않는 것이 사람의 마음이다.

이상으로 인맥을 만드는 7가지 요소에 대해 알아보았는데 결국 무엇보다 중요한 것은 품이다. 좋은 인맥을 만들기 위해서는 끊임없이 머리품, 손품, 발품을 팔아야 한다.

일본 교세라 그룹의 이나모리 가즈오 회장은 젊은 시절 마츠시타 고노스케의 댐 경영 강연회에 참석하였다. 청중으로부터 질문을 받은 고노스케가 "무언가를 이루기 위해서는 간절히 생각하고 원해야 한다."고 답변하는 것을 듣고 온몸에 전기가 흐르는 듯한 커다란 충격과 감명을 받았다. 그 후부터 자신이 하고자 하는 일을 항상 간절히 생각하고 염원한 결과 교세라를 세계적인 대기업으로 만들 수 있었다고 자서전에서 밝히고 있다.

좋은 인맥을 갖고 싶은가? 지금 당장 계획하라! 지금 전화기를 들라! 지금 만나러 나서라! 반드시 좋은 인맥이 얻어질 것이다. 인맥을 만드는 것은 행운이 아니라 노력이다!

최근에도 나는 '대인관계 유형 체크하는 법'이라는 제목의 글을 인터넷 몇 곳에 게재하였다. 자신의 대인관계유형에 대해 문제점과 개선점을 알아보는 체크리스트가 포함되어 있는데 많은 네티즌들이 관심을 보이며 스크랩해 가고 있다. 칼럼 내용은 다음과 같다.

현대사회를 네트워크사회라고 말하는데 네트워크사회에서는 무엇을 아느냐보다 누구를 아느냐가 중요하다. 보스턴대학에서 7세 어린이 400명을 40년 동안 추적조사 하였는데 성공과 출세에 가장 중요하게 영향을 끼친 요소로 다른 사람과 잘 어울리는 능력이 필요한 것으로 알려졌다. 직장에서도 가장 어렵고 중요한 것이 인간관계라고 말해진다. 폭넓고 원만한 대인관계를 유지하려면 어떻게 하면 되는지 함께 알아보자.

〈대인관계유형 체크리스트〉

아래 항목을 읽고 자신에게 해당되는 점수를 적은 후 각각의 점수를 모두 합산하시오.

NO	진단설문	전혀 그렇지 않다	그렇지 않다	보통이다	그렇다	매우 그렇다
	신념					
1	나는 혼자 지내는 것보다 다른 사람과 어울리는 것을 좋아한다.					
2	나는 인간관계가 재능이나 실력보다 중요하다고 생각하다.					
3	나는 좋은 인맥을 만들기 위해 열심히 찾아다녀야 한다고 생각한다.					
4	내 휴대폰에는 다른 사람의 전화번호가 50개 이상 등록돼 있다.					
5	나는 하루에 3회 이상 다른 사람이 보내온 문자메시지를 받는다.					

NO	진단설문	전혀 그렇지 않다	그렇지 않다	보통이다	그렇다	매우 그렇다
능동성						
6	나는 모임이나 행사에 자주 참석한다.					
7	나는 새로 알게 된 사람들에게 메일이나 문자메시지를 먼저 보낸다.					
8	나는 다른 사람에게 먼저 연락하여 약속을 정한다.					
9	나는 한 달에 모임, 행사, 약속이 평균 3회 이상이다.					
10	나는 한 달에 평균 3회 이상 애경사에 초대를 받는다.					
친화력						
11	나는 엘리베이터에서 낯선 사람을 만나면 먼저 인사를 건넨다.					
12	나는 처음 만난 사람에게서 '호감이 간다.'는 말을 자주 듣는 편이다.					
13	나는 다른 사람을 처음 만나면 상대방이 먼저 연락을 해 오는 편이다.					
14	나는 다른 사람에게서 차(식사, 술)를 함께 하자는 제안을 자주 받는 편이다.					
15	나는 재미있는 유머나 최신가요 몇 개쯤은 외우고 다닌다.					
배려						
16	나는 다른 사람들의 생일이나 애경사를 잘 챙겨준다.					
17	나는 주변 사람들의 일이나 업무를 자주 도와준다.					
18	나는 다른 사람들의 고민을 상담해주는 경우가 많다.					
19	퇴근 무렵 술 생각이 나서 전화를 하면 만나줄 수 있는 사람이 많다.					
20	나에게 애경사가 생기면 함께 해줄 수 있는 사람의 수가 300명이 넘는다.					
합계						점

[1점 : 전혀 그렇지 않다, 2점 : 그렇지 않다, 3점 : 보통이다, 4점 : 그렇다, 5점 : 매우 그렇다]

대인관계유형은 이처럼 4가지 항목으로 이루어진다. 1번~5번 항목은 대인관계의 중요성에 관한 질문이다. 6번~10번 항목은 대인관계의 능동성에 관한 질문이다. 11번~15번 항목은 대인관계의 친화성에 관한 질문이다. 16번~20번 항목은 대인관계의 배려성에 관한 질문이다. 원만한 대인관계를 유지하려면 첫째, 인간관계의 중요성을 깨닫고 둘째, 내가 먼저 다가서고 셋째, 친화력을 갖추고 넷째, 다른 사람에게 배려하는 것이 중요하다. 4가지 요소를 골고루 갖추지 못하면 좋은 인간관계를 형성하기 어렵다.

전체적으로는 100점 만점에서 골고루 높은 점수가 나오도록 노력해야 한다. 대인관계가 우수한 사람들의 점수는 80점~90점 사이에 형성된다. 직장인이나 일반사람들의 경우 대부분 50점~60점 사이에 해당된다. 고립적이거나 소극적인 성향의 사람들은 30점 이하의 점수를 나타낸다. 10가지 항목을 측정하여 나의 점수가 80점 이상이 되도록 노력하고 부족한 항목의 점수를 높이도록 노력하자.

〈대인관계유형〉

1_고슴도치형 : 점수의 합계가 30점 이하인 사람은 고슴도치 형에 해당된다. 고슴도치는 고립적이며 숨기를 좋아한다. 다른 사람과 대인관계를 맺는 것보다 자신만의 세계에서 머무는 것을 좋아하는 사람을 의미한다. 고슴도치형은 인간관계의 중요성을 먼저 깨닫는 것이 중요하다. 인생에서 성공과 행복을 좌우하는 것이 인간관계에 달려 있다는 사실을 명심해야 한다.

2_거미형 : 점수의 합계가 31점~50점인 사람은 거미형에 해당된다. 거미형은 가족 및 주변 사람들과의 친밀한 관계를 중요하게 생각하며 끈끈한 네트워크를 구축한다. 반면에 필요 이상으로 폭넓은 대인관계를 형성하는 것에 대해서는 소극적인 생각과 행동을 취하는 사람이다. 거미형은 대인관계를 보다 적극적이고 능동적으로 노력할 필요가 있다. 일부의 사람과만 관계를 맺거나 상대방으로부터 연락만 기다리지 말고 내가 먼저 다양한 사람들에게 연락을 취하고 다가서는 노력이 중요하다. 대인관계를 잘하려면 쇼맨

십이 필요하다. 쇼맨십은 다른 사람들(관중)을 즐겁게 해주려는 마음가짐을 의미한다.

3_꿀벌형 : 점수의 합계가 51점~80점인 사람은 꿀벌형에 해당된다. 꿀벌은 공동체생활을 한다. 꿀벌이 꿀 1kg을 만들기 위해서는 총 16만km를 비행하며 천만 송이의 꽃을 들락거려야 한다. 꿀벌형은 많은 사람과 폭넓은 인간관계를 형성하며 강한 친화력을 가지고 있어 다른 사람들과 쉽게 친해질 수 있다. 반면에 꿀벌은 이웃벌집을 습격하여 꿀을 약탈하는 습성도 가지고 있는데 꿀벌형은 다른 사람을 대할 때 계산적이고 실리적인 대인관계를 하지 않도록 조심해야 한다.

4_사슴형 : 점수의 합계가 81점 이상이면 사슴형에 해당된다. 사슴은 집단을 이루며 단체생활을 한다. 사슴은 먹이를 발견하면 울음소리를 내어 무리를 불러 모아 함께 먹는다. 사슴의 우두머리는 권력을 독점하지 않고 먹이와 섹스를 분점한다. 사슴형은 대인관계를 할 때 다른 사람을 먼저 배려하며 호의와 후원을 베푸는 사람들이다.

미국 휴렉 팩커드 창업자인 데이비드 팩커드(David Packard)는 "좋은 사람을 만나는 것은 신이 주는 축복이다. 그 사람과의 관계를 지속시키지 않으면 축복을 저버리는 것과 같다."고 말한다. 나는 "만남은 인연이요, 관계는 노력"이라는 말을 즐겨 한다. 그런데 결국 인연이라는 것은 원인과 결과의 줄임말이니 모든 것은 내가 노력하여 좋은 원인을 만들면 좋은 결과가 생겨나는 것이다.

나의 대인관계유형이 어떤 유형에 속하는지 생각해 보고 좋은 인연, 좋은 관계를 만들기 위해 노력해 보자. 가장 먼저 가족과 직장에서 실천하면 된다. 다른 사람을 소중하게 생각하고 내가 먼저 마음의 문을 열고, 내가 먼저 배려하는 사람이 되라. 하늘의 축복이 주어질 것이다.

한국유머전략연구소의 최규상 소장도 유머편지를 보낼 때 자신의 이름과 연구소 명칭을 제일 아랫부분에 적어놓는다. 그리고 자신이 만든 유머를 다른 곳에 옮길 때는 출처를 밝혀달라는 부탁을 덧붙인다. 유머편지를 받은 사람이 다른 곳에 스크랩을 하게 되면 자동적으로 최규상 소장의 홍보가 함께 이뤄진다.

타인 PR을 위해 정보를 활용하려면 인터넷에 블로그를 운영하도록 추천한다. 블로그에는 자신이 직접 쓴 글을 올려도 되고, 다른 곳에서 좋은 자료를 수집하여 정보창고로 활용해도 된다. 블로그 제목은 가급적 이름, 회사명, 또는 자신을 표현해주는 개인브랜드가 포함되는 것이 바람직하다. 그리고 글이나 자료를 등록할 때 '다른 곳으로 복사, 스크랩할 때는 반드시 출처를 밝혀 달라'는 글을 적어 놓는다.

정보는 언론매체를 통해 PR을 하는데도 매우 유용한 방법이다. 희소성이 있거나 특이한 정보, 또는 최신정보를 언론에 제공하면 기사로 채택될 수 있다. 2007년, 첫 번째 책을 출간했을 때, 다음카페 '취업사냥꾼'을 운영하는 조창선 팀장의 제안으로 '직장인의 인맥관리실태 설문조사'를 실시하였다. 그리고 그 결과를 보도 자료로 만들어 언론사에 이메일로 발송하였다. 많은 언론에서 관심을 가지고 기사로 실어주었으며 당연히 내 이름과 휴먼네트워크연구소의 명칭도 함께 홍보되었다.

직장이나 영업활동에도 이런 방법을 적극 활용해 볼 만하다. 다른 사람들이 관심을 가질 만한 조사를 하거나, 통계자료를 만들어 배포하는 것이다. 그 결과가 직장이나 업계에서 인정을 받는다면 실험 조사자, 또는 정보 제공자가 되어 자료와 함께 지속적으로 홍보될 수 있다.

제1장에서 이야기한 스탠리 밀그램 교수, 마크 그라노베터 교수 등도 마찬가지다. 수십 년 전의 조사 자료지만 지금까지도 많은 사람에게 인용되고 있다. 특히 트위터와 페이스북을 비롯한 소셜네트워크서비스는 정보의 전달 속도가 빠르고 도달 범위도 매우 광범위하기 때문에 타인 PR을 효과적으로 활용할 수 있는 최고의 공간이라는 사실을 잊지 말아야 한다. 나는 타인 PR을 위해 어떻게 정보를 활용할 수 있는지 생각해보라.

chapter 03

타인 PR의 열세 번째 방법, 전문성

타인 PR의 열세 번째 방법은 전문성이다. 나의 능력이나 실력에 대해 PR이 이뤄지려면 나에게 전문성이 있어야 한다. 전문성이 없으면 PR이 어려워진다.

나는 2005년에 강의를 처음 시작하였다. 애초부터 전문 강사가 될 생각이 있었던 것은 아니었는데 어찌하다 보니 그렇게 되었다. 한 가지 이유는 유명강사가 되면 연 수입이 상당하다는 것을 알게 되었고, 가장 큰 이유는 인맥관리 분야에 전문적인 교육프로그램이 없다는 사실을 알게 되었기 때문이다.

2006년 2월부터 본격적인 강의활동을 하며 인맥관리에 관한 교육콘텐츠를 개발하기 시작했다. 어려움도 많았고, 지금도 여러 가지로 부족한 수준이지만, 몇 개월 후 인맥관리의 A부터 Z까지 교육프로그램을 만들 수 있었다. 그리고 얼마 후, 서울 양천구 상공회의소에서 강의의뢰가 들어왔다. 3시간에 걸쳐 직장인, 일반인들을 대상으로 '핵심인맥구축 전략'이라는 주제로 강의를 해 달라는 요청이었다.

이 강의를 시작으로 나는 서울에 있는 25개 구상공회의소와 경기, 인천 등 각지의 상공회의소에 강의를 하게 되었다. 이 과정에서 나를 적극적으로 PR 해준 사람이 당시 양천구 김상렬 사무차장이다. 지금은 전직을 했다고 하는데, 강사활동을 시작한 지 얼마 되지 않은 내가 강사로서 성장하는 데 큰 힘이 되었다.

이윤영 사장은 하이리빙에서 사업을 하는 사람이다. 첫 번째 책이 출간된 후 아는 사람의 소개로 만나 인연을 맺게 되었다. 예전에는 국민은행 지점장으로 일했는데 네트워크사업의 비전을 보고 퇴직하여 지금은 상당한 지위에 올랐다고 한다. 이윤영 사장은 처음 만난 자리에서 나에게 시범강의를 해줄 것을 부탁하였다. 강사료가 없다는 것이 마음에 걸렸지만 장기적인 관점에서 승낙을 하였다. 그리고 1개월 후 역삼동에 있는 하이리빙 서울지사에서 시범강의를 하였다. 350여 명의 사업자가 참석하였는데 다행히 좋은 반응을 얻을 수 있었다. 그 후로 나는 전국에 있는 하이리빙 지사를 다니며 특강을 하게 되었다. 물론 이윤영 사장이 적극적으로 나를 PR 해준 덕분이다.

2007년, H기업에서 강의의뢰가 왔다. 2006년에 12시간 과정으로 3회를 출강하였던 곳인데 올해에도 강의를 부탁하고 싶다는 내용이었다. 일정을 보니 이미 다른 곳에 강의가 있어 어렵다고 답변하였다. 하루 뒤에 다시 전화가 왔다. 다른 강사를 수소문해 보았지만 12시간 정도의 프로그램을 운영할 수 있는 사람을 찾지 못하겠으니 어떻게든 꼭 강의를 맡아

달라고 부탁하는 것이다. 고민 끝에 다른 강의일정을 조정하고, 휴먼네트워크연구소 전임강사 한 명과 시간을 분담하여 교육을 진행하였다.

나는 인맥관리 분야에서 많은 사람들로부터 전문성을 인정받고 있으며, 강의나 인터뷰, 칼럼 기고 등에 자주 추천을 받는다. 최근에도 대구에 있는 우상희 강사가 청주대학교에 강의를 추천해주었고, 길표양말 류인선 회장님이 강북구 상공회의소 CEO 과정에 특강을 추천해주었다. 주변 사람들의 추천으로 머니투데이 칼럼니스트로 활동하고 있으며 SBS, KBS, MBC를 비롯하여 다수의 언론방송매체에 나왔고, 삼성전자를 비롯하여 여러 개의 사보잡지에 칼럼을 게재했다. 오늘도 EBS 직장인 성공학개론 코너에서 출연의뢰가 들어왔다.

그 과정에는 나의 노력도 있겠지만 대부분이 PR의 힘이라 생각한다. 내가 적극적으로 PR에 집중하지 않았다면 시장의 평가는 많이 달라졌을 것이다. 그렇지만 타인 PR이 이뤄지려면 일정수준 이상의 전문성을 갖춰야 한다는 점은 반드시 강조하고 싶다. 전문성이 없으면 PR거리가 되지 않기 때문에 나를 적극적으로 PR 할 수 없다.

강의의뢰를 받았을 때, 내가 자신 있게 추천하는 강사들도 자신의 분야에서 전문성을 갖춘 사람들이다. 만약 누군가가 프레젠테이션 스킬에 관한 강사를 소개해 달라고 하면 나는 지체 없이 이정훈 대표를 추천할 것이다. 다른 분야도 마찬가지다. 홈페이지 제작이 필요하면 J가, 변리사하면 K가, 부동산하면 S가 떠오르는 것은 그 사람들이 모두 전문성을 가지고 있기 때문이다.

내가 영업사원을 대상으로 인맥관리 교육을 할 때면 빠지지 않고 소개하는 사람 중에 C가 있다. S전자의 안산지점 점장을 맡고 있는데 '고객 만들기'라는 주제의 교육과정에 필요한 강의 자료를 조사하는 과정에서 인터뷰를 나누게 되었다. 놀랍게도 C의 휴대폰에 등록되어 있는 고객이 1,500명을 넘었다. 그뿐만 아니라 가망고객, 신규고객, 우수고객, 핵심고객 등의 카테고리로 분류하여 관리하고 있었다. 이외에도 여러 가지 아이디어를 통해 체계적인 고객관리를 실천하고 있기에 강의 중에 모범사례로 소개하고 있다. 이처럼 자신만의 전문성이 인정되면 자연스럽게 다른 사람들이 PR 해주게 된다.

영어코칭을 전문으로 하는 N대표에게 문자가 왔다. 오늘 아침 SBS 모닝와이드에 출연했다며, 고맙다는 인사말이 적혀있다.
얼마 전, 방송사로부터 부탁을 받고 N대표를 추천했는데 오늘 방영된 모양이었다. N대표는 영어에 관한 한 최고의 전문가다. TOEIC 시험에서 만점을 2번이나 받았고, 『성공하는 사람들의 일곱 가지 습관』을 쓴 스티븐 코비가 한국을 방문했을 때 인터뷰를 진행했으며, 현재 국내 대기업 CEO들에게 영어를 지도하고 있다. 인맥관리 교육 중에 유능성에 대한 신뢰를 형성하는 방법을 이야기할 때 N대표의 사례를 자주 소개한다.

N대표는 최근 영어코칭으로도 활동영역을 넓히는데 관심이 있다면 적극 추천한다. 그는 진정한 전문가다.

타인 PR을 하려면 내가 먼저 전문성을 갖추는 것이 필요하다. 전문성이 있으면 내가 부탁하지 않아도 남들이 PR을 해주게 된다. 전문성을 갖추는 동시에 다른 사람에게 전문성을 인정받을 수 있는 활동을 펼쳐라. 가장 좋은 방법은 글을 쓰는 것이다. 블로그에 올리거나 신문, 잡지, 인터넷사이트에 기고하라.

어느 정도 칼럼의 양이 많아지면 책으로 출간하라. 책은 전문성을 인정받을 수 있는 가장 좋은 방법이다. 카페나 블로그, 미니홈피를 운영한다면 상담게시판을 만들어서 다른 사람들이 궁금해하는 질문에 답을 알려줘라. 또는 여러 사람들에게 도움이 될 정보자료를 체계적으로 등록하라. 시간이 흐를수록 전문가라는 평가를 얻게 될 것이다.

chapter 03

타인 PR의 열네 번째 방법, 인터넷

　미국 버락 오바마 대통령에게는 '최초의 흑인 대통령'이라는 수식어와 함께 '최초의 네트워크 대통령'이라는 표현이 함께 따라다닌다. 조직, 자금, 피부색 등 어느 한 가지 우세한 점이 없던 오바마가 대통령에 당선될 수 있었던 원인은 SNS(소셜네트워크서비스)의 영향력 덕분이라는 것이 많은 사람의 공통된 의견이다. 대선 당시 오바마가 소셜미디어를 완벽하게 장악했다는 사실을 보여주는 몇 가지 자료가 있다.

　블로그 미디어인 RWW의 조사에 따르면 선거운동이 시작된 이래 오바마를 언급한 블로그 포스팅은 무려 5억 개에 이르렀으나 상대 후보였던 맥케인은 1억 5,000만 개에 불과했다. 투표 당일까지 오바마의 트위터에 팔로워(Follower)를 신청한 네티즌은 13만여 명에 이르렀으나 맥케인은 5,000여 명 수준에 머물렀다. 페이스북에서는 3백만 명이, 마이스페이스에선 84만 명이 오바마를 친구로 등록했다. 대통령 선거 당일에는 1만 명이 넘는 네티즌이 친구를 신청하는 폭발적인 증가세를 나타내기도 했다. 인터넷상에서 2만 3천 명의 자원봉사자들이 중심이 되어 오바마 지지를 호소하는 수백만 건 이상의 전화 홍보, 메일 발송이 이뤄졌으며, 투표일이 가까워질 무렵에는 무려 20만 건이 넘는 선거 운동 이벤트가 추진되었다. 오바마가 대통령에 당선된 후 미국 IT 전문지 와이어드는 다음과 같이 평가했다.

"오바마 이전에도 인터넷을 선거에 일부 활용한 정치인은 있었다. 그러나 오바마만큼 모든 기술을 통합해 활용한 경우는 없었다."

타인 PR의 열네 번째 방법은 인터넷을 활용하는 것이다. 오프라인에서의 PR은 대면접촉을 통해 이뤄지는 경우가 대부분이기 때문에 폭넓게 전파되는데 한계가 있다, 반면에 인터넷을 통한 PR은 시간과 공간의 제약을 초월하여 동시에 수많은 사람에게 전달될 수 있기 때문에 강력한 PR 효과를 가져올 수 있다.인터넷에서 나를 PR 해줄 수 있는 사람들은 다음과 같은 유형이 있다.

1_커뮤니티 운영자

카페, 클럽, 포럼 등의 온라인 커뮤니티를 운영하는 사람들이 나를 PR 해줄 수 있다. 규모가 큰 커뮤니티는 회원수가 300만 명에 이르는 곳도 있다. 전체메일이 가장 효과적이며 게시판 공지를 통한 PR도 가능하다. 대형커뮤니티에 가입하여 적극적으로 활동하거나 운영진으로 참가하거나, 운영진을 직접 만나 나에 대해 알리고 적당한 기회에 PR이 이뤄질 수 있도록 추진하면 된다. 내 경우는 다음카페 취업사냥꾼(http://cafe.daum.net/resume21)을 운영하는 조창선 팀장에게 많은 도움을 받았다.

책이 출간될 때마다 전체메일로 알려주고 전용게시판을 배정해주었다.

2_파워블로거(파워 트위터리언)

　블로그를 전문적으로 운영하는 사람들도 나를 PR 해줄 수 있다. 블로거 중에는 하루 접속자가 수천 명에 달하는 파워블로거들도 많다. 이들과 개인적인 친분을 쌓게 되면 블로그에 올리는 글을 통해 PR을 해줄 수 있다. 내 경우는 '혜민아빠 책과 사진사랑 블로그(http://www.sshong.com)'를 운영하는 홍순성 대표에게 많은 도움을 받았다. 혜민아빠 블로그는 총방문자 수가 1,000만 명을 넘는다. 동영상 인터뷰를 진행하여 블로그에 올려주기도 하였고, 책이 나올 때는 저자 인터뷰를 진행해주기도 하였다. 최근에는 트위터, 페이스북과 같은 SNS가 인기를 끌면서 팔로어가 많은 파워 트위터리언들도 막강한 파워를 행사하고 있다. 이외수 작가의 경우 무려 120만 명이 넘는 팔로어를 보유하고 있는데 이런 사람들이 나를 추천해 준다면 그 영향력은 상상을 초월할 것이다. 실제로 얼마 전 이외수 작가는 트위터에 다음과 같은 글을 올렸다.

　"김장을 도와드립니다. 이외수가 살고 있는 다목리 해발 700고지에서 키운 배추. 절인 배추는 10kg 그램 1만 5천 원. 양념까지 해 드리면 4만 원(택배비포함). 직접 오셔서 담그시면 3만 5천 원. 이장님 핸드폰(010-0000-0000)."

　이 글이 나가자마자 주문이 폭주해 순식간에 배추 8천 포기가 모두 동나 버렸다고 한다. 이처럼 트위터, 페이스북은 타인 PR에 적합한 최고의 공간이 될 수 있다. 필자의 경우에도 신간도서가 출간될 때면 파워 트위터리언들에게 책을 증정해 자연스럽게 홍보에 도움을 받고 있다.

페이스북에서는 5천 명까지만 친구를 맺을 수 있어 트위터에 비해 정보의 확산속도가 떨어지지만 개인적인 친밀도는 트위터보다 높기 때문에 활용 방법에 따라서는 더욱 좋은 효과를 거둘 수 있다.

3_메일러

이메일 뉴스레터를 발행하는 사람들도 나를 PR 해줄 수 있다. 메일러 중에는 수십만 명 이상에게 메일을 발송하는 사람도 있다. 고도원의 아침편지는 무려 220만 명이 메일을 받아본다. 이렇게 대규모로 뉴스레터를 보내는 사람과 친분을 형성해 두면 적당한 기회에 PR이 가능할 수 있다. 내 경우는 한국유머전략연구소의 최규상 소장에게 도움을 많이 받았다. 최 소장은 매주 2회, 1만여 명이 넘는 사람에게 '유머편지(http://www.humorletter.co.kr)'를 발송하는데 책이 출간되었을 때 적극적으로 PR을 해주었다. 최근에는 휴넷의 조영탁 대표가 내 책의 일부분을 발췌하여 '행복한 경영이야기(http://happyceo.co.kr)'라는 뉴스레터에 실어주었다. 이외에도 '예병일의 경제 노트(http://www.econote.co.kr)'를 비롯하여 수많은 메일러들이 있다. 내 주변에서 정기적으로 뉴스레터를 보내는 사람을 찾아서 좋은 관계를 형성해보자. 필자 또한 매주 월요일 아침, 행성(행복한 성공)편지를 발송하고 있는데 메일을 통해 홍보가 필요한 지인들을 자연스럽게 소개해주고 있다.

4_칼럼니스트

인터넷에서 전문적으로 활동하는 칼럼니스트도 나를 PR 해줄 수 있다. 언론사 인터넷 홈페이지에는 수많은 칼럼니스트가 활동하고 있다. 그리고 전문 사이트마다 특성에 맞는 각 분야의 전문가들이 칼럼을 쓴다. 내 경우는 서평전문가로 활동하는 C의 도움을 받았던 적이 있다. C는 각종 인터넷매체에 신간도서 서평을 올리는 일을 한다. 책이 출간되었을 때 인터넷 사이트 여러 곳에 추천 서평을 올려주었다.

5_전문 사이트

전문 사이트를 운영하는 사람들도 나를 PR 해줄 수 있다. 전체메일을 보내주거나 공지사항으로 소개해주거나, 배너를 걸어주거나, 이벤트를 개최해주거나 다양한 방법을 활용할 수 있다. 내 경우는 'CEO리포트(http://ceoreport.co.kr)'를 운영하는 김익수 대표에게 도움을 받았던 적이 있는데 책이 출간되었을 때 메인 페이지에 공지해주었다. '이지데이(http://www.ezday.co.kr)' 이인경 대표는 도서증정 이벤트를 개최해주었다.

현대사회는 네트워크 사회다. 특히 최근 들어 트위터, 페이스북을 비롯한 소셜네트워크서비스의 등장, 그리고 스마트폰의 보급으로 인터넷에서의 정보 전달 속도는 상상을 초월할 정도로 빨리 확산되고 있다. 어떻게 하면 다른 사람들이 나를 PR 하게 만들 수 있는지 인터넷을 통한 활용방법을 적극적으로 고민해보라.

chapter 03

타인 PR의 열다섯 번째 방법, 멘토와 멘티

1973년, 일본 사가 현에 살던 16세 소년이 도쿄로 올라와 일본 맥도널드의 최고경영자 후지타 덴을 찾아갔다. 1주일 동안 경비실에서 쫓겨나며 면담을 거절당했지만 끝내 포기하지 않았고 마침내 후지타 덴을 만날 수 있었다. 미국 유학을 준비 중이던 소년은 후지타 덴에게 자신이 찾아온 이유를 질문하였다.

"저는 미국으로 건너가 공부할 생각입니다. 세계적인 CEO가 되려면 무엇을 배워야 할까요?"

후지타 덴은 "미래는 인터넷, 노트북, 소형컴퓨터의 시대가 될 것이다."라는 대답을 소년에게 들려주었다. 얼마 후 소년은 미국으로 건너가 컴퓨터 공부를 시작했고 졸업 후 일본으로 돌아와 회사를 설립하였다. 이 회사가 바로 소프트뱅크이며, 후지타 덴을 만나기 위해 1주일을 기다렸던 소년이 일본의 빌 게이츠라고 불리는 젊은 날의 손정의였다. 후지타 덴 회장은 당시의 모습을 다음과 같이 회고하고 있다.

"16세의 소년이 일주일간 계속 나를 찾아왔다. 모르는 소년이었지만, 매일 찾아왔으므로 15분 동안만 만났다. 그가 바로 지금의 손정의 회장이다. 그는 미국에 가서 무엇을 공부하면 좋을까 물어왔다."

훗날 손정의 회장의 저녁 식사에 초대받은 후지타 덴은 오래전 자신을 찾아왔던 고등학생이 바로 손정의였다는 사실에 감격해서 컴퓨터 300대를 주문해주었고, 이후에도 정신적인 멘토로서 후원을 아끼지 않았다고 한다. 어린 시절의 짧은 만남이 평생의 인연으로 발전하게 된 것이다.

타인 PR의 열다섯 번째 방법은 멘토, 멘티의 관계를 만드는 것이다. 나를 PR 해줄 수 있는 사람을 멘토로 삼거나 멘티로 받아들이면 된다. 역사적으로 위대한 성공을 거둔 인물들의 삶을 살펴보면 공통적으로 스승, 멘토가 등장한다. 마케도니아 알렉산더 대왕의 스승은 철학자 아리스토텔레스였으며, 삼국지의 유비는 자신보다 20살이나 젊은 제갈공명을 스승으로 모시기 위해 삼고초려의 수고를 아끼지 않았다.

남아프리카공화국 최초의 흑인 대통령 넬슨 만델라에게는 정치운동가 월터 시술루가 있었고, 버락 오바마 대통령에게는 톰 대슐 전 상원의원이 정치적 스승이었으며, 미국 작가 겸 사회사업가로 시각, 청각 중복 장애를 겪었던 헬렌 켈러에게는 애니 설리번이라는 위대한 스승이 있었다. 그리고 어린 시절의 손정의에게는 후지타 덴이라는 최고의 멘토가 있었던 것이다.

나는 휴먼네트워크연구소를 운영하며 인맥관리, 인간관계를 강의하는 전문 강사들을 양성하고 있다. 그중에 한 명인 김향숙 강사는 제13기 과정을 수료하였다. 평소에 열정이 많고 성실한 사람이라 얼마 전 인맥관리 사이트 링크나우에 추천해 주었다.

열정과 성실의 모티베이터

"김향숙 강사는 사람에 대한 순수한 애정과 관심을 가졌습니다. 일에 대한 뜨거운 열정과 노력을 가졌습니다. 앞으로 대한민국 최고의 명강사가 되리라 기대됩니다."

얼마가 지난 후 이번에는 김향숙 강사가 나를 추천해주었다.

인맥관리 전문가

"양광모 소장님은 인맥 관련 전문가이고 후배들에게 많은 기회를 제공해주시는 분입니다."

서로에게 멘토, 멘티 역할을 해야 한다는 사실을 잘 알고 있기 때문에 자연스럽게 PR이 이뤄진 것이다.

문정이 강사는 11기 강사양성과정을 수료하였다. 사내강사로 6년 넘게 근무한 후 회사를 퇴직하여 전문 강사로 활동을 시작했는데 강의 실력이 매우 출중하였다. 나는 내 휴대폰에 등록된 모든 교육담당자에게 문자메시지를 보내 문정이 강사를 추천하였다.

"셀프 리더십과 커뮤니케이션 교육에 최고의 강사를 추천합니다. 책임지고 추천하니 강의를 의뢰하실 분은 아래로 연락하십시오. (문정이 강사 휴대폰 000-0000-0000)"

최규상 한국유머전략연구소 소장은 5기 과정을 수료하였다. 단순할 것 같은 유머강의를 자기만의 차별화된 교육프로그램을 개발하여 고품격강의를 만들었다. 최근에는 유머마케팅을 콘셉트로 다양한 기업에 출강하고 있다. 나는 강의에 나가면 최규상 소장의 PR을 자주 해 준다.

"새로 만난 사람과 관계를 유지하려면 이메일 발송이 좋은 방법인데 한국유머전략연구소의 최규상 소장은 일주일에 2회, 1만 명에게 유머편지를 보낸다고 합니다. 최규상 소장은 유머강의를 아주 잘하니 나중에 필요하신 분은 꼭 강의를 의뢰하십시오."

이외에도 휴먼네트워크연구소 홍용준 부소장, 정미선 실장, 조재현 실장 등과 인생의 멘토, 멘티가 될 수 있도록 함께 노력하고 있다.

나를 PR 해주는 멘토는 노희상 교수님이다. 교수님은 다물 교육원 부원장으로 계시며 기업체 교육에 출강하고 있다. 처음 뵌 지가 7년이 지났는데 지금도 다음 카페의 고문, 휴먼네트워크연구소 고문으로 항상 곁에서 지도해주고 계신다. 기업교육 사이트 오피이에 인맥관리 강사를 찾는 글이 등록되면 꼭 나를 추천해주신다. 그저 감사할 따름이다.

주변을 보면 멘토와 멘티가 되어 서로 PR 해주는 사람들을 많이 보게 된다. 관계 자체로도 좋지만 타인 PR을 위한 매우 효과적인 방법이다. 멘토와 멘티를 너무 어렵게만 생각하지 말고 내 주변에서부터 찾아보라. 직장에서는 상사를 멘토로 모시면 된다. 영업을 한다면 고객이나 거래처에서 멘토를 만들면 된다. 모임이나 단체에서는 회원 중에 멘토가 되어 줄 수 있는 사람을 찾으면 된다.

내가 조금만 겸손하고, 조금만 더 자신을 낮추면 모든 사람이 나의 멘토가 될 수 있다. 70억 명이 넘는 인구 중에 멘토 한 사람을 찾지 못한다면 그것은 전적으로 나의 정성과 노력이 부족한 탓이다. 반대로 나보다 어린 사람들이 성장할 수 있도록 최선을 다해 도와주면 그 사람들이 나의 멘티가 될 수 있다. 지금 주변을 둘러보고 멘토, 멘티를 만들어 보라.

chapter 03

타인 PR의 열여섯 번째 방법, PR 네트워크

　방송인 김제동의 성공에는 가수 윤도현의 도움이 컸다는 것은 잘 알려진 사실이다. 김제동이 대구에서 이벤트 MC로 활동하고 있을 때 윤도현의 지방 순회 콘서트가 열리게 되었다. 그런데 공연 도중 갑자기 윤도현의 기타 줄이 끊어지는 사고가 발생했다. 모두가 어쩔 줄 모른 채 당황하고 있는데 김제동이 무대로 올라와 특유의 순발력과 재치로 사람들의 웃음을 이끌어 냈고 공연은 아무 탈 없이 성공적으로 마무리 될 수 있었다. 김제동의 재능과 인간적인 면모에 호감을 느낀 윤도현은 그에게 함께 일하자는 제안을 했고 이때부터 김제동은 윤도현 밴드의 전국 순회 콘서트에서 MC를 맡게 된다.

　2002년 윤도현이 KBS2 심야음악 프로그램 〈윤도현의 러브레터〉를 맡게 되자 김제동은 방송 시작 전에 방청객들의 분위기를 띄우는 바람잡이 역할을 담당하게 된다. 이때부터 김제동은 점점 능력을 인정받으며 얼마 후 '리플주세요'라는 정식 코너를 맡게 되었고, 곧이어 SBS 〈야심만만〉에서 강호동의 보조진행자로 본격적인 성공 가도에 진입하게 된다. 이 과정에서 윤도현의 역할이 매우 컸으리라는 점은 쉽게 짐작해 볼 수 있는 일이다. 특히 윤도현 밴드의 음반 CD가 출시되었을 때 김제동의 개그 동영상을 함께 끼워 팔았던 일은 유명한 일화다.

타인 PR의 열여섯 번째 방법은 PR 네트워크다. PR 네트워크란 말 그대로 PR을 해줄 수 있는 사람들끼리 네트워크를 형성하는 것이다. PR 네트워크는 엄격한 형태일 수도 있고 느슨한 관계로 형성할 수도 있다. 대표적인 것이 N커뮤니티라는 이름의 네트워크다.

이곳은 전문 강사 10여 명이 모여 공동의 브랜드로 활동하고 있다. 각자 독립적으로 활동하면서 자기가 만나는 교육담당자들에게 다른 강사들을 PR 해준다. 추천을 통해 강의가 이뤄지면 일정한 소개료를 지급받기도 한다.

또 다른 PR 네트워크는 C그룹이다. 20명 정도의 강사들이 돈을 모아 홍보용 카탈로그를 만들었다. 그리고 기업이나 단체, 정부기관에 강의를 나가면 교육프로그램과 강사소개가 실려 있는 이 자료를 배포했다. 자기 PR을 하는 것은 흉이 될 수 있지만, 이렇게 공동으로 PR을 하면 자연스럽게 홍보할 수 있고, 또 여러 사람이 함께 홍보하기 때문에 효과도 매우 뛰어나다고 한다.

느슨한 형태로는 B모임을 들 수 있다. 일종의 스터디모임인데 10여 명의 강사들이 매월 1회, 정기적으로 모여 독서토론을 진행한다. 3년 넘게 진행되어 회원들 간에 유대감이 매우 끈끈한 모임이다. 어느 날, 뒤풀이에서 강사 홍보에 대한 이야기를 나누다가 공동 PR에 관한 의견이

나왔다고 한다. 그 이후로 누군가 강사소개를 부탁하면 무조건 B모임 회원들을 추천하는 것으로 약속되었다고 한다.

또 다른 형태로는 인터넷 카페나 블로그를 활용하는 방법이 있다. 내가 알고 있는 금융 분야 종사자들끼리 카페를 개설하였는데 각자의 전문영역별로 나눠 운영한다. 은행, 증권, 부동산, 보험, 펀드, 채권 등의 카테고리별로 분담하여 자신이 맡은 분야의 정보를 올리고 상담게시판을 운영하며 카페의 회원을 늘리기 위한 홍보를 공동 추진한다. 혼자 운영하는 것보다 여러 사람이 함께 운영함으로써 시너지 효과를 내는 것이다. 이것도 결국 PR 네트워크의 한 방법이라고 생각하면 된다.

내 경우는 휴먼네트워크연구소의 전임강사들끼리 PR네트워크 기능을 할 수 있도록 권장하고 있다. 50여 명의 강사가 배출되었기 때문에 각자 만나는 사람에게 PR을 해 준다면 큰 힘이 될 것이다. 내가 회장을 맡고 있는 한국기업교육협회도 마찬가지다. 현재 임원의 숫자만 60여 명에 이르니 조금만 노력하면 공동으로 홍보할 수 있는 방법이 많이 있을 것이다. 조만간 임원들의 소개 프로필이 들어간 한국기업교육협회 홍보 책자를 만들 계획이다. 그리고 각자가 강의를 나갈 때 교육담당자들에게 나눠주도록 할 예정이다. 일종의 PR 네트워크로서 활용될 수 있을 것이다. '교육의 모든 것' 카페에는 원하는 회원들에게 전용게시판을 제공해주고 있다. 카페의 콘텐츠를 다양화하는 측면도 있지만 자신만의 전용게시판을 가진 사람들이 다른 사람들에게 카페를 소개하는 PR

네트워크로 작동될 수 있기 때문이다.

얼마 전, 어떤 사람들이 멘토, 멘티 관계를 맺는데 서면으로 계약서를 작성한 뒤 그 위에 서명까지 하는 모습을 본 적이 있다. 그 계약서에는 멘토와 멘티가 지켜야 할 사항들이 구체적으로 적혀있었다. 이렇게까지 구체적이지는 않더라도 주변 사람 중에 뜻이 맞는 사람들과는 PR 네트워크 계약을 맺는 것이 바람직하다. 서로를 적극 PR 해주겠다고 약속하면 된다. 또는 추천에 의해 강의가 이뤄졌을 경우 소개료 지급에 관한 방침도 사전에 정해 놓으면 바람직할 것이다.

PR 네트워크는 다양한 사람들과 결성할 수 있다. 직장 내에서도 가능하고, 동종업계 종사자끼리도 가능하고, 고객과도 가능하다. 구체적으로 협약할 수도 있고 지나가는 말 중에 구두 약속처럼 맺을 수도 있다. 대상과 상황에 따라 적합한 방법으로 PR 네트워크를 만들어 보라.

chapter 03

타인 PR의 열일곱 번째 방법, 팬클럽

타인 PR의 열일곱 번째 방법은 팬클럽이다. 물론 일반인의 경우는 해당되지 않을 수도 있다. 그러나 자신만의 팬클럽, 후원회, 지지자 모임을 결성할 수 있는 사람은 적극적으로 추진해볼 일이다. 조직화 되어 있지 않아도 나에게 호감과 애정을 갖고 있는 사람들은 개인적으로 PR을 해줄 수 있다. 그러나 모임을 통해 조직화가 이뤄지면 훨씬 더 체계적인 PR이 가능해진다.

대표적인 모임으로 '노사모'를 들 수 있다. 노사모는 '노무현을 사랑하는 사람들의 모임'이의 줄임말이다. 2000년 4월, 제16대 총선에서 노무현 전 대통령이 지역주의의 영향으로 국회의원에 낙선하자 그를 아끼는 사람들이 자발적으로 결성한 모임이다. 그리고 2002년 대통령선거 과정에서 아무도 예상하지 못했던 노무현 후보의 경선승리와 대선 승리를 이끌어 낸 것이 바로 '노사모'였다. 노사모는 아직까지 왕성한 활동을 계속하고 있는데 공식홈페이지에 가입된 회원의 수만 10만 명을 넘어선다. 노사모의 적극적인 PR이 없었다면 노무현 대통령의 당선은 불가능했을지도 모른다.

개인적으로 나는 최순영 (前)국회의원의 후원회에 가입되어 있다. 3년 전 내가 운영하는 모임에 초청강의를 의뢰하면서 알게 된 분이다. 최순영 의원은 1979년, 유신정권의 몰락을 불러오게 된 YH사건 당시 YH무역 지부장을 맡았었고, 이후 부천시의회 시의원, 부천 가정법률상담소 소장, 경기 여성연대 공동대표 등 다양한 활동을 거쳐 제17대 국회의원으로 당선되었다. 4년간의 의정활동을 성실히 수행하여 3년 연속 국정감사 우수의원 선정, 우수국회의원 최다선정, 교육 부분 우수입법활동 의원상 수상, 17대 최고의 여성의원 선정 등의 영광을 안기도 하였으나 아쉽게도 18대 총선에서 낙선하고 말았다. 개인의 능력과 자질이 아니라 어느 정당 후보인지에 따라 당락이 결정되는 선거풍토에 희생된 것이다. 곧 다시 멋진 모습으로 국민을 위한 정치를 펼칠 날이 있으리라 응원해 본다. 나도 기회가 될 때마다 최순영 의원에 대해 PR 할 것이다.

내가 호감을 갖고 있는 연예인 중에는 박경림의 팬클럽을 추천할 만하다. 박경림의 공식 팬클럽의 명칭은 '더 로즈(THE ROSE)'로 다음 카페에 개설된 팬클럽인데 현재 회원 수는 18,000여 명에 이른다. 가수나 탤런트 같은 연예인에 비하면 상대적으로 작은 규모지만 내가 '더로즈'를 손꼽는 것은 팬클럽이 무려 2001년에 만들어졌다는 사실이다. 이 시절은 박경림이 방송에 데뷔한 지 3년이 채 지나지 않았던 시절로 지금과 같은 유명세를 누리지 못하던 때였다. '더로즈' 결성을 통해 팬들이 적극적인 PR에 나서면서 박경림이 최고의 방송인으로 성장할 수 있었던 것이라 생각한다.

최근에 나는 다음카페 푸른고래의 밥벗모임에 '독자와의 만남'이라는 소모임을 개설했다. 그리고 내 책을 읽은 독자회원들에게 회원명부에 등록하도록 권장하고 있다. 어느 정도 인원이 되면 곧 팬클럽을 결성할 생각이다. 팬클럽이 만들어지면 여러 가지 장점이 있겠지만 무엇보다도 팬클럽 회원들을 통해 나에 대한 PR, 앞으로 출간하는 신간도서들에 대한 PR이 활발하게 이뤄질 것이다.

팬클럽이나 후원회가 자신과는 전혀 관련 없는 일이라고 생각하지 말라. 나 역시 1개월 전까지만 해도 아무 상관 없는 일이라 생각했다. 그러나 다시 생각해보니 반드시 그런 것만도 아니었다.

2004년 12월, 나는 부동산 사업에 크게 실패하였고 여러 가지 고민 끝에 교육 분야에 몸담게 되었다. 2005년 9월, 첫 번째 강의를 시작했고, 2006년 2월이 되어서야 몇몇 군데서 강의의뢰를 받기 시작했다. 그리고도 1년 동안은 강의에 나가는 날을 손으로 꼽을 수 있을 정도였다.
2007년 2월에 첫 번째 책을 출간하였고, 지금은 쉬는 날을 손으로 꼽을 수 있을 정도로 바쁜 몸이 되었다. 첫 번째 강의부터 따지면 6년, 첫 번째 책으로 치자면 불과 5년이라는 시간이 지난 것이다.

사람의 운명은 어떻게 될지 모르니 하루하루를 열심히 살고, 또 앞으로 다가올 올 미래를 적극적으로 준비해나가면 된다. 나만의 팬클럽과 후원회를 만드는 날까지 꿈과 비전을 가지고 움직여보라. 덧붙여, 찰리 헤지스의 명언을 옮겨 놓는다.

"꿈이란 잠에서 깨어나면 잊어버리는 그 무엇이 아니라, 나를 잠에서 깨어나게 만드는 그 무엇이다."

chapter 03

타인 PR의 열여덟 번째 방법, Show

타인 PR의 열여덟 번째 방법은 쇼(Show)다. 사람들이 나를 PR 하게 만들려면 쇼를 하라. 현대자동차에서 7년 동안 최우수 판매왕에 오른 최진성 과장에 관한 기사가 신문에 소개된 적이 있다.

확실히 튄다. 현대자동차 혜화영업소 최진성 과장(37)에게 휴대전화로 전화를 하면 "그대 내게 행복을 주는 사람~"이라는 가사가 반복되는 해바라기의 노래가 흘러나온다. 곧바로 들려오는 음성, "안녕하세요, 영업대통령 최진실입니다!"

그는 영업을 시작한 1996년부터 '비즈니스 이름' 최진실로 통한다. "일단 확실히 강한 인상을 주고 싶었어요. 이름을 한 번 들어보고 '본명이냐'고 묻는 것만 해도 그 사람과 더 가까워지는 거죠. 남과 다르지 않으면 나를 세일즈 할 수 없습니다. 나를 팔 수 없는데 차는 어떻게 팔겠습니까."

또 하나의 '튀는 전략'으로는 영업용 복장을 독특하게 입는 것으로 삼았다. 퀵 서비스 배달원 복장을 했다가 교복도 입었다가…. 모방하는 영업맨들이 많아지자 2000년부터 고급 레스토랑 웨이터들이 입는 연미복으로 바꿨다. 이런 차별화 전략의 성공으로 그는 2001년부터 7번이나 '올해의 판매왕'으로 뽑혔다.

최 과장은 차가 막혀 '신속성'이 떨어질 것을 우려해 반드시 오토바이로 이동하고, '장사만 하려 든다'는 생각을 줄까 두려워 명함을 준 모든 사람에게 직접 손으로 쓴 편지를 보낸다. "예쁜 편지지를 골라 '우리가 이렇게 만난 것도 인연이다.'라고 써요. 확실히 '끈'을 맺어 저를 잊지 못하게 하는 거죠."

이처럼 차별화된 모습을 보여주면 사람들의 입에 구전되고 PR이 일어날 수 있다. 내 주변에도 이렇게 튀는 전략을 구사하는 사람들이 몇 명 있다. 마케팅홍보연구소 박영만 소장은 반드시 강의를 시작하기 전에 교육생들에게 큰절을 한다. 넙죽 엎드려 절을 하는 박영만 소장의 모습을 보고 사람들은 신선한 충격을 받는다. 그리고 여기저기 입소문을 내기 시작한다.

서필환 성공사관학교 교장은 큰절을 할 뿐만 아니라 직접 유니폼을 제작하였다. 성공사관학교라는 이미지에 어울리는 사관생도 스타일의 제복을 만들어서 강의를 나갈 때마다 입고 다닌다. 제복의 어깨 부근에 별이 다섯 개 달려있는데 네 개는 흰색이고 한 개는 금색이다. 평생 5,000번의 강의를 하는 것이 목표인데 1천 번 달성할 때마다 별의 색깔을 바꿀 생각이라고 말한다. 역시 많은 사람에게 이야깃거리로 회자되고 있다.

　최진성 과장이나 서필환 교장처럼 복장에 차별화를 주는 사람이 김민영 '왕호떡' 회장이다. 그는 항상 나비넥타이를 매고 중절모를 쓰고 다니는 것을 트레이드마크로 삼고 있다. 그리고 가게에서 영업을 하거나 모임에 나왔을 때 여러 가지 재미있는 마술을 보여주기도 한다. 솜씨가 매우 뛰어나서 그야말로 마술 쇼라고 할 수 있을 정도다.
　이외에도 많은 사람이 자신만의 PR 전략으로 다양한 모습을 보여준다. 클로버코칭연구소 장은영 소장은 마치 개그콘서트를 보는 느낌이 드는 강의를 한다. 미친 사람처럼 깔깔깔, 하하하 웃기도 하고, 하이힐을 벗어 던지고 이리저리 뛰어다니기도 하고, 열정적인 모습으로 교육생을 위해 쇼(Show)를 한다. 한국유머전략연구소의 최규상 소장, 이정훈 프리젠터 S대표도 사전에 많은 훈련을 거쳐 능숙하게 연출된 강의 모습을 볼 수 있다.

　얼마 전, 강남역 인근에 있는 식당에 모임이 있어 참석하였다. 삼겹살을 안주 삼아 소주를 마시며 대화를 나누고 있는데 어떤 남자가 여기저기 테이블을 돌아다니는 모습이 눈에 들어왔다. 그런데 희한하게도 무릎을 꿇은 자세로 손님들과 이야기를 나누는 것이었다. 도대체 어떤 사람이길래 저런 행동을 하는 것일까 궁금해하고 있는데 마침 내가 앉아 있는 테이블을 향해 다가왔다.

"안녕하십니까? 저는 진로에 다니는 정성묵 과장이라고 합니다. 오늘 저희 회사에서 만든 신제품 홍보를 위해 이 자리에 나왔습니다. 제가 한 잔씩 따라 올릴 테니 맛이 어떤지 평가해주시고, 앞으로 많이 애용해주시길 부탁드립니다."

그러면서 일일이 한 사람 한 사람에게 술을 따라준다. 하도 신기해 말을 건네 보았다. 역시 내 옆으로 바싹 다가와 바닥에 무릎을 꿇다시피 하고 앉은 자세로 자신에 대해 이야기를 하기 시작했다.

진로에는 10년 정도 다녔는데 얼마 전까지 일본에서 파견근무를 하다 돌아왔다고 한다. 영업부서에 근무하기 때문에 1주일에 3, 4일 정도 술집이나 식당을 다니며 소주홍보를 한다는 것이다. 굳이 무릎까지 꿇을 필요가 있느냐고 물으니 '고객보다 눈높이를 낮추고 대화하는 것은 영업사원의 기본 마인드'라고 대답한다. 자신이 하고 있는 일에 뜨거운 열정과 자부심을 가진 진정한 프로였다.

쇼는 누구나 할 수 있지만, 아무나 할 수 있는 것은 아니다. 철저한 프로정신이 없는 사람은 쇼를 할 수 없다. 자신감과 배짱, 열정을 가지고 자신의 이미지를 과감하게 버릴 수 있는 사람만이 쇼를 할 수 있다. 다른 사람들이 나를 PR 하게 만들고 싶으면 지금 쇼를 하라.

chapter 03

타인 PR을
항상 기억하라

　기업체에서 장시간에 걸쳐 좋은 인맥을 만드는 법을 교육할 때는 인맥관리를 확장, 유지, 발전, 활용의 4가지 분야로 나누어 설명하게 된다. 그러나 확장, 유지, 발전에 대해서만 중점적으로 교육이 이뤄지고 인맥의 활용 부분은 심도 있게 다루지 못한다. 사실 언급조차 하지 못하고 교육을 끝내는 일이 대부분이다. 가장 대표적인 이유는 시간 부족이지만, 그것 못지않게 중요한 이유는 일반인들의 오해 때문이다. 사회에서는 인맥이나 인맥관리에 대해 부정적인 인식을 가지고 있는 사람이 많다.

　인맥을 다른 사람을 이용하고, 활용하는 것으로 생각하기 때문에 인맥관리를 바람직하지 못한 일로 단정 짓는다. 그러다 보니 인맥의 활용은 쉽게 꺼내기 어려운 민감한 주제가 되었고 교육에서도 좀처럼 다뤄지지 않는다.

　그러나 이런 생각으로는 좋은 인맥을 만들 수 없다. 인맥은 태어나서 죽을 때까지 인연을 맺는 사람들로 생각해야 한다.

　인맥관리는 다른 사람들을 관리하는 것이 아니라 자기관리로 이해해야 한다. 내가 먼저 능력과 실력을 갖추고, 적극적이고 긍정적인 자세로 어울리며, 내가 먼저 다른 사람들에게 관심, 공감, 배려하는 일이 인맥관리다. 그중에서 인맥의 활용은 서로에게 시너지효과를 낼 수 있도록 Win-Win 하는 것이라고 생각해야 한다.

인맥관리를 하다 보면 자연스럽게 생기는 고민 중의 하나가 도움이 되는 사람이 없다는 생각이다. 많은 사람을 만나 인간관계를 맺어보지만 정작 내가 하는 일을 도와줄 수 있는 사람이 많지 않다는 것을 느끼게 된다. 그리고 자연스럽게 인맥관리에 소홀해지게 된다. 이런 오류에 빠지지 않으려면 두 가지 관점을 분명하게 가져야 한다.

첫째, 인간관계는 산삼이 아니라 인삼이라는 점이다. 5, 6년에 걸쳐 땀과 정성, 노력이 들어가야만 결실을 보는 인삼과 같이 인간관계도 오랜 시간이 지나야 결실을 맺는다는 것을 명심해야 한다.

둘째, 직접적인 도움만 생각해서는 안 된다. 인맥을 통해 정보를 얻거나 계약을 체결하는 것도 도움이지만 사회에서 이런 도움을 줄 수 있는 사람은 많지 않다. 내가 알고 지내는 사람 중의 10%도 안 될 것이다. 따라서 나머지 90%를 어떻게 활용할 것인지 고민해야 하는데 가장 좋은 방법 중의 하나가 지금까지 우리가 이야기 한 타인 PR이다.

다른 사람을 만날 때는 항상 타인 PR을 기억하라. 어떻게 하면 상대방이 나를 PR 해줄 수 있는지 고민하고 실천하라. 부정적으로 생각할 필요 없다. 타인 PR이 가능하려면 내가 먼저 전문성을 지니고, 상대방에게 관심과 도움을 주고, 좋은 관계를 형성해야 한다. 결국 좋은 인맥이 쌓기 위한 자기관리를 하는 것이다. 인과응보의 마음으로 덕을 쌓으면 좋은 결과가 돌아올 것이라는 믿음으로 실천하면 된다. 그리고 타인 PR에 대한 전략적인 관점만 가지면 된다.

다른 사람을 만났을 때는 지금까지 이야기 한 타인 PR의 방법을 어떻게 적용할 수 있는지 생각해 보라.

1_상호성 - 내가 먼저 PR 한다.
2_보상 - PR에 대해 보상해 준다.
3_도움 - 도움을 준다.
4_선물 - 선물을 준다.
5_체험 - '나'라는 사람에 대해 체험할 수 있는 기회를 만든다.
6_호감 - 호감을 형성한다.
7_칭찬 - 칭찬한다.
8_인사 - 매너와 에티켓을 지키고 깍듯하게 인사한다.
9_부탁 - 직접 부탁한다.
10_감사 - 감사의 마음을 표현한다.
11_꿈 - 내가 이루고자 하는 꿈을 알려준다.
12_정보 - 가치 있는 정보를 제공한다.
13_전문성 - 전문가라는 신뢰감을 형성한다.

14_인터넷 - 인터넷에서 PR 해줄 수 있는 사람들을 찾는다.

15_멘토와 멘티 - 멘토, 멘티의 관계를 맺는다.

16_PR 네트워크 - PR 네트워크를 구축한다.

17_팬클럽 - 팬클럽, 후원회, 지지모임을 만든다.

18_Show - 사람들의 마음에 각인될 인상적인 쇼를 한다.

chapter 04

부정적인 타인 PR 대처하기

4장에서는 부정적인 타인 PR에 대처하는 방법을 이야기할 것이다.
내가 다른 사람들에게 어떤 모습, 어떤 이미지로 보이고 있는지 파악하는 법,
부정적인 타인 PR이 발생하지 않도록 예방하는 법, 뒷담화나 악평을 제거하는 법,
부정적인 PR이 발생하면 대응하는 방법에 대해 설명할 것이며,
아울러 인간관계에서 반감을 형성하지 않고
사람들을 적으로 만들지 않는 방법에 대해 설명한다.

chapter 04

원인을 제거하라

　타인 PR이 반드시 장점만 가지고 있는 것은 아니다. 악플, 뒷담화처럼 부정적인 내용도 있을 수 있고, 사실과 다른 잘못된 정보가 담긴 PR이 이뤄질 수도 있다. 이렇게 되면 나에 대해 적대적인 이미지가 형성되고 때로는 치명적인 결과를 불러올 수도 있다. 따라서 부정적인 타인 PR이 이뤄지지 않도록 조심해야 한다.

　먼저 평소에 내가 어떤 모습으로 보이는지 자신의 이미지를 점검하라. 그리고 부정적인 이미지를 찾아내어 제거해야 한다. 어떤 말, 행동, 특징 때문에 나쁜 인상을 주고 있는지 알아내 그러한 요소들을 없애야 한다. 사회에서 다른 사람에게 형성되는 부정적인 이미지는 다음과 같은 것들이 있다.

1_역량

　무능하다, 무식하다. 실력이 없다. 재능이 없다. 역량이 없다. 재주가 없다. 재능이 부족하다. 바보 같다. 리더십이 없다. 이해력이 부족하다.

기획력이 부족하다. 창의적이지 못하다. 영업력이 없다. 추진력이 없다. 전문성이 없다. 경험이 부족하다. 자격이 없다. 업무처리능력이 떨어진다. 비전이 없다. 촌스럽다. 문제가 많다.

2_성품

나쁘다. 악하다. 인간성이 좋지 못하다. 비인간적이다. 인간미가 없다. 정이 없다. 차갑다. 쌀쌀맞다. 이기적이다. 계산적이다. 잇속만 챙긴다. 이해심이 없다. 오만하다. 거만하다. 잘난 척한다. 싸가지가 없다. 겉과 속이 다르다. 위선적이다. 믿음이 안 간다. 게으르다. 지저분하다. 말과 행동이 다르다. 약속을 지키지 않는다. 책임감이 없다. 불성실하다. 대충 한다. 적당히 한다. 직설적이다. 나약하다. 비겁하다. 쩨쩨하다. 얌체 같다.

3_성격

소극적이다. 수동적이다. 냉소적이다. 부정적이다. 딱딱하다. 고지식하다. 재미가 없다. 느리다. 고집이 세다. 독불장군이다. 독선적이다. 남의 말을 잘 듣지 않는다. 말이 많다. 주관이 약하다. 융통성이 없다. 급하다. 느리다. 서두른다. 침착하지 못하다. 귀가 얇다. 우유부단하다. 산만하다. 소심하다. 가볍다. 변덕이 심하다. 모났다. 답답하다. 입이 가볍다. 무모하다. 과격하다. 허풍이 세다. 사납다. 까칠하다. 까다롭다. 까탈 맞다. 까다롭다. 깐깐하다. 어수룩하다. 꼬장꼬장하다.

위에 나열한 항목 중에 자신에게 해당하는 부분은 어떤 것이 있는지 확인해보라. 자기 스스로 체크하면 정확하지 않을 수 있으니 가족이나 친구, 직장, 주변 사람들에게 조언을 구해보라. 자신에 대한 긍정적인 이미지와 부정적인 이미지 한 가지 이상씩 알려달라고 말하여 공통적으로 거론되는 부정적인 단어를 찾으면 된다.

필자 역시 이 글을 쓰면서 주변 사람들에게 직접, 또는 문자나 메일로 나에 대한 긍정적인 이미지, 부정적인 이미지를 조사해 보았다. 그 결과는 다음과 같았다. ※ 오른쪽 이미지 점검표 참고

긍정적인 이미지 중에 가장 많이 중복되는 표현은 신뢰감(4회), 신중함(2회), 배려(2회) 등이며 부정적인 이미지 중에 가장 중복되는 표현은 "차갑다. 속마음을 표현하지 않는다. 편하게 느껴지지 않는다. 고루하다. 교감 선생님 같다."는 내용으로 성격에 관련된 표현이 가장 많았다. 즉, 나는 역량이나 성품에 관한 이미지보다는 성격에 관련된 이미지를 우선적으로 개선해야 하며, 따뜻한 이미지, 마음을 잘 여는 이미지, 편안한 이미지, 진취적이고 틀에 박히지 않은 이미지를 줄 수 있도록 노력해야 한다는 결론을 얻을 수 있다. 앞으로 나는 밝게 웃고, 속마음을 많이 이야기하고, 개방적인 태도로 행동하고, 참신한 모습을 보여줄 수 있도록 노력해야 할 것이다.

NO	긍정적 이미지	부정적 이미지
친구		
친구 1	신중하다	차갑다
친구 2	치우침 없는 사고, 행동	편하게 느껴지지 않음
친구 3	성실, 반듯	철두철미함, 냉철
직장		
직장 1	솔직하다	직설적이다
직장 2	차분, 침착, 진실	마음을 잘 열지 않을 것 같다
직장 3	신중함	피곤에 지친 듯한 인상
직장 4	열정, 사람에 대한 관심, 배려	
직장 5	박학다식, 기획력	강성이미지
사회		
사회 1	전문가	딱딱해 보인다
사회 2	포근하다	약해 보인다
사회 3	일관성, 절제력	건조한 느낌, 무변화
사회 4	신뢰감, 지적인 이미지	보수적, 고루한 느낌
사회 5	신뢰감	
사회 6	부지런함, 정, 배려심	
사회 7	학자풍. 지혜롭다	말이 적고 속마음을 표현하지 않는다
사회 8	따뜻한 남자	처음에는 차게 보였다
사회 9	환한 웃음, 명쾌한 목소리, 깔끔	교감 선생님 같다
사회 10	열정	
사회 11	휴대폰(언제든지 연락된다)	
사회 12	해맑은 심성	사업적 마인드 부족
사회 13	신뢰감	첫대면 시 친근한 이미지 부족
사회 14	젠틀, 정확한 판단력	빈틈이 없어 아쉬움
사회 15	신뢰감	고집이 있다

※ 이미지 점검표

지금까지 이야기한 것처럼 나에 대한 부정적인 PR이 이뤄지지 않으려면 그런 이미지를 줄 수 있는 요소를 근본적으로 제거하는 것이 바람직하다. 내가 어떤 면에서 부정적으로 인식되고 있는지를 분석하여 개선하도록 노력하라.

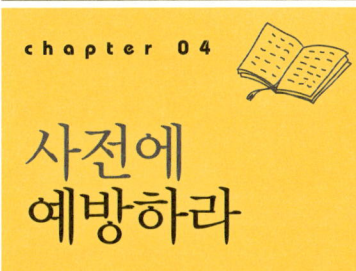

chapter 04

사전에 예방하라

　부정적인 PR이 전파되지 않으려면 먼저 부정적 PR을 할 만한 사람들을 관리해야 한다. 주변에서 나에 대해 부정적인 이미지를 가지고 있을 것으로 판단되는 사람이 누구인지 생각해 보라. 그리고 그 사람들이 부정적인 PR을 하지 않도록 예방조치를 취하라.

　첫째, 호감을 표현하라.
　나에 대해 뒷담화, 악평을 할 것 같은 사람에게 적극적으로 호감을 표현하라. "웃는 얼굴에 침 못 뱉는다."는 말이 있다. 나를 좋아하고, 나에게 호감을 가지고 있는 사람을 욕하는 것은 마음에 부담으로 작용한다. 대부분의 사람은 자기가 좋아하는 사람이 저지르는 잘못이나 실수에는 관대하게 행동한다. 나에게 부정적인 PR을 할지도 모르는 사람이 있다면 그 사람에게 호감의 뜻을 반복해서 표현하라.

　둘째, 호의를 제공하라.
　나에 대해 부정적인 이미지를 갖고 있는 사람이 있으면 그 사람에게 호의를 제공하라. 술이나 식사를 대접하거나 선물을 하라. 아니면 그 사람의 일을 도와주거나 사업에 도움을 줘라. 인간관계는 상호성이다. 나에게 잘 대해주는 사람에게는 심리적으로 채무를 진 느낌이 들기 때문에 부정적 PR을 삼가게 된다.

셋째, 나의 생각, 감정, 상황에 대해 알려라

상대방이 부정적으로 생각하고 있는 사항에 대해 내가 가지고 있는 생각, 내가 느끼는 감정, 내가 처해있는 상황을 사실대로 알리고 이해를 시켜라. 본심은 그렇지 않았다거나, 사정이 어쩔 수 없었다거나, 나도 유감스럽게 생각한다는 점을 알려라. 인간적으로 호소하여 부정적으로 생각하고 있는 사항을 그럴 수도 있는 일로 만들어라.

넷째, 상대방에게 물어라.

내가 고쳐야 할 부정적인 이미지에 대해 의견을 구하라. 상대방의 조언을 매우 중요하게 생각하며, 큰 도움이 될 것이라고 말하라. 상대방이 들려주는 조언을 충실히 따를 것임을 밝혀라. 상대방이 나에게 이야기한다면 굳이 다른 곳에서 악평을 할 필요가 없어지며, 나에게 이야기하지 않았다면 다른 곳에서 뒷담화를 할 때 마음에 거리낄 것이다.

다섯째, 지속적으로 연락을 취해라.

상대방이 나에게 가지고 있는 부정적인 이미지가 해소되기 전까지는 지속적으로 연락을 취해라. 전화나 문자메시지, 메일을 보내거나 필요한 경우 직접 만나서 대화의 시간을 가져라. 인생에서는 10명의 친구를 만드는 것보다 1명의 적을 만들지 않는 것이 훨씬 중요하다. 상대방과 관계를 더욱 돈독히 하고 싶다는 뜻을 알리고 실제로 좋은 관계가 형성되도록 정성을 기울여라.

몇 개월 전, 일이다. 알고 지내는 강사에게 전화가 왔다.
"소장님, 소문 들으셨어요?"
"무슨 소문 말인가요?"
"S강사가 다른 사람들에게 소장님에 대해 안 좋은 이야기를 하고 다닌다고 하던데요."
"그래요? 잘 알았습니다. 제가 알아서 할 테니 모른 척 해주세요."
전화를 끊고 나서 잠시 생각을 정리한 후에 S강사에게 전화를 걸었다.
"잘 지내죠? 별일 없으시죠?"
"네. 소장님도 잘 지내시죠."
"나야 늘 그렇죠. 얼굴 본지가 몇 달은 지난 것 같아 소식이 궁금해서 전화했어요. 나는 S강사님 많이 보고 싶은데 S강사님은 안 그런가 봐요? 하하하."
"아이 참 별말씀을. 저도 소장님 뵙고 싶어요."
"나는 S강사님 처음 봤을 때가 자주 생각나요. 환한 미소에 열정으로 가득한 모습이 정말 보기 좋았어요. 앞으로 많이 도와야겠다고 생각했는데 이것저것 바쁘다 보니 도움도 못 줬네요. 나한테 기대가 많았을 텐데 서운했죠? 그래도 마음은 변함없으니 앞으로 내가 도울 일이 있으면 언제든지 알려줘요. 내 힘이 닿는 한 열심히 도울게요."

"고맙습니다."

"고맙긴요. 나는 S강사님과 오래오래 좋은 관계로 남고 싶어요. 언제든지 서운한 일이 있으면 서로 이야기하고 기쁜 일, 슬픈 일도 함께하는 그런 사이가 되면 좋겠어요."

"네. 저도 마찬가지랍니다. 곧 시간 내서 한 번 찾아뵐게요."

나는 진심으로 S강사에 대해 호감을 갖고 있었고, 또 계속해서 좋은 관계를 유지하고 싶었다. 다행히 S강사가 나에 대해 악평을 하고 다닌다는 소문은 더는 들리지 않았다. 그 이후로도 나는 시간이 날 때마다 S강사에게 연락을 취해 안부를 확인하고 칭찬과 격려를 보내주었다.

지금 주변에서 부정적인 PR을 할 것 같은 사람들을 생각해보고 그 사람들과 좋은 관계를 만들도록 노력해보라. 나쁘게 생각할 것 없다. 그냥 적을 만들지 않고 갈등을 만들지 않으려는 노력이라고 생각하면 된다.

부정적인 타인 PR을 사전에 예방하기 위해 다음 질문에 대답해 보라.

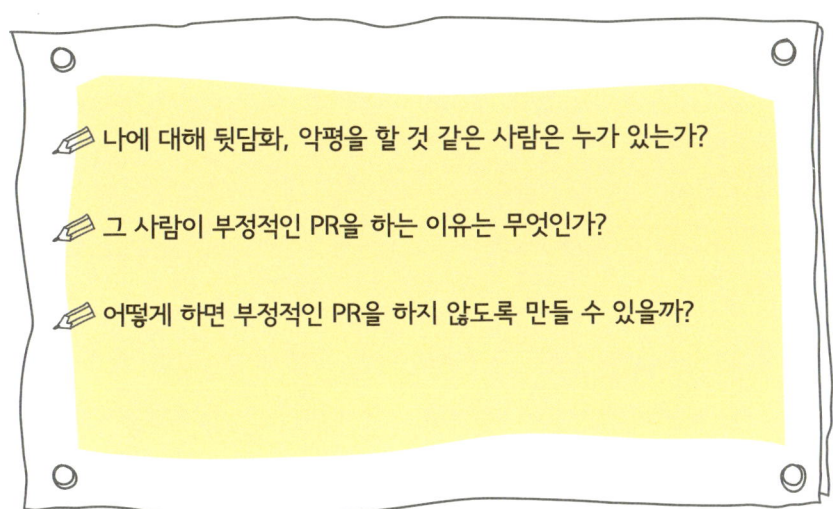

✎ 나에 대해 뒷담화, 악평을 할 것 같은 사람은 누가 있는가?

✎ 그 사람이 부정적인 PR을 하는 이유는 무엇인가?

✎ 어떻게 하면 부정적인 PR을 하지 않도록 만들 수 있을까?

chapter 04

적극적으로 해명하라

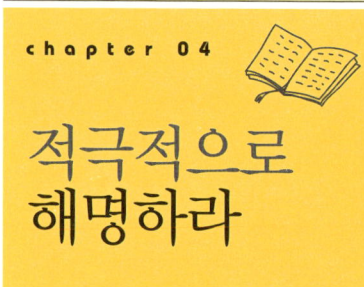

부정적인 PR을 사전에 모두 예방한다는 것은 불가능하다. 따라서 다른 사람들에 의해 부정적인 PR이 일어나면 적극적으로 대응하여 해명, 또는 대책 마련에 나설 필요가 있다.

무응답이 최선의 대응책인 경우도 없지 않지만 일반적으로 부정적 PR은 내버려둘 수록 더 악화되고 확산되기 마련이다. 또한 내 쪽에서 아무런 해명이 없으면 제삼자에 해당되는 사람들은 그 사실을 인정하는 것으로 오해하는 경우가 많다. 따라서 부정적인 PR을 알게 되면 적극적으로 해명에 나서야 한다.

몇 년 전 일이다. 내가 대표를 맡고 있던 회사에서 사내이사 간에 갈등이 발생했다. 문제가 내부적으로 원만하게 해결되길 바랐지만 이사 한 명이 인터넷 게시판에 공개적으로 비판의 글을 올렸다. 불필요한 잡음과 대립을 피하기 위해 일체의 대응을 삼가고 회사의 경영에만 전념하였지만 상황은 정반대로 전개되었다. 침묵하는 다수의 의견은 드러나지 않은 채 목청을 높이는 한 사람의 주장이 진실인 양 받아들여지기 시작했다.

상황이 점점 심각해지자 더 이상 방관할 수 없다는 판단 아래 반대의견을 제시했던 이사에 대해 징계절차를 진행하고, 그와 동시에 인터넷을 통해 전후 사정을 사실 그대로 공개하였다. 그러나 이미 모든 것이 되돌릴 수 없는 상황으로 흘러가버린 뒤였다. 회사 내부의 갈등이 외부에 노출됨으로 인해 신용이 추락하면서 고객, 거래처가 이탈하기 시작했다. 회사에서 조달하려고 했던 자금의 모집이 불가능해졌고, 결국 몇 개월 후 회사는 문을 닫게 되었다.

세월이 흘러 그 시절을 떠올릴 적마다 나는 많은 아쉬움을 느끼곤 했다. 만약 내가 부정적인 PR이 발생한 초기에 적극적으로 해명에 나섰다면 회사의 운명이 달라지지 않았을까 생각하며 후회를 했다.

그리고 얼마 전의 일이다. 내가 회장을 맡고 있는 단체에서 유사한 일이 발생했다. 임원 중 한 명이 운영상의 문제점을 홈페이지에 공개적으로 비난하고 나선 것이다. 나는 즉시 해명에 나섰다. 그동안 개최된 회의 자료를 공개하고, 감사를 실시하여 그 결과를 회원들에게 공지하였다. 다행히 모든 운영이 정관과 회의 결의에 따라 정상적으로 진행되었음이 밝혀졌고 갈등은 곧 마무리되었다. 만약 내가 예전처럼 무대응이 상책이라는 방식으로 대처했다면 심각한 결과를 초래했을지도 모르는 일이다.

다른 사람의 부정적인 PR에 일일이 대응할 필요는 없다. 때로는 조용하고 원만하게 해결하는 것도 방법이고 알면서도 모른 척 넘어가는 지혜도 필요하다. 그러나 상황을 잘 판단해야 한다. 자칫 잘못하여 계속 확산되고 반복될 수 있는 부정적 PR에 적극적으로 대처하지 못하면 최악의 상황으로 번질 수도 있다. 이런 경우에는 초기부터 강력하게 해명하고 대응해야 한다.

몇 년 전 미국산 쇠고기수입을 둘러싸고 수십만 명이 모여 촛불집회를 벌이게 된 과정도 동일하다. 만약 정부가 부정적인 PR이 발생한 초기에 적극적으로 해명하고 홍보에 나섰다면 상황은 전혀 달라졌을 것이다. 정부의 안일한 대처가 호미로 막을 일을 가래로 막는 상황으로 만든 것이다. 기업의 경영활동도 마찬가지다. 고객의 불만이나 불평, 문제 제기에 대해 적극적으로 해명하고 대책을 마련하지 않으면 큰 문제로 번질 수 있다.

오래전 가수 나훈아 씨가 기자회견을 열고 자신을 둘러싼 악성 소문에 대해 공개적으로 해명했던 적이 있다. 해명의 시기가 다소 늦었다는 느낌은 들었지만 그래도 안 하는 것보다는 백배 잘한 일이라 생각했다. 어떤 것이 진실인지는 모르겠지만 나훈아 씨가 적극적으로 해명에 나서지 않았다면 구전을 통해 퍼진 소문은 사람들에게 진실처럼 받아들여졌을 것이다. 그리고 계속해서 더 많은 사람에게 확산되고 더 악화된 소문으로 치명적인 결과를 만들었을 것이다.

평상시에 직장이나 사회에서 나에 대한 부정적인 PR이 나타나고 있는지 관심을 갖고 확인해보라. 만약 부정적인 이미지가 전파되고 있다면 즉각 해명에 나서라. 반론을 제기하고 증거를 제시하라. 부정적인 이미지를 축소시키고 긍정적인 이미지를 부각시켜라. 부정적인 인식이 긍정적인 인식으로 전환되도록 노력하라.

chapter 04

반감이 생기지 않도록 조심하라

사람들이 뒷담화, 악평을 하는 이유는 반감을 가지고 있기 때문이다. 따라서 나에 대한 부정적인 PR을 막으려면 평상시에 반감이 형성되지 않도록 말과 행동을 조심해야 한다. 대인관계에서는 다음과 같은 반감이 형성되지 않도록 노력하라.

1_수치심(죄책감)

수치심은 "부끄러움을 느끼는 마음"이다. 다른 사람에게 비판, 비난을 받거나 인격적 가치를 무시당했을 때 수치심이 형성된다. 죄책감은 "저지른 잘못에 대하여 책임을 느끼는 마음"이다. 다른 사람에게 피해를 주면 죄책감이 형성된다.

2_시기(질투)

시기는 "다른 사람이 잘 되는 것을 샘하며 미워하는 것"이다. 질투는 "자기가 좋아하는 사람이 다른 사람을 좋아하거나 호의적인 태도로 대하는 것에 대해 미움을 느끼거나 분하게 여기는 것"이다.

3_경멸(혐오감)

경멸은 "어떤 사람이나 태도(態度) 등을 낮추어 보거나 업신여기는 것"이다. 혐오감은 "싫어하고 미워하는 감정"이다.

4_분노

분노는 "자기 요구의 실현을 부정 및 저지하는 것에 대한 저항의 결과로 생기는 정서"로 분하여 화를 내는 것이다. 대인관계에서 가장 중요한 것이 분노를 잘 조절하는 것이다. 화를 참지 못하고 표출하면 관계를 해치고 갈등이 발생한다.

5_불안(공포)

불안은 "특정한 대상이 없이 막연히 나타나는 불쾌한 정서적 상태. 안도감이나 확신이 상실된 심리 상태"이다. 공포는 "괴로운 사태가 다가옴을 예기할 때나 현실적으로 다가왔을 때 일어나는 불쾌한 감정을 바탕으로 한 정서적 반응"으로 불안과의 차이점은 공포를 느끼는 대상이 구체적이고 명확하다.

내가 하는 말이나 행동으로 인해 수치심, 시기, 경멸, 분노, 불안감을 느끼면 사람들은 나에게 반감을 갖고 부정적인 PR을 한다. 따라서 평소에 다른 사람에게 반감을 주는 잘못이나 실수를 저지르지 않도록 조심해야 한다. 반감을 형성하지 않으려면 다음과 같은 사항을 실천해야 한다.

1_상대방의 말을 끊거나 무시하지 않는다.

2_상대방의 인격이나 능력을 평가하지 않는다.

3_상대방을 비판하거나 비난하지 않는다.

4_상대방에게 책임이나 잘못을 전가하지 않는다.

5_잘난척하거나 권위적으로 행동하지 않는다.

6_나의 외모, 복장, 습관 등에 혐오감을 주는 요소가 없도록 조심한다.

7_나의 말투, 가치관, 신념 등에 경멸감을 주는 요소가 없도록 조심한다.

8_상대방을 통제하거나 억압하지 않는다.

9_공격적, 위협적인 말이나 행동을 하지 않는다.

10_이기적, 계산적으로 행동하지 않는다.

다른 사람이 나를 PR 하려면 반감이 없어야 한다. 내가 하는 말이나 행동 중에 반감을 주는 요소가 어떤 것이 있는지 점검해보고 다른 사람의 마음속에 부정적인 감정이 형성되지 않도록 노력하라.

부정적 타인 PR 예방을 위해 다음 질문에 대답해보라.

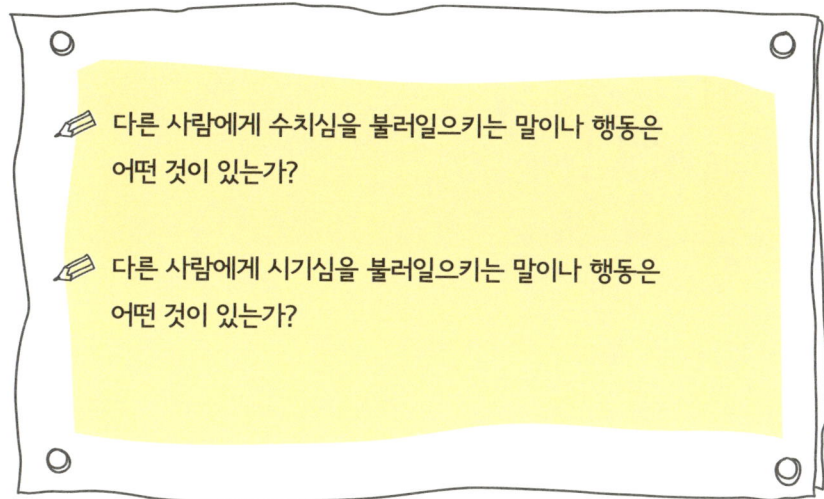

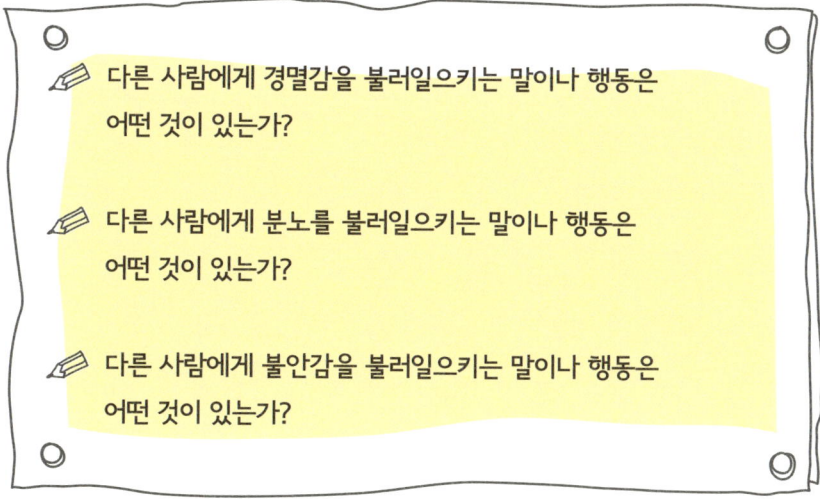

chapter 04

적을 만들지 마라

친구는 성공을 가져오나, 적은 위기를 가져오고 애써 얻은 성공을 무너트린다. 조직이 무너지는 것은 3%의 반대자 때문이며, 열 명의 친구가 한 명의 적을 당하지 못한다. 따라서 쓸데없이 남을 비난하지 말고, 항상 악연이 생기지 않도록 조심하여 적을 만들지 말아야 한다. 적은 나에 대한 부정적인 PR을 가장 빠르고 폭넓게 확산시킨다.

새뮤얼 골드원은 "인생의 기술 중 90%는 내가 싫어하는 사람들과 사이좋게 지내는 방법에 관한 것이다."라고 말했다. 인생을 살다 보면 내 마음에 들지 않는 사람과도 사이좋게 지내고 적을 만들지 않는 지혜를 깨우쳐야 한다. 다른 사람을 적으로 만들지 않는다는 것은 갈등을 만들지 않는 것이다. 갈등이 생기면 감정과 자존심에 상처를 주고 그러면 적이나 원수가 된다. 어떻게 하면 갈등을 없앨 수 있을까?

첫째, 그릇의 크기를 키워라
설거지를 하다 보면 그릇 두 개가 끼어서 잘 빠지지 않는 일이 발생한다. 무슨 이유 때문일까? 그릇의 크기가 똑같기 때문이다. 한쪽 그릇이 더 크다면 절대로 그릇은 끼지 않는다. 갈등도 마찬가지다. 내 그릇이 상대방보다 조금이라도 더 크면 갈등은 생기지 않는다. 지금 누군가와 갈등을 겪고 있다면 먼저 내 그릇을 키우려는 생각을 가져라. 내가 조금 더 참고, 조금 더 이해하고, 조금 더 양보하겠다는 마음을 가져야 한다.

둘째, 곱게 보라

조계종 원로회의 의장인 종산스님이 다음과 같은 말씀을 하셨다. "나는 평생에 나보다 못한 사람을 찾아보려고 했지만 한 번도 만나 본 적이 없고, 나와 비슷한 사람도 만나 본 적이 없다."

이렇게 불가의 큰 스님도 세상 사람이 자신보다 못나지 않다고 생각을 한다. 그런데 우리는 어떻게 생각하는가? 다른 사람을 볼 때는 사람에 대한 애정을 가지고 곱게 보아야 한다. 그러나 대부분의 사람은 곱게 보지 않고 꼽게 본다.

"자기가 잘났어야 얼마나 잘났어? 나도 그 정도쯤은 할 수 있는데."

"저 사람은 왜 바보같이 저렇게밖에 못할까? 나라면 훨씬 더 잘할 수 있는데."

"당신은 성격이 급해서 문제야!"

"당신은 왜 그렇게 행동이 느려?"

우리는 다른 사람의 장점을 보기보다는 그 사람의 약점이나 결점만 꼽게 본다. 이렇게 하면 좋은 관계는 만들어지지 않는다.

옛말에 삼인행 필유아사(三人行必有我師)라고 했다. 세 사람이 함께 길을 가면 반드시 나의 스승이 있다는 뜻으로 모든 사람에게는 각각 배울 점이 있다는 뜻이다. 지금부터는 모든 사람이 나의 스승이라는 마음을 가져라. 그리고 곱게 보라.

셋째, 담아두지 마라

사회생활을 하다 보면 내가 특별한 잘못이나 실수를 하지 않았는데도 다른 사람 때문에 갈등이 생기는 경우도 많다. 누군가가 나를 무시하거나, 비난하거나, 자기 마음대로 통제하려 들면 감정과 자존심에 상처가 생긴다. 그러면 그 사람에게 분노와 원망이 생기고 적대감을 갖게 된다. 이 마음을 슬기롭게 다스리지 못하면 악연이 생기고 심각한 갈등이 초래된다. 따라서 다른 사람이 나에게 잘못이나 실수를 했을 때는 마음에 담아두지 않는 것이 필요하다.

중국에 얼굴이 매우 못생긴 사람이 재상으로 등용되었다. 조정에 입궐하여 길을 가는 데, 뒤에서 어떤 사람이 수군거리는 소리가 들려왔다. "저렇게 못생긴 사람이 한나라의 정승이 되다니 참으로 부끄러운 일이다."

옆에서 따라오던 부하가 누군지 확인하려 들자 정승은 그를 만류하며 이렇게 말했다.

"내가 지금 그 사람의 얼굴을 보게 되면 앙심이 생기고, 앞으로 공무를 처리할 때 사적인 감정에 빠질 수 있으니 차라리 얼굴을 보지 않는 것이 좋겠다."

그리고는 뒤도 돌아보지 않고 그냥 지나가 버렸다. 마음에 담아두지 않는다는 것은 이런 것이다. 우리말에 '벙어리 3년, 귀머거리 3년, 장님 3년'이란 속담이 있다. 다른 사람의 잘못은 못 본 척, 못 들은 척하라.

넷째, 신이 아니니까 용서하라

사람은 신과 같이 절대적인 존재가 아니기 때문에 누구나 잘못을 저지를 수 있다. 따라서 다른 사람의 잘못을 보면 '신이 아니니까 이해한다'고 생각하라. '원숭이도 나무에서 떨어진다'고 했으니 다른 사람의 실수를 보면 '신이 아니니까 이해한다'고 생각하라. 나에게 한 잘못도 마찬가지다. '신이 아니니까 용서한다'고 생각하라.

다섯째, 시간이 아깝다고 생각하라

인생은 짧고 시간은 빠르다. 다른 사람에 대한 불평불만으로 아까운 시간을 낭비하지 말라. 사랑할 시간도 부족하고, 좋은 생각만 하며 살기에도 부족한 게 인생이다. 원망과 미움의 마음이 들면 차라리 시간이 아깝다고 생각하고 잊어버려라.

인생에서, 그리고 타인 PR에서도 가장 중요한 것은 적을 만들지 않는 것이다. 그릇의 크기를 키우고, 곱게 보고, 담아두지 말고, 신이 아니니까 용서하라. 갈등과 반목으로 허비하는 시간을 아깝게 생각하고 좋은 인연을 맺으려 노력하라.

갈등 예방을 위해 다음 질문에 대답해 보라.

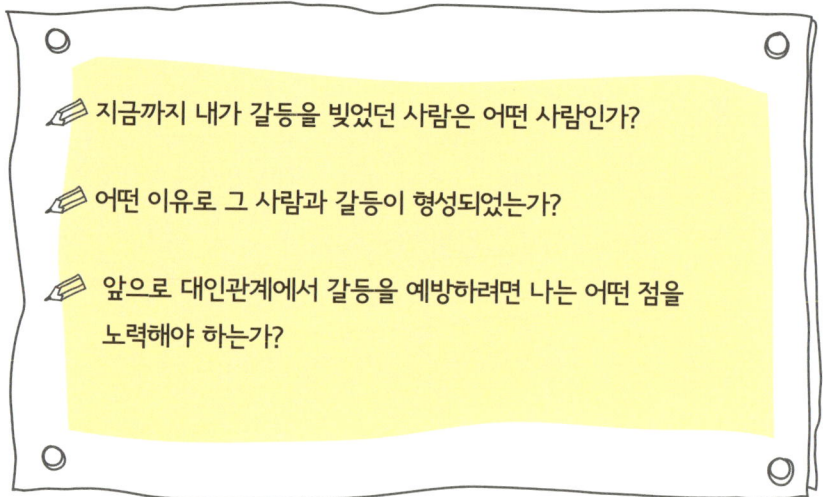

chapter 05

좋은 인맥을
만드는 법

5장에서는 좋은 인맥을 만드는 법에 대해 이야기할 것이다.
사실 타인 PR은 인맥관리의 영역과 중첩되며 여러 가지 측면에서
매우 밀접하게 관련되어 있다. 복잡하게 생각할 것 없다.
내가 다른 사람의 마음을 얻고, 그 사람을 내 편으로 만들 수만 있다면
타인 PR은 매우 효과적이고, 광범위하게 나타날 것이기 때문이다.
이 장을 읽고 나면 여러분은 파워 인맥을 구축하는 이론과 방법에 대해
쉽게 이해할 수 있을 것이다.

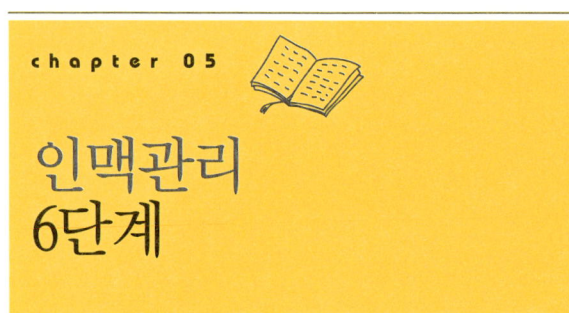

chapter 05
인맥관리 6단계

　시간이 없는 독자들을 위해 인맥관리에 관한 핵심적인 사항을 최대한 간략하게 정리해보았다. 마음이 바쁜 분들은 먼저 이 글만 읽고 다른 내용은 천천히 시간이 되는대로 읽기 바란다. 좋은 인맥을 만들려면 다음과 같이 여섯 단계에 걸쳐 실천해야 한다.

　1_인맥 및 인맥관리에 대해 올바른 관점을 가져라.
　사회에서 인맥이 악용되다 보니 인맥관리에 대해 부정적인 인식을 갖는 사람이 많다. 또 부정적이지는 않더라도 적극적인 생각과 자세로 실천하지 못하고 꺼림칙한 마음으로 마지못해서 인맥관리를 실천하는 사람이 적지 않다. 그러나 이런 마음으로는 좋은 인맥을 만들 수 없으며 인맥관리를 제대로 하려면 인맥과 인맥관리에 대해 올바른 견해를 가지고 있어야 한다.

　첫째, 인맥은 비즈니스 인맥만이 아니라 우리가 태어나서 죽을 때까지 여러 가지 인연에 의해 중요하게 만난 사람들이라는 관점을 가져야 한다. 사회학자 솔라 풀에 의하면 우리는 평생 3,500명 정도의 사람과 인연을 맺는 것으로 알려져 있는데 결국 이 사람들이 우리의 인생이요, 운명이다. 인맥은 성공을 위해서도 중요하지만 결국 우리의 삶 자체다. 좋은 인맥을 만들려면 인맥은 정말 중요하고 인맥관리는 반드시 필요하다는 생각을 가져야 한다.

둘째, 인맥관리는 다른 사람을 관리하는 것이 아니라 인간관계를 관리하는 것이라는 관점을 가져야 한다. 인맥관리는 관계의 상대방에 대한 나의 책임과 역할을 관리하는 것이며 궁극적으로는 자기관리다. 또한, 내가 만나는 사람이 누구냐에 따라 나의 생각과 행동이 달라지므로 인맥관리는 생각관리, 행동관리다. 마지막으로 인맥관리는 행복을 관리하는 것이다. 가장 소중한 사람들부터 관계를 잘 관리해야 한다.

셋째, 좋은 인맥은 인삼이며 확률게임이라는 관점을 가져야 한다.
인맥은 운이 좋으면 발견되는 산삼이 아니라 5, 6년 땀과 노력이 필요한 인삼이라는 점을 명심해야 한다. 따라서 조급하게 서두르지 말고, 쉽게 친해지지 않는다고 끊지 말고 꾸준하게 관계를 유지해 나가야 한다. 또한, 인맥은 확률게임과도 같아 수많은 사람을 만나도 그중에서 일부만 좋은 인맥이 된다는 점을 잊으면 안 된다. 좋은 인맥을 만들려면 기본적으로 많은 사람들을 만나야 한다.

2_구체적인 목표를 설정하라.

인맥관리를 실천하는 사람 중에서도 목표가 없는 사람이 많은데 목표가 없으면 좋은 인맥이 만들어지기 어렵다. 인맥관리를 체계적으로 하려면 구체적인 목표가 있어야 한다.

첫째, 수적인 목표가 있어야 한다.

언제까지 몇 명을 인맥으로 만들겠다는 목표를 세워라. 개인적으로는 5년 동안 250명의 인맥형성을 목표로 추천한다. 동시에 휴대폰에 1천 명 이상의 인맥을 저장한다는 목표를 가지는 것도 바람직하다. 자신의 상황에 맞게 목표를 세우되 반드시 구체적인 목표를 가지고 인맥관리를 실천해야 한다.

둘째, 어떤 사람을 만날 것인지 목표를 세워야 한다.

내가 만들어야 할 인맥, 내게 우선적으로 필요한 인맥이 누구인지 생각하고 목표를 세워야 한다. 이를 위해서는 휴먼네트워크 SWOT 분석을 해 보는 것이 좋다. 내가 성공하기 위해 반드시 가져야 할 강점, 보완해야 할 약점, 제공받을 수 있는 기회, 예상되는 위기 요인에 도움을 줄 수 있는 사람들이 누구인지 생각하여 그 사람들을 인맥형성 목표로 설정해야 한다.

셋째, 단기 실천목표가 있어야 한다.

인맥관리는 긴급한 일 때문에 후순위로 처지기 쉽다. 따라서 하루하루 목표를 정해놓고 끈기 있게 실천해야 한다. 문자, 이메일, 전화는 몇 건이나 할 것인지, 1주일에 만남이나 모임은 몇 회나 참여할 것인지, 내가 직접 주관할 수 있는 이벤트나 프로젝트는 어떤 것이 있고, 어떻게 추진해 볼 것인지 목표를 세워야 한다.

3_매력과 능력을 갖춰라.

인간관계에서는 끌리는 사람, 헤어질 때 다시 만나고 싶은 사람이 되어야 한다. 그러자면 매력과 능력 있는 사람이 되는 것이 필요하다. 좋은 인맥을 만들기 위해서는 내가 먼저 좋은 인맥이 되도록 노력할 필요가 있다.

첫째, 매력을 갖춰라.

호감 가는 사람이 되려면 매력 포인트가 있어야 한다. 매력 포인트는 "얼짱, 몸짱, 맘짱, 배짱, 말짱, 일짱, 꿈짱"의 7가지 "짱"으로 분류해 볼 수 있다. 7가지 중에 최소한 가지 이상의 매력 포인트를 가져야 한다.

둘째, 능력을 갖춰라.

대인관계에서는 능력 있는 사람만이 상대방에게 기대감을 형성하고 잊히지 않는다. 따라서 능력을 갖추는 것이 중요하다. 능력은 내가 다른 사람에게 줄 수 있는 정보, 기회, 자원에 달려있다. 평상시에 내가 하는 일, 취미, 관심분야 등에서 다른 사람에게 줄 수 있는 정보, 기회, 자원을 많이 가질 수 있도록 능력을 갖춰라.

4_떠나라.

고래를 잡으려면 바다로 가야 하듯이 좋은 인맥을 만나려면 큰물로 가야 한다. 좋은 인맥을 만들고 싶으면 내가 놀던 물에서 떠나야 한다.

첫째, 등잔 밑부터 챙겨라.

가족, 주변 사람들을 포함하여 내가 태어나서 지금까지 알고 지냈던 모든 사람들과의 관계를 다시 한번 잘 챙겨라. 관계가 소원해졌거나 끊어졌던 사람이 있으면 회복하라.

둘째, 직접 찾아가라.

좋은 인맥을 만나는 가장 빠른 길은 직접 찾아가는 것이다. 메일, 전화로 연락하고 직접 찾아가라.

셋째, 소개나 추천을 받아라.

주변에 좋은 인맥을 가지고 있는 사람에게 부탁하여 새로운 인맥을 소개받아라.

넷째, 모임이나 단체에 가입하라.

일이나 취미와 관련된 모임, 단체, 협회 등에 가입하라. 인터넷모임에 가입하는 것도 좋은 방법이다.

다섯째, 교육과정에 참여하라.

CEO 과정을 비롯하여 다양한 교육과정에 참여하라. 포럼에 참여하는 것도 좋은 방법이다.

여섯째, 직접 이벤트나 프로젝트를 주관하라.

내가 직접 이벤트나 프로젝트를 개설하고 주관하면 인맥을 불러 모으는 데 효율적이다.

5_대인 행동성향을 바꿔라.

새롭게 만난 사람들과 좋은 관계를 형성하고 싶으면 나의 대인 행동성향을 바꿔야 한다. 일반적으로 사람들은 대인관계를 할 때 일정한 습관적 태도로 행동한다.

이를 대인 행동성향이라 하는데 대인 행동성향은

1) 받으려고 하기보다는 먼저 베푸는 사람.

2) 받으면 감사할 줄 알고 보답하는 사람.

3) 당연하게 생각하는 사람.

4) 무관심하거나 무시하는 사람.

4가지 유형으로 구분된다.

좋은 관계를 형성하고 싶으면 나의 대인 행동성향이 1번이나 2번이 되도록 노력해야 한다.

대인 행동성향을 바꾸기 위해서는 항상 다른 사람에게 관심, 공감, 배려하는 훈련을 해야 한다. 다른 사람의 말을 집중해서 경청하고, 그 사람의 생각과 감정을 헤아리고, 상대방이 필요로 하는 것을 베풀어 줄 수 있어야 한다. 그러나 대인 행동성향은 쉽게 바뀌지 않는다. 하루하루 실천해서 많은 시간이 지나야만 조금씩 바뀌는 것이다. 따라서 대인 행동성향을 바꾸려면 가장 먼저 가족에게 실천하고, 그다음으로 직장에서 실천하는 것이 바람직하다. 가족과 주변 사람들한테 실천해서 나의 대인 행동성향이 바뀌어야 사회에서도 자연스럽게 실천되며 또 가족과 주변 사람들에게 관심, 공감, 배려하는 것이 참다운 행복이기 때문이다.

6_DB관리

좋은 인맥을 만들려면 DB 관리도 매우 중요하다. 특히 인맥의 숫자가 많아질수록 인맥관리의 50%는 DB 관리 역량에 있다고 말해도 과언이 아닐 것이다. DB는 인맥의 신상정보를 체계적으로 저장하고, 그렇게 저장된 정보를 정확하고 신속하게 검색할 수 있으며, 평소에 지속적인 연락과 접촉이 원활하게 이뤄지도록 관리하는 것이 중요하다. 먼저 연락처를 비롯한 기본정보는 휴대폰에 저장하라. 휴대폰에 등록할 때는 그룹 카테고리를 세분화하고 '새 인맥' 그룹을 만들어라. 명함에 적혀있는 사항은 명함 자동정리기나 엑셀을 사용하라. 그 외에 메신저, 아웃룩, 인맥 관리 사이트를 활용하는 것도 좋은 방법이다.

지금까지 인맥 관리를 하는 법을 여섯 단계로 나눠 알아보았다.
1)인맥 관리에 대한 올바른 관점을 가져라.
2)구체적인 목표를 세워라.
3)매력과 능력을 갖춰라.
4)떠나라.
5)대인 관계유형을 바꿔라.
6)DB 관리를 체계적으로 하라.
여섯 가지 사항을 각자의 상황에 맞게 보완하여 좋은 인맥을 만들어 보자.

chapter 05

사람이 변화요, 사람이 혁신이다

　내가 운영하는 다음카페에서는 매월 1회 인맥페스티벌이라는 행사를 개최한다. 토요일에 5시간에 걸쳐 진행되는데 지난달에는 용산 백범기념관에서 개최되었다. 어느 모임이나 그렇듯이 늘 꾸준하게 참석하는 회원도 있고, 호기심과 기대감으로 처음 참석하는 회원도 있고, 또 오랜만에 얼굴을 나타내는 회원도 있었다. 그런데 그중에서 1년여 만에 참석한 K의 모습을 보고 깜짝 놀라게 되었다.

　K는 대기업에 다니는 35세의 평범한 남자 직장인이다. 아직 미혼이며 소극적인 성격과 항상 주눅이 들어있는듯한 말과 행동으로 인맥페스티벌에서도 다른 사람들과 잘 어울리지 못하고 자기 자리만 지키고 있었다. 그러다 행사가 끝나면 언제 갔는지도 모르게 사라지던 회원이 있는데 이번에는 완전히 변한 모습으로 나타난 것이다.

　깔끔하고 세련된 복장, 자신감 넘치는 태도로 나타나 다른 사람들에게 먼저 악수를 청하고, 명함을 교환하며, 자연스럽게 대화를 나누었다.

1년 전에는 사람들이 말을 걸면 대답도 잘 못하고 우물쭈물 쩔쩔매던 사람이 있는데 지금은 자신의 생각을 적극적으로 피력하며 다양한 소재로 대화를 주도적으로 이끌어가고 있었다. 신기한 마음에 질문을 해 보았다.

"그동안 어떻게 지냈나? 변화가 많았던 것 같은데?"
"네. 사실 여러 가지 일들이 많았어요. 1년 동안 10개의 교육과정을 들었고 300권이 넘는 책을 읽었어요. 그리고 무엇보다도 참으로 많은 사람들을 만나러 다녔어요. 1년 전 어느 날, 찰리 존스의 "현재의 모습과 1년 후 내 모습의 차이는 당신이 만나는 사람들, 그리고 당신이 읽는 책의 수에 달려있다."는 말을 우연히 읽고 제 인생의 변화가 시작되었답니다.

"아! 정말 잘 되었군. 역시 사람은 어떤 사람을 만나느냐에 따라 운명이 달라진다고 하는 말이 맞는 모양이네. 반갑고 환영하네!"

인맥페스티벌이 끝나고 며칠이 지난 후, K의 일을 다시 떠올리며 나의 모습을 비교해 보았다. 과연 1년 전의 내 모습과 현재의 내 모습은 어떤 차이가 있는가? 그리고 현재의 내 모습과 1년 후의 내 모습은 어떤 차이가 있을 것인가? 정말로 좋은 사람들을 많이 만나고 평생 배워야 할 일이다.

평상시에 인맥관리를 하지 않는 사람들의 유형을 보면 가정주부, 공무원, 신분이 안정적인 대기업의 직장인 순서로 나타난다. 현재의 내 모습과 1년 후의 내 모습이 달라져야 할 변화의 필요성을 절실히 느끼지 못하는 순서라고 생각할 수 있다. 혹시라도 1년 후 내 모습이 달라져야 하고, 또 실제로 달라지고 싶다면 어떤 사람들을 만날 것인지 고민하고 노력해보자.

핑계 없는 무덤은 없다지만, 직장생활을 하다 보면 회사일, 업무 때문에 인맥관리나 인간관계에 소홀해지기 쉬운 게 현실이다. 그러나 그럴수록 사람이 재산이라는 생각과 인맥관리는 장기적인 투자라는 생각으로 구체적인 목표를 정해놓고 꾸준하게 실천해야 한다. 인맥은 산삼이 아니라 5~6년 땀과 노력이 필요한 인삼이다.

하루에 최소 30분 이상 인맥관리에 투자하라. 하루에 전화 5통, 문자 5건, 메일 5건을 보내라. 1달에 1일 이상 네트워킹데이를 가져라. 취미, 관심분야를 넓히고 모임, 단체, 협회, 교육과정에 참여하라. 멘토를 만들기 위해 직접 찾아가고, 인맥이 많은 사람을 먼저 인맥으로 만들어서 소개, 추천을 받아라. 인터넷 커뮤니티에 가입하고 개인 홈페이지나 블로그를 운영하라. 인맥관리 사이트에 가입해도 좋은 인맥을 만날 수 있다.
내 경우에는 현직 차관도 온라인에서 인맥으로 맺은 경험이 있다. 명함을 많이 주고받는 사람은 명함 자동정리기를 활용하라.

그러나 무엇보다 중요한 것은 등잔 밑부터 챙기는 일이다. 가족과 직장 사람들을 자신의 인맥으로 만들 수 있어야 사회에서도 좋은 인맥을 만들 수 있다. 지금 옆을 둘러보고 상사, 동료, 부하들에게 관심, 공감, 배려를 베풀어 보라.

다시 한 번 강조하지만 사람이 변화요, 사람이 혁신이다.

1년 후 변화된 내 모습을 위해 지금 바로 실천해 보자.

chapter 05

직장인을 위한 인맥관리 10계명

1_목마르기 전에 우물을 파라

인맥은 재수만 좋으면 당첨되는 로또복권이 아니다. 좋은 인맥을 만드는 데는 오랜 시간과 노력이 필요하니 목마르기 전에 우물을 파라.

2_등잔 밑부터 살펴라

가장 소중한 시간은 지금, 가장 소중한 곳은 여기, 가장 소중한 사람은 옆에 있는 사람이다. 안에서 새는 바가지, 밖에서도 샌다. 등잔 밑부터 살펴서 좋은 인맥이 되라.

3_옆 사람의 인생에 도움이 되라

상사, 동료, 부하의 인생에 도움이 되라. 그들이 회사에서 성공할 수 있도록 힘껏 지원하라. 능력이 있으면 일을 돕고, 능력이 없으면 마음으로 도와라. 그들도 네 인생에 도움이 돼줄 것이다.

4_과부 심정 알아주는 홀아비가 되라

다른 직원, 다른 부서의 일에 대해서는 입장을 바꿔놓고 생각하라. 그들의 업무와 그들이 처한 상황을 이해하려 노력하고 관점과 방식의 차이에 대해 존중하라. 내가 역지사지해야 남도 나를 역지사지한다.

5_원숭이도 나무에서 떨어진다

남의 실수나 잘못에 비난하지 말라. 그냥 그럴 수도 있지 하고 생각하라. 인간은 신이 아니며 원숭이도 나무에서 떨어지고 한번 실수는 병가지상사다.

6_아니 땐 굴뚝에 연기 나랴

누군가에게 비난을 받는다고 절대로 분노하거나 옳고 그름을 가리지 말라. '아니 땐 굴뚝에 연기 나랴' 생각하고 그렇게 비난하는 이유가 나의 어떤 점에서 비롯된 것인지 찾아라.

7_신입사원처럼 행동하라

회사 안에서는 신입사원의 마음으로 행동하라. 정열을 가지고, 적극적으로 행동하고, 힘껏 배워라. 누군가 해야 할 일이 생기면 네가 먼저 나서서 하라. 등 떠밀려서 하면 일 실컷 하고 욕먹는다.

8_사장처럼 행동하라

　회사 밖에서는 사장처럼 행동하라. 품위를 지키고, 당당하게 행동하고, 높은 비전을 제시하라. 너를 통하여 회사가 인정받고 칭찬받을 수 있도록 하라. 사람들에게 사장이 될 만한 재목으로 인정받아야 사장이 될 수 있다.

9_고객, 거래처, 업계에 네트워크를 구축하라

　현대사회는 네트워크 경쟁시대다. 그 누구도 혼자 힘만으로는 성공할 수는 없다. 고객, 거래처, 업계에 네 편을 만들어라. 일로서 만나되 사람으로, 생산적이되 인간적인 네트워크를 구축하라.

10_하루에 3번 감사하고, 3번 자랑하고, 3번 축복하라

　성공해서 행복한 것이 아니라 행복해서 성공하는 것이다. 직장과 사람들에게 감사하라. 직장과 사람들을 자랑하라. 직장과 사람들에게 축복하라. 네 삶도 감사받고, 칭찬받고, 축복받을 것이다.

chapter 05

좋은 인맥의
다섯 가지 요소

강의를 하다 보면 많은 사람들이 좋은 인맥을 만드는 법에 대해 물어오곤 한다. 거기에 대해 반대로 "좋은 인맥이 무엇이라 생각하십니까?" 질문을 하면 많은 사람들이 구체적인 대답을 하지 못하는 경우를 보았다. 좋은 인맥이 무엇인지 모르면 어떤 방법으로 좋은 인맥을 만들 수 있을 것인가? 진정으로 좋은 인맥을 만들고 싶다면 좋은 인맥이 무엇인지 자신에게 스스로 묻고 정의할 수 있어야 한다. 좋은 인맥을 평가하는 기준에는 여러 가지가 있을 수 있겠으나 다음의 다섯 가지 기준에 부합된다면 어느 정도 좋은 인맥이라고 말할 수 있겠다.

첫째, 인맥의 수이다.

인맥의 수가 너무 적으면 좋은 인맥이라고 하기 어렵다. 멧칼프는 "네트워크의 가치는 참여자 수의 제곱에 비례한다."고 했다. 기본적으로 중요한 것은 역시 인적자산의 수라 하겠다. 사람마다 차이가 있을 수 있겠으나 보통 사람의 경우 250명 정도의 인맥 구축을 목표로 하고 그중 50여 명을 충성 인맥으로 만들면 바람직할 것이다. 250명의 인맥 구축이 달성되면 조금 더 수를 늘려나가되 인맥은 많으면 많을수록 좋겠다. 인맥은 다다익선이다.

둘째, 연관성이다.

인맥이 필요한 이유는 여러 가지가 있으나 성공을 염두에 두고 평가하자면 꿈과 사명을 이루는 데 있어 얼마나 연관된 사람이냐가 좋은 인맥을 평가하는 또 다른 기준이 된다. 인맥의 수는 많은데 나의 꿈과 사명을 이루는 데 전혀 연관이 없고 도움이 안 된다면 결코 좋은 인맥이라고 말하기 어려울 것이다. 앞으로 종사하고자 하는 업계의 인맥은 물론 관련 분야의 인맥까지 다양하게 많이 포함되어 있어야 한다.

셋째, 전문성이다.

나의 꿈과 사명에 연관성은 있으나 각자의 분야에서 전문성이 부족하다면 그 또한 좋은 인맥의 기준에 미흡하다고 할 것이다. 좋은 인맥은 자신의 위치에서 전문적으로 활동하는 사람들로서 당연히 그러한 활동에 수반되는 사회적 영향력을 지닌 사람들이다.

넷째, 다양성이다.

좋은 인맥은 특정분야에 치우치지 않고 다양한 분야의 사람들로 구성되어야 한다. 카오는 "네트워크의 가치는 참여자의 다양성에 지수함수로 비례한다."고 말했다. 다양한 분야의 인맥은 사람과 일의 확장성에 큰 힘이 되며 우리가 미처 예기치 못하는 다양한 기회와 위기의 순간에 효과적으로 대응할 수 있는 능력을 제공해 준다.

마지막으로 헌신성이다.

아무리 수가 많고 연관성, 전문성, 다양성이 있다고 한들 나에 대한 호의와 충성도가 없으면 무슨 소용이겠는가? 결국 앞에서 말한 4가지 요소를 기본으로 하되 좋은 인맥은 나에 대한 높은 헌신성을 지녀야 한다. 신뢰와 상호의존성을 바탕으로 서로에게 깊은 우애감과 공동체 의식을 지녀야 한다.

이상과 같은 다섯 가지 요인 외에도 나의 인맥이 물질적, 정신적, 신체적 위기의 순간을 극복하는데 어느 만큼의 역할을 할 수 있는지, 그리고 나의 인맥이 인간관계 자체로서 각각의 관계에 있어 얼마만큼 행복한 관계를 이루고 있고, 각각의 관계에 있어 얼마만큼 책임과 역할이 올바로 이뤄지고 있는지에 대한 분석이 이뤄져야 좋은 인맥인지에 대한 평가가 가능해질 것이다.

chapter 05

인맥관리
8대 항목

　인맥관리는 외모, 성품, 성격, 이미지, 브랜드. 커뮤니케이션, 네트워크, 정보의 8가지 항목을 관리해야 한다. 그 중 어느 것 하나도 소홀히 해서는 좋은 인맥이 만들어질 수 없다. 정신적인 면과 스킬적인 면 모두가 소중하다. 인맥관리는 쉽게 실천할 수 있는 일들이 아니며 또 단기간에 성과가 나는 것도 아니다. 그렇지만 인맥관리를 평생 동안 지켜나가야 할 덕목이라 생각하고 조금씩 수양하고 덕을 쌓는 마음으로 실천해 나간다면 많은 즐거움과 유익함을 가져다줄 것이다.

　1_외모
　패션, 헤어 등에 관련된 외적 용모와 표정, 태도 등을 관리해야 한다. 첫인상에 있어 중요한 영향을 끼치는 것이 외모인데 외모에는 의상도 중요하지만 그보다는 밝고 쾌활한 표정, 적극적이고 자신감 넘치는 태도가 중요하다.

2_성품

타인에 대해 관심을 갖고 이해하며 자신보다 남을 먼저 배려하는 성품을 가져야 한다. 계산적이고 이해 타산적인 성품, 베풀 줄 모르고 받기만 하는 성품으로는 좋은 인맥을 형성할 수 없다. 항상 먼저 봉사하는 마음을 지녀야 한다.

3_성격

적극적이고 긍정적인 성격, 사람과의 만남을 즐거워하는 성격을 가져야 한다. 부정적이거나 소극적인 성격은 대인관계를 발전시키는데 어려움이 많을 수밖에 없다. 내 쪽에서 먼저 악수를 청하고, 인사를 나누며 서로에게 유쾌한 시간이 되도록 노력하는 자세가 필요하다.

4_이미지

자신의 이미지가 왜곡되지 않고 있는 그대로 정확하게 전달되도록 노력해야 한다. 성격, 성품적인 면과 일적인 면에서 긍정적인 이미지가 전달되도록 관심을 기울여야 한다.

5_브랜드

전문적이고 차별화될 수 있는 개인역량을 계발하고 브랜드화하여야 한다. 압축된 몇 마디 단어로 자기 자신에 대해 핵심적으로 나타낼 수 있어야 한다. 브랜드는 자기가 좋아하고, 잘하고, 성장산업에 속하는 분야로 선택하는 것이 바람직하다.

6_커뮤니케이션

다른 사람들과 상황에 맞게 효과적으로 의사소통하는 능력을 키워야 한다. 아울러 편지, 전화, 이메일, 문자메시지, 메신저 등 각종 매체를 효과적으로 활용해야 한다. 독일의 스테판 그로스는 인간관계가 밀접해지는 두 가지 요소로 '개인적 커뮤니케이션과 협력'을 손꼽았다. 커뮤니케이션은 가능한 한 일대일로 이뤄지도록 노력해야 한다.

7_네트워크

사람들과 직간접적으로 네트워킹하는 능력을 키워야 한다. 직접 네트워크를 개설하여 운영하는 것, 다양한 네트워크에 참여하는 것, 사람과 사람을 서로 네트워킹 시켜 주는 것 등이 모두 중요하다. "안 보면 멀어진다"는 말이 있듯이 접촉의 감소는 관심의 감소로 이어지고 관심의 감소는 결국 인간관계가 단절되는 주요 원인이다. 지속적이고 정기적으로 네트워킹해야 한다.

8_정보

인맥에 관한 주요 정보를 효율적으로 관리해야 한다. 엑셀, 아웃룩, 인맥관리 프로그램, 인맥관리 사이트를 활용하여 만나는 사람에 대한 정보를 DB화하고 활용해야 한다. 정보관리는 검색, 커뮤니케이션 연동성, 피드백의 3가지 요소에 중점을 두고 관리한다.

chapter 05

1,000명 만나면
14명 인맥 된다

좋은 인맥을 만나는 것은 행운이요, 축복이다. 그러나 아쉽게도 인생은 행운만 가득해 있지 않으며 세상에는 좋은 인맥보다도 더 많은 나쁜(?) 인맥이 있다. 좋은 인맥을 만들고 싶다면 진흙밭에서 진주를 찾는 심정으로 사람들을 만나야 한다. 좋은 인맥은 결국 노력이다.

사회학자 솔라 풀은 한 개인이 평생 중요하게 알고 지내는 사람의 수는 3,500명이라고 주장했다. 또 다른 연구결과에 따르면 인간관계에도 파레토 법칙(80/20 법칙)이 적용된다고 한다. 따라서 한 사람이 평생 만나는 사람의 수는 평균 17,500명이라고 추측할 수 있다. 한편 미국의 전설적인 자동차 판매왕 조 지라드는 사람은 평균 250명을 중요하게 알고 지낸다고 말했는데 250명을 17,500명으로 나누면 14/1000이라는 계산이 나온다. 즉, 1,000명을 알고 지내면 14명 정도가 평생 인맥, 또는 절친이 되는 것이다.

사람은 저마다 성격과 행동이 다르고, 취향과 가치관이 다르기 때문에 만나는 모든 사람과 친구로 발전할 수 없다. 자신과 유사하거나 보완성이 있는 일부의 사람들과만 가까운 관계로 발전할 수 있을 뿐이다. 티브스의 조사에 의하면 대인관계에서 다른 사람을 처음 만나면 호감 46%, 반감 32%, 무관심 22%의 비율로 첫인상이 형성된다. 즉, 우리가 어떤 사람을 만나면 이미 54%의 사람과는 인간관계가 발전될 여지가 없다고 해석할 수 있다. 설사 호감이 형성되었다고 해도 직접적으로 연관되는 일이 없거나 말, 생각이 통하지 않으면 관계가 이어지지 못하며, 관계가 이어져도 서로에 대해 실망감이 형성되거나 갈등이 발생하면 관계가 단절된다.

고등학교에서 동문수학한 친구들을 생각해보자. 3년이란 기간을 함께 생활하였지만 졸업 후에도 친구관계를 유지하고 있는 사람이 몇 명이나 되는가? 대학교 4년 동안 함께 배운 친구들은 몇 명이나 관계를 유지하고 있을까? 대부분 5명~10명 사이를 넘지 않을 것이다. 이외에도 사회에서 만난 수많은 사람 중에 인맥으로 발전한 사람은 과연 몇 명이나 될까? 이렇듯 사람과 사람이 서로에게 중요한 관계로 발전하는 것은 쉽지도 않고 흔치도 않은 일이다. 좋은 인맥은 내가 만나는 수많은 사람 중에 극히 일부의 사람들과만 가능한 일이다. 나와 함께 일과 인생에서 코드가 맞는 사람을 만나려면 백사장에서 모래알을 찾는 마음으로 수많은 사람들을 만나야 한다.

좋은 인맥을 14명 만들고 싶으면 1,000명을 만나라. 좋은 인맥을 140명 만들고 싶으면 10,000명을 만나라. 많이 만나지 않으면서 좋은 인맥을 만들기를 바라는 것은 천 원짜리 로또복권을 사 놓고 8,145,060분의 1의 확률에 당첨될 것을 기대하는 것과 다르지 않다. 좋은 인맥을 만들고 싶다면 많이 만나라. 아주 많이 만나라. 정말로 아주 많이 만나라!

chapter 05

인간관계를 가깝게 만드는 7가지 요소

인간관계가 밀접해지는 요인으로는 여러 가지가 있으나 가장 대표적이고 중요한 요소는 다음과 같은 7가지 항목이 있다. 이러한 항목들에 대해 지속적인 관심을 가지고 어떻게 효과적으로 활용할 수 있는지 연구, 실천해야 한다.

1_매력

매력은 신체적 매력, 성격 및 성품에 관한 매력, 그리고 개인적 역량에 대한 매력으로 나누어진다. 얼굴이 예쁘거나 멋지게 생긴 사람, 패션 감각이 세련된 사람은 다른 사람의 호감을 쉽게 산다. 활달하고 쾌활한 성격, 남을 배려하고 봉사하는 성품을 지닌 사람 또한 다른 사람에게 매력적이다.

개인적 역량이 뛰어난 사람도 호감을 얻기가 쉽다. 나이에 비해 빠른 성취를 하였거나 실패 끝에 큰 성공을 거둔 사람도 인기를 끈다. 한편 심리학자 애론슨의 실험에 의하면 사람들은 완벽한 사람보다 빈틈이 있는 사람을 더 좋아한다. 인간적인 면이 많은 사람은 다른 사람으로부터 호감을 쉽게 얻는다.

2_유사성

상호 간에 유사한 점이 있으면 쉽게 친밀감을 느낀다. 고향, 출신학교, 직업 등의 배경은 물론 취미, 가치, 신념 등의 유사성은 서로에게 쉽게 친숙해지는 요소다. 대한민국에서 3대 불가사의한 조직으로 OO대 동문회, OO지역 향우회, OO전우회를 이야기한다. 모두가 유사성에 의해 끈끈하게 뭉치는 인간관계다. 대인관계에 있어서는 커뮤니케이션을 통해 서로에게 어떤 유사성이 있는지를 발견하려는 노력이 필요하다.

3_보완성

서로에게 이익이 되는 연결고리가 있으면 인간관계가 밀접해진다. 커뮤니케이션을 통해 서로에게 어떤 보완성이 있는지 파악하여 실제적인 도움을 주고받는 것이 필요하다. 아울러 보완성은 나와 상대방 사이의 1차적인 보완성뿐만 아니라 나의 인적네트워크와 상대방의 인적네트워크 간의 2차적 보완성까지 고려하는 것이 바람직하다.

4_공시성

상호 간의 관계가 분명하게 드러나면 인간관계가 밀접해진다. 사회생활을 하다 보면 만난 지 얼마 되지 않아서도 형님, 동생으로 부르는 사람들을 자주 보게 되는데 모두 공시성이 잘 활용된 경우다. 사람은 자신이 불려지는 호칭(지위)에 따라 역할을 한다. 멘토를 만들고 싶다면 상대방을 멘토라고 부르면 된다.

5_상호성

상대방이 자기를 좋아하면 관계가 강화된다. 미국의 자동차 판매왕 조 지라드는 매월 13,000통의 편지를 발송하였는데 가장 마지막에는 항상 자신의 이름과 "I like You"라는 말을 써넣었다. 싸이월드에서 네티즌을 대상으로 1촌을 맺는 기준을 조사하였더니 가장 중요한 요소가 상호성으로 밝혀졌다. 즉, 자기를 좋아하는 사람, 자기에게 관심을 나타낸 사람과 1촌 관계를 맺는 것으로 알려졌다.

6_접근성

접근성은 근접성과 친숙성으로 나누어진다. 지리적으로 가까운 곳에 있는 사람끼리는 더 밀접해지는데 이웃사촌이 여기에 해당되는 말이다. 친숙성은 자주 접촉하면 접촉할수록 인간관계가 밀접해지는 것을 의미한다. 심리학자 제이용크의 실험에 의하면 낯선 사람의 사진을 1회, 2회, 5회, 10회, 25회 보여주고 호감도를 조사한 결과, 더 많은 횟수로 사진을 본 대학생들에게 호감도가 증가하는 현상을 발견하였다.

파리 에펠탑이 건립되자 주변 경관을 해친다며 철거를 주장하는 사람들이 많았다. 그렇지만 지속적으로 에펠탑을 바라보면서 자연스럽게 그 모습에 친숙해져 갔고 결국에는 반대의 목소리가 모두 사라져 버렸다. 이를 '에펠탑 효과'라고 부른다.

7_개방성

상호 간에 서로에 대해 공개된 영역, 알고 있는 부분이 많으면 관계가 밀접해진다. 인간관계에서 경청을 많이 강조하는데 경청 못지않게 중요한 것이 나 자신에 대해 알려나가는 자기공개, 자기노출이다. 대인관계는 결국 나를 알게 하고, 나를 좋아하게 하고, 나를 신뢰하게 하는 것인데 이 모두가 서로에 대해 많이 알아야 가능한 것이다. 가능한 한 자주 생각과 경험, 추억을 공유해야 한다.

인간관계를 가깝게 하는 일곱 가지 요소에 대해 알아보았다. 각자 어떻게 실천할 수 있는지 생각해 보고 자신에게 맞는 방법으로 응용해야 좋은 결과를 얻을 수 있을 것이다.

chapter 05

인맥관리는 인테크다

사회에서는 인맥 관리를 인테크라는 말로 표현하기도 한다. 인테크를 잘하려면 어떻게 해야 하는지 재테크와 비교하여 생각해 보자.

첫째, 투자 마인드가 있어야 한다.

재테크를 잘하는 사람은 투자마인드가 확실한 사람들이다. 투자할 자금이 없다. 시간이 없다. 잘 몰라서 못하겠다고 핑계만 대는 사람은 재테크를 할 수 없다. 없는 돈, 없는 시간을 쪼개고 할애하여 투자를 시작하는 사람만이 재테크에 성공할 수 있다. 인테크도 마찬가지다. 핑계 많은 무덤이 되지 말고 먼저 인테크에 대한 투자마인드를 가져라.

둘째, 품을 많이 팔아야 한다.

재테크를 하려면 경기전망을 비롯하여 산업별 동향, 정부 정책, 실물경제 흐름 등에 대해 철저하게 공부해야 한다. 그리고 다양한 사람들과 연락을 주고받으며 필요한 정보를 수집하고 투자 관련 자료를 체계적으로 정리해야 한다. 또한, 실제 현장을 방문하여 눈으로 직접 확인하는 노력을 아끼지 말아야 한다. 이렇게 머리품, 손품, 발품을 많이 파는 사람만이 재테크에 성공할 수 있다. 인테크도 역시 마찬가지다. 머리품, 손품, 발품을 많이 팔아야 한다. 일반인들은 대개 머리품, 발품, 손품을 많이 팔지 않기 때문에 재테크나 인테크에서 실패하게 된다.

셋째, 장기투자를 해야 한다.
일반인들이 주식이나 부동산 투자에서 실패하는 가장 큰 이유는 단기투자를 하기 때문이다. 예금금리보다 높은 수익률을 올리면 되는데 여기에 만족하지 못하고 대박을 노린다. 내재가치를 보고 투자해야 하는데 소문과 실적에 따라 뇌동매매한다. 그러다가 조금만 손실이 나면 불안과 두려움으로 팔아버리게 된다. 최근에도 펀드가 폭락하자 많은 사람들이 손해를 보고 환매했다는 신문기사를 보았다. 펀드의 경우 장기투자를 하게 되면 거의 손해를 보지 않는다는 것이 일반적인 상식이다. 인테크도 마찬가지다. 인간관계를 단기투자로 생각하지 말고 장기적인 관점에서 좋은 인연을 만들어 나가야 한다. 처음 만난 사람과 친해지지 않는다고 관계를 끊거나, 투자한 만큼 결실이 없고 손실이 났다고 인간관계를 환매하면 안 된다. 인맥은 인삼과 같은 것으로 생각하고 장기투자를 하라.

마지막으로 포트폴리오를 잘 구성해야 한다.
재테크를 잘하려면 안전성과 수익성을 고려하여 포트폴리오를 짜야 하듯이 인테크도 포트폴리오를 잘 구성하는 것이 필요하다. 꾸준하게 저축하면 일과 업무에 도움을 받을 수 있는 예금 같은 사람, 결정적인 위기에 도움을 받을 수 있는 보험 같은 사람, 내 인생에 큰 변화를 가져다줄 수 있는 주식 같은 사람, 그리고 안정적인 삶을 살아가는 데 꼭 필요한 부동산(집) 같은 사람들을 골고루 포트폴리오로 편성해야 한다.

아울러 인맥에는 지도자, 협력자, 지지자의 3가지 유형이 있다. 따라서 비즈니스 인맥을 무조건 협력자로만 생각하지 말고 나를 이끌어 줄 수 있는 지도자, 나를 믿고 따라와 줄 수 있는 지지자 인맥도 많이 만들어야 한다.

재테크가 쉽지 않듯이 인테크도 결코 쉽지 않다. 오히려 재테크보다 수십 배, 수백 배 더 어려운 것이 인테크다. 좋은 인맥을 만들고 싶으면 투자마인드를 가지고, 머리품, 발품, 손품을 많이 팔고, 포트폴리오를 구성하여 장기투자를 하라. 틀림없이 좋은 인맥이 만들어질 것이다.

chapter 05

직접투자가 어려우면
간접투자를 하라

다음카페 독서클럽 회원들을 대상으로 강의를 하다가 질문을 받게 되었다. 첫인상을 좋게 하는 법, 싫은 사람에게는 어떻게 대해야 하나? 인맥관리를 실천하는 습관을 들이는 법 등 다양한 질문이 쏟아져 나오는데 갑자기 한 여성이 이런 질문을 던진다.

"저는 요즘 어떻게 하면 좋은 인맥을 만들 수 있나 굉장히 고민하고 있어요. 그런데 가만히 생각해 보면 시간이 너무 부족해서 좋은 인맥을 만들 수 없을 것 같다는 생각이 들어요. 회사 일도 해야 하고, 공부할 시간도 필요하고, 취미생활도 해야 하고, 가족이나 친구처럼 기존에 알고 지내는 인맥에도 시간을 투자해야 하고 그러다 보면 새로운 인맥을 만나거나 인맥을 관리할 시간이 없어서 좋은 인맥을 만들 수 없을 것 같다는 생각이 자꾸 들어요. 어떻게 하면 좋을까요?"

"인맥관리는 눈사람과 같습니다. 눈사람은 작은 눈 뭉치에서 출발하지만 굴리면 굴릴수록 점점 기하급수적으로 커집니다. 좋은 인맥도 마찬가지입니다. 처음에는 적은 인맥에서 출발하고 새로운 인맥을 만드는데 많은 시간과 노력이 들어가지만 일정한 수준에 이르면 매우 빠른 속도로 인맥이 확장됩니다. 시간이 지날수록 인맥관리에 대한 노하우가 점점 쌓이면서 좋은 인맥을 손쉽게 많이 만나거나, 내 주변으로 불러 모으거나, 내 편으로 만들 수 있는 역량이 생겨납니다. 비유를 하자면 눈사람을 만들 때 평지에서 굴리지 않고 언덕 위에서 아래쪽으로 굴려서 큰 눈사람을 만들어 내는 지혜와 방법을 터득할 수 있습니다. 따라서 처음에 시간과 노력이 많이 들어간다고 포기하지 말고 꾸준하게 실천하는 것이 중요합니다."

"그런데 저는 잘 어울리지 못하는 성격이라서 더 힘든 것 같아요. 다른 사람을 처음 만나면 무슨 말을 해야 할까 고민스럽고, 사람들 앞에서 자기소개를 하거나 발표를 하게 되면 너무 긴장되고 떨려요. 저처럼 소심하고 내성적인 사람들은 어떻게 하면 좋을까요?"

"성격은 하루아침에 바뀌기 어렵죠. 성격이라는 것도 결국 습관이기 때문에 꾸준하게 노력하고 반복하는 것이 중요합니다."

모임을 마치고 집으로 돌아오며 생각해 보았다. 그동안 내 강의를 들은 사람이 몇 명일까? 아마도 족히 수만 명은 될 것이다. 그중에서 과연 몇 사람이나 좋은 인맥을 만드는 데 성공했을까? 딱히 얼마나 되리라고 대답하기 어려웠다. 생각하면 할수록 인맥관리는 정말 어렵다. 성품의 문제, 성격의 문제, 능력의 문제, 커뮤니케이션의 문제, 노력과 정성의 문제 등. 게다가 인생을 살아가며 좋은 인맥을 만나는 것도 하늘의 도움이 필요한 인복이요, 축복이다. 이렇듯 좋은 인맥을 만드는 데는 많은 요소들이 영향을 끼치고 작용하기 때문에 일반인들이 인맥관리를 실천하기는 매우 어렵다. 그러면 방법이 무엇일까?

인맥관리는 인테크다. 재테크에는 두 가지 방법이 있는데 하나는 직접투자요, 다른 하나는 간접투자다. 개인들이 주식투자를 통해 돈을 버는 경우란 거의 없다. 직접투자를 하게 되면 대부분의 개미들은 쪽박을 차거나 손실을 보는 것이 현실이다. 다행히 최근에는 펀드 열풍이 불면서 간접투자에 나선 사람들은 많은 수익을 올린 것으로 알려지고 있다. 자금력, 정보력, 분석력에서 열세인 개미들이 수익을 낼 수 있는 방법은 간접투자가 가장 확실한 대안이다.

인테크도 역시 간접투자를 생각해볼 만하다. 일단 많은 인맥을 가지고 있는 사람(Hub)에게 집중적으로 투자하여 그 사람을 나의 확실한 인맥으로 만든다. 그런 다음에 그 사람(Hub)의 도움을 받아 그 사람이 보유하고 있는 인맥을 나의 인맥으로 만들어 나가는 것이다.

필자의 경우 회원으로 가입되어 있는 모임이 30개가 넘고 휴대폰에 저장된 사람의 수는 3,000여 명에 가까우며 매월 정기적으로 만나는 사람의 수만 200명이 넘는다. 따라서 누군가 나에게 도움을 요청했을 때 필요하다는 판단이 들면 이런 사람들을 모두 연결시켜 줄 수도 있을 것이다. 물론 소개받은 사람들과 좋은 관계를 유지하고 자신의 인맥으로 만들어 내는 것은 오로지 본인 스스로의 몫이라는 것도 자명한 사실이다.

인맥관리는 쉽지 않다. 혹시라도 좋은 인맥을 만들기 위해 많은 노력을 기울였는데 결실을 보지 못했다면 적극적으로 간접투자를 검토해 보길 바란다. 지금 주변을 살펴보고 인맥의 허브(Hub)를 찾아서 그 사람에게 집중적으로 투자하라.

chapter 05

당신이 CEO라면

"무릇 있는 자는 받아 풍족하게 되고, 없는 자는 그 있는 것까지 빼앗기리라.(마25: 26-28)"

미국의 사회학자 로버트 머튼은 위에 적은 성경 구절을 인용하여 부익부 빈익빈 현상을 마태효과(Matthew Effect)라 명명하였다. 가진 자는 더 많이 가지게 되고, 덜 가진 자는 점점 더 적게 가지게 된다는 것이다. 마태효과는 경제 분야뿐만이 아니라 사회과학 전 분야에 걸쳐 일반적으로 관찰되는 부익부 빈익빈 현상을 설명하고 있다.

최근 많은 논란을 빚고 있는 국민소득 양극화 현상, 마케팅에서 선점 기업의 시장독점, 인터넷에서 포털사이트들의 지배적 위치를 설명하는 데 모두 마태효과의 개념이 사용된다. 그리고 또 한 가지, 지금 말하고자 하는 네트워크경쟁시대의 기업경쟁전략 또한 마태효과의 또 다른 해석일 뿐이다.

현대산업사회의 중요한 특징은 협업화, 분산화, 그리고 지구촌 시대의 등장이다. 산업구조는 점점 더 다양한 주체들로 분산화되고 있으며 분산된 주체 간의 협업을 통해 이뤄지고 있다. 동시에 국경을 초월한 글로벌 경제활동이 경쟁과 협력을 통해 점점 더 치열하게 전개되고 있다. 모든 기업과 국가는 〈세계화라는 관계망〉 속에서 상호 간에 밀접하게 얽혀 있으며 개별 기업차원을 넘어선 네트워크 간의 경쟁시대를 맞고 있다.

디지털방송 전송방식 간의 경쟁, 차세대 이동통신 표준규격 채택을 둘러싼 경쟁은 단일기업 간의 경쟁이 아닌 네트워크경쟁의 전형이다. LCD 업계에서도 표준화를 주도하기 위해 관련 업체들의 네트워킹이 전개되고 있다. 모든 산업에서 경쟁은 개별기업만의 경쟁이 아닌 네트워크 간의 경쟁으로 나타나고 있다. 이제 기업은 외부환경과 무관하게 독립적으로 성장, 발전할 수 없으며 네트워크경쟁으로부터 더 이상 자유로울 수 없다.

항공업계에서 대한항공은 스카이팀이라는 제휴네트워크에, 아시아나항공은 스타 얼라이언스라는 제휴네트워크에 속하여 기업끼리, 그리고 네트워크끼리의 경쟁을 동시에 치르고 있다. 삼성은 적과의 동침이라고까지 불린 일본 소니사와의 제휴를 통해 합자 사를 설립했으며 현대자동차와 공동마케팅을 전개하기도 하였다. 이제 기업경영에 있어 영원한 적도 영원한 동지도 없으며 오로지 네트워크와 네트워킹만 있을 뿐이다.

삼성경제연구소는 '글로벌 기업 동향' 보고서를 통해 "글로벌 기업들이 규모 확장을 통한 '글로벌 과점화'를 시도하고 발 빠른 합종연횡으로 글로벌 표준을 선점하려는 노력이 점차 구체화될 것"이라고 전망했다. 결국 이 말은 마태효과의 또 다른 전략일 뿐이다.

그런데 삼성그룹의 이러한 인식과는 달리 기업들이 네트워크 경쟁시대에 대해 올바르게 이해하거나 대처하고 있다는 움직임은 발견하기 어려워 보인다. 단순한 경쟁력 강화방안의 일환에서 추구되는 전략적 제휴, 아웃소싱이 아니라 기업생존과 성장을 결정짓는 핵심전략으로서 네트워크경쟁전략이 채택되어야 한다. 이제 중요한 것은 기업 내부의 보유자산, 역량이 아니라 그 기업이 링크된 네트워크의 가치와 파워다.

그렇다면 네트워크 경쟁시대에 기업은 어떤 전략을 가져야 할까?
마태효과와 아울러 우리는 두 가지 참고할 만한 법칙을 가지고 있다.

"네트워크의 가치는 참여자 수의 제곱에 비례한다." - 멧칼프
"네트워크의 창의성은 참여자의 다양성에 지수함수로 비례한다." - 카오

이 두 가지가 바로 그것이다. 1990년대 후반에 본격적으로 연구되기 시작한 소셜네트워크 이론에 의하면 네트워크에서 많은 개별단위(Nod)들과 연결고리(Tie)를 갖는 허브(Hub)는 마태효과에 의해 더욱더 많은 연결고리를 갖게 되는 것으로 알려져 있다. 그리고 그러한 연결 관계는

허브를 정보와 기회가 흐르는 주요경로로 만들며 네트워크에서 중심성 있는 존재로 만들어준다.

따라서 네트워크경쟁시대를 성공적으로 성장, 발전하고자 하는 기업은 가능한 많은, 그리고 다양한 사회경제적 노드(Nod)와 링크를 맺어야 한다. 현재의 네트워크를 분석하고, 향후 구축하고자 하는 네트워크에 대해 전략적 목표를 세우고, 구체적인 실천플랜을 마련하여 단계별로 네트워크를 구축해 나가야 한다. 여기에는 기업차원뿐만 아니라 조직 구성원 차원에서의 네트워크도 중요하다.

당신이 CEO라면 이제 전통적인 인맥은 잊어라. 그리고 네트워크 경쟁시대에 살아남을 수 있는 휴먼네트워크, 기업네트워크 구축전략에 대해 심각하게 고민하라. 당신의 회사가 풍족하게 되길 바라거나, 혹은 있는 것마저 빼앗기고 싶지 않다면!

chapter 05

CEO를 위한 인맥관리 십계명

1_사람을 추구하라

푸시킨이 말했다. "인간이 추구해야 할 것은 돈이 아니다. 인간이 추구해야 할 것은 항상 인간이다." 그러니 업적을 남기지 말고 사람을 남겨라. 일을 추구하지 말고 사람을 추구하라.

2_10년을 내다보고 교제하라

10년 후 회사의 비전을 상상하라. 10년 후 자신의 비전을 상상하라. 그렇게 되기 위해 필요한 만남을 나누고, 그렇게 되었을 때 필요한 만남을 나누라. 인맥에는 유효기간이 없다. 10년, 100년이 넘는 우정을 쌓아라.

3_콜럼버스 같은 선장이 되라

꿈과 열정으로 사람들을 너와 함께 한 배에 태워라. 새로운 세계에 대한 희망의 돛을 올리고 신대륙을 향해 항해하라.

희망의 증거, 신념의 증거, 열정의 증거가 되라.

4_동고동락하지 말라

네가 더 많이 고생하라. 네가 더 많이 다른 사람들을 기쁘게 하라. 다른 사람의 애경사는 꼭 함께 하고 네 애경사는 조용하게 지내라.

5_사슴처럼 나누라

사슴은 먹이를 발견하면 울음으로 무리를 불러 모은다. 결실은 함께 나누고 다른 사람에게 더 많이 줘라. 네가 가지고 있던 것까지 보태어서 주라.

6_올챙이, 알이었던 시절을 생각하라

잘못과 실수에 관용을 베풀라. 눈에 힘주고 핏발 세워봐야 네 건강만 해롭다. 벼는 익을수록 고개를 숙이고, 물은 깊을수록 소리가 나지 않는다. 개구리 올챙이 시절 생각하고, 그보다도 못했던 알의 시절을 생각하라.

7_상사가 되지 말고 스승이 되라

부모의 마음으로 대하고, 스승의 마음으로 가르쳐라. 사랑과 회초리로 정성껏 가르쳐라. 유능한 상사를 만드는 것은 유능한 부하니 열심히 가르치면 결국은 네 복이다.

8_또 하나의 가족이 되라

직원들의 배우자, 가족에게 감사하고 보답하라. 그들과 함께할 수 있는 시간을 마련하라. 직장을 생활비 벌어오는 곳으로 만들지 말고 기쁨과 슬픔을 같이 하는 또 하나의 가족으로 만들라.

9_항상 스스로에게 질문하라
진심으로 직원들을 존중하고, 경청하며, 배려하는가? 진심으로 용기를 북돋아 주고, 성장을 후원하는가? 대답하라. 진심으로 너는 직원들을 사랑하고 믿고 아끼는가?

10_3번 웃고, 3번 이름을 부르고, 3번 어깨를 두드려라
밝게 웃어라. 다정하게 이름을 불러라. 따뜻하게 손을 잡고 어깨를 두드려 주라. 하루의 1/3을 직장에서 보내니 인생의 1/3이 너로 인하여 행복하게 하라. 단 한 사람의 인생이라도 행복하게 만드는 것, 그것이 바로 성공이다.

chapter 05

인맥이 될
인재를 키워라

송현정, 그녀는 외국어대 법학과 3학년이다. 미래의 꿈은 외교관. 내가 운영하는 다음카페 교육의 모든 것에서는 매월 1명씩 장학생을 선발하고 있는데 현정이는 제6기 장학생이다. 며칠 전 사무실을 찾아왔다. 오늘 길에 햄버거를 사오라 하여 점심 대신 먹으며 이야기를 나눴다. 현정이는 나를 '싸부'라고 부른다.

"연락이 없어서 지난번에 얘기한 중국 교환학생으로 떠난 줄 알았다."
"싸부님, 죄송해요. 직접 찾아뵙고 말씀드려야 할 것 같아 연락을 미루다가 그랬어요. 학교 측에 사정이 생겨 교환학생이 취소되었어요. 이번 학기는 휴학하고 다음 학기에 복학할 예정입니다. 그리고 내년 3월에 외무고시 보려고요."
"저런...기대가 컸을 텐데 많이 속상했겠구나! 너무 아쉬워하지 말고 기다리렴. 다음에 더 좋은 기회가 있겠지. 3월이면 시험이 얼마 안 남았는데 자신 있지?"
"열심히 해야죠! 꼭 외교관이 되어 아프리카에 갈 거예요."

"아프리카?"
"네, 저는 아프리카에 외교관으로 가는 게 꿈이에요!"

한 시간 동안 이런저런 이야기를 나눈 후 헤어졌다. 휴학기간 동안 매일 낮 1시에서 저녁 8시까지 영어 학원 아르바이트를 한다고 한다. 노점상을 하시는 엄마, 언니 1명, 여동생 1명, 남동생 1명 현정이는 스스로 학비를 벌어서 대학을 다니고 있다. 또 그래야만 하는 상황이다.

사실 현정이 말고도 여러 아이들이 있다. 아나운서가 꿈인 성균관대 불문학과 박미선, 명함 뒷면에 24개의 꿈을 적어 가지고 다니는 연세대 도시공학과 윤정민, 세계적인 대금연주자가 되겠다는 중앙대 국악 관현악과 고승환, 내가 지금까지 만난 대학생 중에 가장 치열하게 살아가는 서강대 경영학과 김현근, 고등학생 때부터 직장인들의 모임에 참여하여 많은 사람들 앞에서 꿈과 열정에 대해 스피치 하던 서울산업대학교 구광림, 학업 틈틈이 봉사활동에 열심인 대전한밭대 이현경, 모두 대한민국의 앞날을 밝게 해 주는 젊은 인재들이다. 자랑스럽고 대견스럽고, 귀여운 아이들이다.

우리 사회에서 인맥관리에 대한 부정적인 의견 중 하나가 다른 사람을 이용한다는 시각이다. 사실 적지 않은 사람들이 이런 관점에서 인맥을 만드는 것도 현실이다. 어쩔 수 없는 사람의 마음, 인간관계의 속성이라 인정하더라도 인맥을 연구하는 사람으로서 한 가지를 조언하고 싶다. 정말로 인맥관리를 잘하고 싶다면 좋은 인맥이 될 수 있는 인재를 키워라.

인맥에는 세 가지 유형이 있다.
첫째, 나를 이끌어 줄 수 있는 지도자 인맥으로 멘토, 스승, 선배, 상사와 같은 사람이다. 둘째, 나를 도와줄 수 있는 협력자 인맥으로 친구, 동기, 동료, 파트너와 같은 사람이다. 셋째, 나를 따라와 줄 수 있는 추종자 인맥으로 멘티, 제자, 후배, 부하와 같은 사람이다.
인맥관리에 있어 대부분의 사람들은 협력자에 해당되는 사람만 인맥으로 만들려는 경향이 있는데 좋은 인맥을 만들려면 3가지 유형을 모두 만들어야 한다. 특히 지위가 올라가고 나이가 들수록 더욱 절실하게 필요한 것은 나를 믿고 따라줄 수 있는 추종자 인맥이다.

따라서 좋은 인맥을 만들고 싶다면 주변을 둘러보라. 꿈과 비전을 갖고 치열하게 살아가는 젊은이를 찾아서 그를 후원하라. 돈이나 물질도 좋고, 정신적인 후원도 좋고, 실제적인 기술이나 역량을 가질 수 있게 도와줘라. 그를 큰 나무가 되게 도와준다면 훗날 큰 그늘을 얻게 될 것이다. 물론 Give&Forget의 마음으로, 인생의 후배들을 돕고, 젊은 인재들을 키운다는 순수한 마음으로 실천한다면 더욱 좋겠지만 말이다.

가끔 꿈꿔본다. 뜻있는 100명이 모여 한 달에 1만 원씩 내면 매달 1명의 대학생에게 100만 원의 장학금을 줄 수 있다. 1년이면 12명이요, 10년이면 120명, 50년이면 600명이다.

　벽오동 심은 뜻은 무엇인가? 그저 빨리빨리식의 조급한 인맥관리, 내 이익만을 위한 저급한 인맥관리가 아니라 장기적, 공공적 차원도 고려하면서 실천하는 참다운 인맥관리의 달인들을 만나고 싶다. 더불어 살아가는 사회에 이익을 주는 멋진 인맥관리의 프로들을 만나고 싶다. 지금 그대는 어떤 인맥관리를 하고 있는가? 좋은 인맥을 만들고 싶으면 인재를 키워라!

chapter 05

Take & Give
하라

청경장학회는 다음카페 회원들이 설립한 장학모임이다. 한 달에 1만 원씩 회원들이 낸 돈을 모아서 가정형편이 어려운 대학생에게 장학금을 주고 있다. 처음에는 20만 원밖에 후원하지 못했는데 최근에는 참여자가 늘어 100만 원씩 장학금을 수여하고 있다.

청경장학회가 안정적으로 자리 잡을 수 있었던 것은 전적으로 두 사람의 힘이다. 한 사람은 대한항공에 근무하는 정해진 과장인데 창립때부터 장학금 후원에 참여해 주었다. 다른 한 사람은 대교에서 근무하는 이영하 강사다. 역시 창립 때부터 한 번도 빠짐없이 청경장학회 활동에 참여해 주었다. 그리고 지금도 청경장학회 총무를 맡아 수고해 주고 있다.

한때는 청경장학회 활동이 중단되었던 적이 있었다. 카페 회원이 1만 명을 넘었는데도 정기적으로 장학금을 후원하는 숫자가 다섯 명을 넘지 못하였다. 여러 가지 고심 끝에 중단을 결심했지만 아무리 생각해 봐도 꼭 필요한 일이었기에 3개월 정도가 지났을 무렵 다시 활동을 재개하였다. 이때 역시 이영하, 정해진 두 사람이 곧바로 다시 동참해 주었다. 만약 이때 두 사람이 함께해 주지 않았다면 청경장학회는 존재하지 않았을 것이다. 그렇게 세 사람이 시작하였고 지금은 정기, 비정기적으로 후원해 주는 사람이 30여 명을 넘게 되었다. 역시 세상에 쉬운 일은 없다. 그러나 꾸준하게 실천하면 안 되는 일도 없다는 것을 청경장학회를 통해 다시 깨닫게 되었다. 이영하, 정해진 두 사람에게 진심으로 감사한다.

매월 정기적으로 청경장학회 후원회원과 장학생들의 합동 모임이 열린다. 지난 번 모임에 나갔더니 장학생 중의 한 명이 질문을 한다.

"소장님, 인간관계는 Give & Take라고 이야기하는데 저희같이 어린 학생들은 주고 싶어도 줄 게 없는데 어떻게 하면 좋을까요? 좋은 인맥을 만들고 싶어도 학생은 상대를 안 해줄 것 같아요."

"걱정하지 않아도 돼. 다른 사람에게 Give & Take하지 말고 Take & Give 하면 된다."

그 때 그 학생에게 들려줬던 이야기를 다시 정리해 본다. 인간관계를 Give & Take라고 생각하거나, 내가 먼저 좋은 인맥이 되어야 좋은 인맥을 만들 수 있다는 이야기를 많이 한다. 틀린 말은 아니지만 연령, 상황에 따라 달라질 수 있다.

1_Take & Give

대학생, 또는 20대처럼 베풀어 줄 것(Give)이 없는 경우는 Take & Give를 잘하면 된다. 쉽게 이야기하면 멘토, 스승, 선배, 또는 다른 사람들에게 내가 먼저 도움을 요청하고 받는(Take) 것이다. 그리고 훗날 보은(Give) 된다. 사회에서 대학생들에게 먼저 받으려고 하는 사람은 없다. 내가 어떤 꿈과 비전을 갖고 있는지 알리고 도움을 요청하라. 도움을 받으려면 왜 나를 도와줘야 하는지에 대한 이유가 분명해야 한다.

2_Give & Take

30대는 직장이나 사회활동이 왕성한 연령층이다. 일이나 업무로 교류하는 사람이 많은 시기니만큼 인간관계에 있어 Give & Take를 분명히 해야 한다. 내가 먼저 받으려고 해서는 안 되며 내가 먼저 베풀어야 한다. 그러나 의외로 사회에서 먼저 베푸는(Give) 사람을 찾아보기 어렵다. 자기중심적인 이유도 있을 것이고 아까운 마음도 들기 때문일 것이다. 인맥관리는 인테크요, 투자라고 생각하고 실천해야 한다.

3_Give & Forget

40대는 인간관계가 원숙해지는 연령층이다. 너무 계산적인 마음으로 주고받으려 하지 말고 Give & Forget의 마음으로 실천하는 것이 바람직하다. 받을 거 생각하고 주는 사람은 정떨어지고, 주고서 받지 못하면 불평과 원망이 생긴다. 인생에서 40이면 불혹이라고 했는데 다른 사람에게 베풀 때는 주고서 잊어버려라.

성경 말씀에 "오른손이 한 일을 왼손이 모르게 하라"고 했다.

4_Give & Thank you!

50을 넘어서 다른 사람에게 베풀(Give)수 있다면 그 자체가 감사한 일이다. 내게 마음의 여유가 있는 것이니 지천명(知天命)이요, 다른 사람의 사정을 헤아릴 줄 아는 것이니 이순(耳順)이요, 가진 재물이 있는 것이니 오복(五福)의 하나를 가진 것이다. 줄 수 있다는 것에 감사하라.

인간관계는 물질적인 관계만도 아니고 Give & Take로만 이뤄지는 것도 아니다. 내가 좋은 인맥이 되기만 기다리지 말고 나를 좋은 인맥으로 만들어 줄 수 있는 사람을 만나라. 도움을 요청(Take)하라. 크게 성장해서 보은(Give)하라. 그리고 감사(Thank you!)하라. 그것이 진정한 인간관계의 Give & Take다.

chapter 05

고기를 낚는 3가지 방법

　성남에 사시는 형님은 낚시광이다. 젊었을 때부터 낚시를 좋아했는데 내가 군대를 졸업하던 1987년 가을에 결혼식을 올리게 되었다. 며칠 동안 고민하던 나는 낚시도구 한 세트를 선물했는데 무척이나 기뻐하던 모습이 아직도 기억에 선하다. 요즘도 낚시를 즐겨 다닌다기에 가끔 밤낚시라도 따라가 보고 싶은 마음이 있지만 사는 게 바쁘다 보니 그러지 못했다. 조만간 기회를 만들어서 함께 가 봐야겠다.

　파주 처가에 사는 둘째 처남은 20여 년 전에 홀몸이 되신 장모님을 모시고 인삼 농사에 종사한다. 내가 보기에는 천하에 둘도 없는 호인이요, 법 없이도 살 수 있는 선량한 사람이다. 아내의 오빠니 손윗동서가 되는데 나와는 동갑내기라 가장 잘 마음이 통하고 편한 사람이다. 이따금 처가를 방문하면 둘째 처남은 투망을 들고 가까운 거리에 있는 임진강으로 향한다. 그리곤 두어 시간 지날 무렵이면 손바닥만 한 물고기 몇 마리를 잡아서 집으로 돌아온다. 처남이 직접 수제비를 넣고 끓인 매운탕은 세상에 둘도 없는 최고의 맛이다.

예전에 같은 직장을 다녔던 사람들끼리 정기적으로 만나는 모임이 있다. 회원 중 한 명이 안면도에 어선을 가지고 있어 가끔 부부동반 여행을 다녀올 때가 있다. 바닷가에 도착하면 낚시를 좋아하는 사람은 배에 올라타 바다낚시를 즐기고, 그렇지 않은 사람은 조개를 캐거나 해수욕을 즐긴다. 나는 주로 백사장에 누워 아무 생각 없이 파도를 구경한다. 그러다 지루해 지면 인근에 있는 포구에서 어부들이 잡아 온 물고기를 구경한다. 입맛이 동하면 싱싱한 회를 안주 삼아 소주잔을 기울이기도 한다.

물고기를 잡는 방법에는 여러 가지가 있다. 정해진 자리에서 낚싯대를 드리우고 한 마리씩 잡는 낚시가 있고, 개울이나 하천을 옮겨 다니며 여러 마리를 동시에 잡는 투망도 있다. 또 어선을 이용해서 한꺼번에 많은 고기를 잡기도 하고, 여러 척의 어선이 함께 공동어업을 벌이기도 한다.

인맥관리는 어찌보면 사람을 낚는 어부가 되는 것이다. 물고기를 잡는데도 각기 다른 방법이 있는 것처럼 사람을 낚는데도 여러 가지 방법이 있을 것이다. 첫째, 낚시처럼 일대일로 만나는 방법이 있다. 한 사람 한 사람 개별적으로 만나는 것이다. 둘째, 투망처럼 한꺼번에 만나는 것이다. 모임이나 단체에 가입해 동시에 여러 사람을 인맥으로 만드는 것이다. 셋째, 어선처럼 그물을 펼쳐 놓고 그 안에 들어오는 사람을 모두 인맥으로 만드는 것이다. 이를 위해서는 내가 가지고 있는 그물망(휴먼네트워크)이 넓게 펼쳐져 있어야 한다.

물고기를 한 마리씩 잡으려면 낚싯대와 지렁이만 있으면 된다. 조금 더 많은 고기를 잡으려면 투망이 필요하다. 아주 많은 고기를 잡으려면 어선과 그물을 갖춰야 한다. 인맥관리도 마찬가지다. 많은 인맥을 만들려면 거기에 걸맞은 방법과 장비를 갖춰야 한다. 최신 휴대폰을 사용하면 거의 무제한으로 인맥에 관한 정보를 저장할 수 있다. 명함 자동정리기를 활용하면 DB 관리를 효율적으로 할 수 있다. 오즈메일러 같은 전문 사이트를 활용하면 메일 전송이 체계적으로 이뤄진다. 문자 전송사이트를 활용하면 지속적, 정기적으로 연락을 주고받는데 편리하다.

인맥관리는 사람의 바다에서 인맥을 건져 올리는 것이다. 좋은 인맥을 만들기 위해서 나만의 낚싯대는 무엇인지, 나의 투망은 어떤 것인지, 나의 그물망(휴먼네트워크)은 어떻게 짜야 하는지 생각해 보고 나만의 도구와 방법을 만들어 보자.

chapter 05

이제 '대충'을 없애라

　미국 퍼듀대학 공학부에서 졸업생을 대상으로 일련의 조사를 했다. 그 결과 학업성적이 우수그룹에 속했던 학생과 학업성적이 열등그룹에 속했던 학생 간의 연봉차이는 불과 200달러에 불과한 반면, 대인관계가 뛰어났던 그룹의 학생들은 우수그룹보다 15%, 열등그룹보다 33%정도 연봉이 많았다고 한다. 행복이나 성공은 성적순이 아니며 성공적인 사회생활을 위해 중요한 것도 역시 인간관계라는 것을 알려주는 조사결과다. 좋은 인간관계는 우리를 성공으로 이끌며 동시에 그 자체가 이미 행복이다. 행복은 나와 다른 사람들 사이의 관계의 행복이다.

　사람에게는 중요한 맥이 3가지가 있는데 바로 동맥, 정맥, 인맥이다. 동맥이나 정맥에 문제가 생기면 병에 걸리듯이 인간관계에 문제가 생기면 갈등과 장애가 생기고 불행이 따른다. 따라서 우리는 항상 인맥을 소중하게 생각하고 올바로 관리해야 한다. 좋은 인맥은 호감, 기대감, 공감, 친밀감, 신뢰감을 어떻게 잘 형성하느냐에 달려있다. 나를 알게 하고, 좋아하게 하고, 신뢰하게 만드는 것이 바로 인맥관리의 핵심이다. 그러면 5감은 어떻게 형성될까?

호감은 신체적 매력, 성품&성격적 매력, 개인적 역량 등이 중요하며 외모, 표정, 태도에 주의를 기울여야 한다. 무엇보다도 밝고 미소 띤 표정, 자신감 넘치고 당당한 태도가 호감 형성에 가장 중요한 영향을 미친다.

기대감은 나의 강점, 장점, 비전을 토대로 형성된다. 즉각적으로 상대방에게 도움이 될 수 있는 보완익, 장차 특정한 경우에 도움이 될 것으로 기대되는 활용익, 언젠가는 도움이 될 것으로 기대되는 잠재익의 유무가 기대감 형성에 영향을 준다.

보완성은 나와 상대방 간의 직접적인 이익뿐만이 아니라 나의 인맥과 상대방의 인맥까지 고려하여 보완성을 찾아야 한다.

공감은 말이 통하고, 생각이 통하고, 느낌이 통하고, 마음이 통해야 한다. 진심 어린 관심을 가지고 상대방의 말을 경청하며 상대방의 생각에 적절하게 반응하고 상대방의 감정에 공감해야 한다. 경청을 잘하기 위해서는 귀로 듣고, 눈으로 듣고, 머리로 듣고, 가슴으로 듣는 훈련을 해야 한다. 아울러 서로가 공감할 수 있는 주제, 분야, 일을 찾고 만들어 나가는 노력을 기울여야 한다.

친밀감은 상호 간에 깊은 유대감, 우애감, 친근감을 느끼는 단계인데 호감 및 협력적 의도의 표현, 스킨십, 배려&호의의 제공 등이 친밀감 형성에 도움을 준다. 무엇보다도 상대방을 좋아하고 관심을 쏟으며 그러한 감정을 적극적으로 표현하는 것이 중요하다.

신뢰감은 서로에 대한 호의를 기본으로 상호 간에 일관성 있는 모습이 유지될 때 가능하다. 언행이 일치하지 않거나, 용두사미가 되거나,

변덕스러운 행동은 신뢰감 형성을 저해하고 불신감을 증폭시키는 요인이다. 한편 비즈니스 인맥에 있어서 전문적인 지식이나 역량은 신뢰감을 형성하는 또 다른 중요한 요소다. 자신의 분야에서 남들에게 뒤지지 않는 전문성과 성실성을 지녀야 다른 사람들에게 신뢰감을 줄 수 있다.

지금까지 인맥은 동맥, 정맥처럼 중요하며 호감, 기대감, 공감, 친밀감, 신뢰감의 형성이 좋은 인맥을 만드는 핵심 관건이라는 것을 알아보았다. 그런데 이렇게 중요한 인맥관리가 왜 그토록 어렵고 잘 안 되는 것일까? 그것은 우리 몸속에 아주 고약한 벌레가 한 마리 있기 때문이다. 이 벌레 때문에 우리가 인생과 사업에서 꿈꾸는 많은 목표들이 실패하는 것이다. 회충, 십이지장충 같은 벌레는 약을 먹으면 잡을 수 있지만 이 벌레는 약으로도 잡을 수 없는 아주 무서운 벌레다.

우리의 정신과 영혼을 조금씩 갉아먹는 이 벌레의 이름, 그것은 바로 '대충'이다. '대충' 계획을 세우고, '대충' 노력하고, '대충' 포기하기 때문에 안 되는 것이다. 인맥관리를 올바로 하려면 목표가 있어야 하는데 목표를 세우지 않는다. 당연히 실천계획이 없고 피드백할 것이 없고 인맥관리가 제대로 될 리 없다. '대충'하는 사람에게는 '대충' 만들어진 인맥만 남을 뿐이다.

구체적으로 계획을 세우고, 치열하게 실천하라. 내가 이루고 싶은 꿈과 사명을 위해 어떤 인맥을 만나야 하는지 고민하고, 그러한 만남이 이뤄지도록 간절히 소망하고 실천하라. 진심으로 좋은 인맥을 만들고 싶다면 이제 '대충'을 없애라!

EPILOGUE

타인 PR은
'기술'이 아닌
'마음' 입니다.

글을 마치려니 기쁨이나 안도감보다는 쑥스러움, 미안함, 걱정이 앞선다. 독자 여러분에게 내 마음을 고백하자면 다음과 같다.

첫째, 글 속에 등장하는 필자의 이야기가 공연한 자랑처럼 보이지는 않을까 쑥스럽다. 다른 제목의 책이었다면 부담 없이 소개했을 텐데 〈타인PR〉을 쓰다 보니 왠지 겸연쩍은 마음이 든다. 책의 내용을 조금이라도 풍성하게 만들기 위해 옮긴 것이니 좋은 뜻으로 이해해주길 부탁드린다. 사실 나는 거목이 아니라 이제 막 자라나는 작은 나무일 뿐이다.

둘째, 이 책에 등장하는 여러 사람들에게 미안함을 느낀다. 책에 출연해 달라고 사전에 양해를 구했어야 하는데도 나의 게으름으로 그러지 못했다. 역시 좋은 뜻으로 이해해주길 부탁한다. 모두 내가 좋아하는 분들이고, 다른 한편으로는 이 책을 통해서 조금이나마 더 많은 사람들에게 PR이 이뤄지기를 바라는 마음이다. 혹시라도 불쾌함을 느끼는 분이 있다면 정중하게 사과를 드린다.

마지막으로 독자 여러분에 대한 걱정이 앞선다. 남이 나를 PR 하게 만드는 기술은 많은 노력과 실천을 요구하는 일이다. 타인 PR은 '열려라 참깨!' 처럼 마법의 주문으로 열리는 문이 아니라, 초인종을 누르고 노크를 하고 이름을 불러도 쉽게 열리지 않는 현실의 문이다. 이 글을 읽는 독자들이 타인 PR의 기술을 얼마나 현실에서 적용할 수 있을지 걱정이 앞선다.

그럼에도 불구하고, 내 나름대로는 이 책의 출간에 대해 세 가지 유익한 의미를 부여하고자 한다.

첫째, 인맥관리 전문가로서 인맥의 활용에 대해 정리할 수 있어서 보람을 느꼈다. 많은 사람이 인맥의 중요성을 이야기하고 좋은 인맥을 형성하기 위해 노력을 기울인다. 그러나 적잖은 인맥을 가지고 있으면서도 '도움이 되는 사람이 별로 없다'는 하소연을 많이 한다. 인맥은 활용하지 않는 것이 가장 좋다고 생각하지만, 현실적으로 이야기하라면 나의 인맥이 나를 소개 · 추천 · 홍보하도록 만드는 것, 즉 타인 PR이 가장 효과적인 인맥 활용법이라고 말하고 싶다.

둘째, 구전 마케팅이나 소개 마케팅을 인맥관리의 관점에서 얘기할 수 있어서 보람을 느꼈다. 아마도 영업에 종사하는 독자들에게는 타인 PR의 기술을 체계적으로 고민해 보는 계기가 될 수 있으리라 생각한다. 아울러 1인 기업가, 전문직 종사자, 직장인, 기업의 CEO들에게도 똑같은 계기가 주어지기를 기대해 본다.

셋째, 내 모습을 점검해 볼 수 있어서 보람을 느꼈다. 지금까지 나를 PR 해준 사람들에게 감사의 시간을, 내가 갈등을 겪었던 사람들에게 반성의 시간을 가질 수 있었다. 앞으로 많은 사람을 PR 해줘야 되겠다는 생각도 가지게 되었다. 무엇보다도 내가 주변 사람들에게 어떤 이미지로 보이고 있는지 확인해 볼 수 있었던 것은 뜻깊고 유익한 일이었다. 여러분도 반드시 그런 기회를 가져보기 바란다.

마지막으로 부탁의 말을 남긴다. 타인 PR을 전략이나 스킬로 접근하지 말라. 다른 사람을 이용하는 것으로 오해하지 말라. 내가 먼저 전문성을 갖추고, 성실함과 겸손함을 지키며, 사랑과 배려의 마음을 갖는 것이 중요하다. 그것이 갖춰진 다음에 나의 비전, 역량, 성품을 사실 그대로 전달할 수 있는 능력을 타인 PR이라고 생각하라.

소중한 출간 기회를 제공해 주신 행복에너지 출판사 권선복 대표님, 그리고 편집팀에 감사의 마음을 전하며 알베르 까뮈의 말을 옮겨 놓는다. 독자 여러분의 삶이 항상 따뜻한 인간관계로 충만하길.

"우리들 생애의 마지막 저녁에 이르면 우리는 얼마나 타인을 사랑했는가를 놓고 심판받을 것이다."

푸른고래 양광모

chapter 06

부록

개인브랜드 설정 점검

개인이미지 점검

타인 PR 문안 작성

타인 PR 인맥지도

타인 PR 실천계획(일반)

타인 PR 실천계획(직장)

타인 PR 실천방법 점검

타인 PR 네트워크 구축 점검

1_개인브랜드 설정 점검

	좋아하는 일은?	잘하는 일은?	성장분야 인가?	블루오션 인가?	개인 브랜드는?
점검 예시	여행 책 읽기 영화감상 인터넷 사람 사귀기 모임 만들기	말하기 글쓰기 목소리	인맥관리 교육 인간관계 교육 커뮤니케이션 교육 갈등해결 교육은 기업 및 정부, 평생 교육시장에서 꾸준하게 성장하고 있는 분야이다	인맥관리, 갈등관리는 전문적인 교육프로그램이 개발되어 있지 않은 미개척 분야이다	인맥관리전문가
독자의 점검					

2_개인이미지 점검

	긍정적 이미지			부정적 이미지		
	역량	성품	성격	역량	성품	성격
내가 생각하는 나의 이미지						
다른 사람들이 나에 대해 느끼고 있는 이미지						
개선방향						

3_타인 PR 문안 작성

	이미지	정보	고착성 요소	PR 문안
역량				
성품				
성격				

4_타인 PR 인맥지도

	언제나 나를 PR 해줄 수 있는 사람	상황에 따라 나를 PR 해줄 수 있는 사람	나를 PR 해주기 어려운 사람
가족			
친구			
직장 (상사, 동료, 부하)			
고객, 거래처, 협력업체			
동종업계 종사자			
언론방송계 종사자			
강사, 작가, 평론가, 칼럼니스트			
사회인맥 (모임, 단체)			
인터넷, SNS			
기타 (커넥터 등...)			

5_타인 PR 실천계획(일반)

	무엇을 전달		누구에게	누가	어떻게
	이미지	정보			
1	똑똑하다	경영학 박사	홍길동	이순신	도움, 선물, 칭찬
2					
3					
4					
5					
6					
7					
8					
9					
10					
11					
12					
13					
14					
15					
16					
17					
18					
19					
20					

6_타인 PR 실천계획(직장)

전달자 / 수용자		임원	부서장	동료	부하	고객, 거래처, 협력업체
임원	이미지					
	정보					
부서장	이미지					
	정보					
동료	이미지					
	정보					
부하	이미지					
	정보					
고객, 거래처, 협력업체	이미지					
	정보					

7_타인 PR 실천방법 점검 - 전달자 이름(   )

	타인 PR 방법	적용가능 여부(O, X) / 구체적인 방법?
1	상호성	
2	보상	
3	도움	
4	선물	
5	체험	
6	호감	
7	칭찬	
8	인사	
9	감사	
10	꿈	
11	부탁	
12	정보	
13	전문성	
14	인터넷	
15	멘토/멘티	
16	PR 네트워크	
17	팬클럽	
18	Show	

8_타인 PR 네트워크 구축점검

	구축현황(예: 홍길동, 이순신...)	구축목표(예: 백두산)
보상시스템		
인터넷		
멘토 / 멘티		
PR네트워크		
팬클럽		

출간 축하 메시지 보내주신 분

가재산	(주)조인스 에이치알 대표이사	김일영	대우조선해양
강동수	우석대학교 객원교수	김정수	주식회사 정수 대표이사
강면모	미래에셋맵스자산운용 감사	김종무	법무법인 한림 대표변호사
강문봉	씨에이치 이사	김종헌	조은노무법인 대표
강미정	유사나헬스사이언스코리아	김준봉	북경공업대학 건축도시공학부 교수
강봉규	미래샘플실 대표	김중길	Metlife 생명보험 정상지점
강철원	인천강화옹진축협 수의사	김진황	성공세상연구원 원장
강희숙	교육매니저	김창식	한국경제신문 관리부차장
고상순	㈜국제정보통신 상근고문	김창진	헤븐 스터디 기숙학원
고영진	한국거래소 남부지방검찰청 파견	김철홍	자기경영노하우 카페 운영
공세택	한국강사은행 석좌교수	김춘식	(주)인텍앤컴퍼니 사업부장
구기일	SK증권 강남PB센터 총괄이사	김칠규	한국전력
권선복	지에스데이타㈜ 대표이사	김태영	기아자동차 과장
권선일	금조 기획전략팀	김현근	SK네트웍스
권영민	엘씨파워코리아(주) 대표이사	김현숙	(주)로텍 대표이사
권오복	서울특별시 강서구의회 의장	김현안	트러스넷코리아(주) 대표이사
권은정	에스랜드 전무	김형욱	금융감독원 저축은행써비스
금 채	행복에너지연구원장	김홍직	청운 미래경제연구소 소장
김경호	국제문화대학원대학교 교수	김환필	SC제일은행 서부지역본부장
김남철	컴친구학원장	김흥국	신화씨엠씨 대표
김대건	산업은행 e뱅킹전산실 · 수석부부장	남경현	KB국민은행 여신심사그룹/부장
김대원	제주 유기농귤	남궁영훈	동국대학교APP주임교수
김동규	(주)예담마케팅 회장	노아영	심플렉스인터넷(주)
김명섭	이레이앤시 이사	노희림	금융감독원 소비자보호감독국
김명수	(주)노벨 대표이사	노희수	뉴스킨
김명숙	코칭 전문가	도기욱	대신증권 영업부/금융상품팀장
김문규	농협중앙회 감사총괄국장	류성렬	금융감독원 은행국
김배수	바프린테크(주) 대표이사	류재영	국토연구원 선임연구위원
김성옥	원주시청	문관복	논산시서울사무소 소장
김성용	(주)넷케이티아이 대표이사	문정이	E3 대표
김성준	마음경영연구소장	문종현	보스톤임플러스치과 원장
김순청	사단법인 나눔과 보람복지회장	박규남	새만금 고은공인중개사무소 대표
김승현	신한금융투자	박금현	(주)KFG Financial Advisor
김영균	산업은행 서산지점	박동래	늘푸른저축은행 상임감사
김영민	SK 하이닉스	박래현	새마을운동중앙회 국민운동부팀장
김영범	KDB산업은행 압구정지점장	박명주	미래세무회계사무소 세무사
김영선	한국증권금융 증권중개실장	박범진	국방부 해군 중령
김윤관	(주)미래교육 본부장	박성규	금융감독원 저축은행 서비스국
김은주	셀루스건강생활 대표	박성순	비이소프트이엔씨 부사장
김인숙	서서울생명의전화 원장	박시연	메이크업 아티스트
김일억	기독교방송 교육문화센터장	박연정	연정 에듀테인먼트 대표

출간 축하 메시지 보내주신 분

박영인	화가	여왕현	동운엔지니어링 상무이사
박인옥	유머플러스 소장	여칠식	논산시 향우회 사무국장
박재명	푸르덴셜보험	연승학	(주)풍산 부장
박종위	인천광역시서구시설관리공단 이사장	오금필	IBK미소금융재단 상임이사
박종철	연세대학교 선임연구원	오문석	통일부 통일교육위원
박진명	(주)센추리 사원	오서진	국제가족복지연구소(주) 대표이사
박찬호	목회자신문사 취재국장	오영근	MBC 경영지원국 인사부장
박해성	한국스피치십연구소	오은수	한국거래소 코스닥시장본부
박희영	(주)배보 회장	우유정	국토해양신문 총무부과장
방철용	씰테크 부장	원창희	한국기술교육대학교 교수
배선호	대리운전 1666-7100	유창덕	굿커리어 대표
백경숙	엘리시안 웨딩홀 대표	유해봉	중국 청도
백승갑	한울기획 대표	윤 용	KT분당법인지사 팀장
백승호	세리정보기술 대표이사	윤남용	주식회사 윙넷 경영고문
백진현	한국증권금융 기획부문장	윤만순	금융감독원 소비자보호센터
백하현	MBC문화방송 사우회 총무이사	윤석구	우리은행 단기금융부 부장
변윤웅	다산고속관광 대표	윤석구	우리은행 자금시장본부 부장
서경훈	경기도 가족여성연구원	윤선영	웅진씽크빅
서만조	뉴스킨 디스트리뷰터	윤슬기	뉴스킨 P&W
서정술	한국폴리텍대학 컴퓨터출판디자인과 학과장	윤재왕	워터비스 순천동부점
서필환	성공사관학교 교장	윤태호	삼화통신(주) 대표이사
설원경	한국외국인학교 교사	이 철	설악산 털보네칡즙
성낙진	우리은행 서여의도 지점장	이길여	가천대학교 총장
소민영	가나안덕 대표	이미숙	코리아나
소찬호	더타임스 회장	이민정	프리랜서 강사
손병일	광주남부대 교수	이범희	분당 흥덕고등학교장
손상대	사단법인 한국M&A컨설팅협회 회장	이봉재	동원메이드건설(주) 대표이사
손춘자	목사	이상구	KOO's 대표선수
송대섭	(주)이송디자인 대표이사	이상현	한국웃음건강연구소 소장
송호성	안산 명가돈까스	이상후	금융감독원 리스크검사지원국
신순철	신한은행 중부지역본부장	이상흠	KDB산업은행 산은아카데미원장
신정환	제닝스 대표	이소영	경상대학교병원
신현식	구미시 헤어살롱 데자르대표	이송자	사단법인 열린장애인문화복지진흥회
신희원	델리아이 ITS 기획팀장	이숙이	라이프 스타일즈 글로벌
심재범	(주)삼주유통 대표이사	이양구	삼화주철공업(주)상무이사
심형구	한국자산신탁 대표이사	이영근	대불대학교 평생교육원 스피치 교수
안이정	아름다운재가센터장	이영철	우수특허정보소장
안성희	한국생산성본부 공인노무사	이영하	대교
안흥준	금강제화 부산지역본부장	이예구	다우엑실리콘(주) 상무이사
양형남	(주)에듀윌 대표이사	이옥형	서울시금천구시설관리공단 이사장
양만규	(주)위트 대표이사	이우일	유영브레인 대표

출간 축하 메시지 보내주신 분

이인호	서울특별시 시우회 광진구 사무국장	제창열	한국실버볼링연합회 회장
이일성	수도권일보 취재본부장	조갑식	공무원
이재칠	(주)인엔드아웃 대표이사	조규조	태평양정보통신교육원 부원장
이재호	아이쥬리아(주) 대표이사	조남룡	금융감독원 리스크검사국
이정엽	금산진흥삼 대표	조만형	비이소프트이엔씨 영업본부장
이정용	디딤돌공인중개사	조상기	광교관세사무소 대표관세사
이정하	금융감독원 광주지원장	조성대	현대증권 퇴직연금본부장·상무
이종갑	뉴스킨 JK그룹 대표	조성덕	한국문화예술교육진흥원장
이태영	스카우트 공공사업이사	조성목	금융감독원 저축은행1국장
이한철	중소기업진흥공단 경원지원실장	조성정	중앙엑스포트㈜ 대표이사
이호성	뉴스킨	조성필	대신자산운용 마케팅본부 전무
이화랑	한국브랜드평가원 경영테크총회장	조원웅	동문장애인복지관 관장
이화옥	웃음치료 강사	조윤중	태진 대표이사
임성대	전,경찰공무원	조정문	(주)에듀온코리아 원장
임수원	여의도고등학교 교사	조정연	(재)충북테크노파크 기업지원단 연구원
임승보	대부금융협회 전무이사	조형준	한국성서대학교
임성택	논산시 서울출장소장	주영헌	금융감독원 저축은행 서비스국
임영숙	UP학습코칭연구소장	주창훈	농협중앙회 상무
임용빈	해피랜드 F&C 대표이사	차영기	대한아웃도어바비큐협회장
임재훈	신한은행 방화동 지점장	최낙겸	㈜씨모텍 부회장
임창덕	세원세무사무소 사무장	최명섭	삼육의료원 병원장
임희석	그린월드호텔 관리이사	최명훈	재단법인 한국기원 바둑기사 9단
장봉수	계산기업 상무	최성관	금융감독원 여신전문서비스실·부국장
장서찬	(주)한국교수학습 진흥원 대표이사	최영호	한국감성센터 대표
장정윤	국립충주대학교 교수	최준수	(주)세이프티코리아 이사
장지훈	(주)비트컴퓨터 신사업본부장	최태선	(주)부인프랜차이즈사업본부 대표이사
장현옥	서울굴삭기연합회 회장	탁수명	흥안실업주식회사 부회장
장흥열	동북아포럼원장	표성자	농협중앙회 기금송무부
전관식	서울정보직업학교 교장	한광일	한국강사은행총재
전근용	서울대학교 명예교수	한기원	주식회사 현대디엘 사장
전완식	은호식당 대표	한상신	세원세무사무소 사무장
전재홍	(주)휴먼네트워크 대표이사	한원일	함께하는미래공동체MTOM 회장
정미선	휴먼네트워크연구소 실장	한유석	前 한국거래소 부장
정성호	한국승강기안전관리원 감사실 차장	한임석	대한미용사중앙회 서울시회장
정승미	골프스포츠신문 국장	한정옥	(사)한외국인친선문화협회 이사
정윤철	HRD CAMPUS 이사	한지훈	단과전문학원 지앤정 원장
정명수	시사경제신문 대표이사	함봉식	국민은행 부천지점장
정종모	델리아이 대표	허태성	신화성주유소대표
정철기	미스터잉크송파 대표	현승렬	(주)인텍앤컴퍼니 이사
정태영	CJ제일제당 부사장	홍성현	한국웃음유머트레이닝센터 대표
정태현	(주)지엔텍글로벌 대표이사	홍용준	휴먼네트워크연구소 부소장

함께 보면 좋은 책들

성공한 내모습을 상상하라

김영기 외 20인 공저
신국판
값 15,000원

● 　　서울시장을 역임하고 민선 충청북도지사를 재선한 후 아름다운 퇴장을 선택한 이원종 지사, 최초의 민간인 출신 한국거래소 김봉수 이사장, 전 세계 마그넷 시장을 석권한 (주)자화전자 김상면 대표, 초우량 반도체회사를 일군 (주)세미텍 김원용 대표, 암 연구 분야의 세계적 권위자 박재갑 국립암센터 초대원장, 국내 정크아트를 개척한 (주)정크아트 오대호 대표. 끊임없는 노력과 명쾌한 목표의식으로 성공에 이른 여섯 주인공의 치열한 생애를 살펴본다.

성공을 위한 리허설

정문섭 지음
신국판
값 15,000원

● 　　보다 완벽한 성공을 위한 예행연습을 돕기 위해 다양한 분야에 종사하는 21인의 전문가가 펜을 들었다. 이 시대의 시니어들을 위한 실속정보, 서민들의 경제적 안정을 위한 노하우, 기업경영시스템의 개선, 자신의 성격에 맞춘 사회성 개선, 인생의 목표설정과 그 실행법 등 각양각색의 노하우로 이루어진 이 한 권의 책은 마치 종합비타민처럼 당신의 성공을 보다 튼튼하고 완벽하게 가다듬을 것이다.

대한민국 상위 0.1% 자식교육

이규성 지음
신국판
값 15,000원

● 　　그간 외부에 드러나지 않았던 명문기업가의 자식교육 비법을 파헤친다. 최고의 자리에 올라 기업을 이끄는 선두리더가 되기 위해 그들은 부모로부터 무엇을 배웠으며, 또 후대의 자식들에게는 어떤 것을 가르치는지를 심층적으로 추적한 이 책은 현재 대한민국을 대표하는 기업 삼성, 현대, LG, SK, 롯데, 한화, 두산, 효성, 코오롱, 대림, 동원, 배상면주가, 샘표식품, 에이스침대, 안철수 연구소의 존경받는 리더들이 어떻게 완성되었는지를 알려준다.

타게스샤우

신창섭 지음
국판
값 15,000원

● 　　공영은 다수를 위한 방송이다. 이는 너무나도 당연한 명제이다. 그러나 요즘 우리의 현실은 이 당연한 사실을 망각하고 있다. 공영방송이 외부의 힘에 마구 흔들리느라 자신의 위치를 찾지 못하고 있는 것이다. 세계에서 신뢰받는 독일 1등 뉴스 타게스샤우를 살펴보자. 그리고 그에 못지 않은 우리 공영 방송의 윤리를 회복시키자. 우리는 더 나은 뉴스를 볼 권리가 있다.

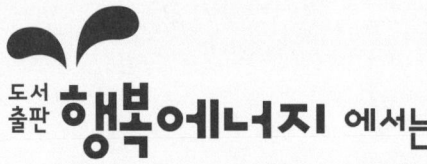

도서출판 행복에너지 에서는

『좋은 책을 만들어 드립니다』

원고의 질적 편집은 물론,
　　　제작 그리고 판매유통까지
　　　　　확실하게 책임져드립니다.

시간이 없거나, 필력에 자신이 없어 출간을 미뤄오신 분들을 위한 작가진의 지원으로 원고 대행 집필도 지원하고 있습니다. 원고의 질적 편집은 물론, 책 제작 그리고 판매 유통까지 확실하게 책임져 드리고 있으니 좋은 원고나 기획이 있으신 분들은 언제든지 행복에너지 출판사의 문을 두드려 주십시오!

**작가의 의도 100% 반영!!
축적된 노하우의 다양한 광고 지원!!**

| 출간도서종류 |

자서전·회고록·가족사(칠순 및 팔순 기념 효도서적)·시·수필
소설·에세이·동화·수기·칼럼·여행기·편지글·서예집·북아트

 행복이 깃드는 도서 에너지가 넘치는 출판을 지향합니다.

www.Happybook.or.kr　☎0505-666-5555